2012 年国家社科基金青年项目结项成果
2017 年安徽高校优秀青年人才重点项目

部分量：体貌、量化与论元互动的类型学研究

Partitive Quantity: A Typological Study of the Interaction of Aspect, Quantification and Argument

李思旭 ◎ 著

中国社会科学出版社

图书在版编目（CIP）数据

部分量：体貌、量化与论元互动的类型学研究／李思旭著 . —北京：
中国社会科学出版社，2022.3
　ISBN 978-7-5203-9727-8

　Ⅰ.①部… Ⅱ.①李… Ⅲ.①类型学（语言学）—研究 Ⅳ.①H003

中国版本图书馆 CIP 数据核字（2022）第 023650 号

出 版 人　赵剑英
责任编辑　宫京蕾　周怡冰
责任校对　冯英爽
责任印制　郝美娜

出　　版　中国社会科学出版社
社　　址　北京鼓楼西大街甲 158 号
邮　　编　100720
网　　址　http：//www.csspw.cn
发 行 部　010-84083685
门 市 部　010-84029450
经　　销　新华书店及其他书店

印刷装订　北京君升印刷有限公司
版　　次　2022 年 3 月第 1 版
印　　次　2022 年 3 月第 1 次印刷

开　　本　710×1000　1/16
印　　张　19
插　　页　2
字　　数　377 千字
定　　价　110.00 元

序

最近收到思旭的邮件，说他在博士论文基础上又历经 10 年潜心研究的《部分量：体貌、量化与论元互动的类型学研究》即将出版，邀我写个序。通读全书之后觉得，书的选题意义及主要创新点，在第一章"绪论"、第十二章"结语"以及"前言"中已作了很充分的解说、强调。是否恰当，读者可以对照正文仔细研读。这些我不再赘述，下面只谈点自己阅读后的一些感想体会。

一

书稿第三章提到了中国语言学界极少关注的"部分冠词"（partitive article），可见他对部分量有关文献的搜索之仔细。一般我们知道的冠词，就是如英语那样在形式上是定冠词、不定冠词两分的。但在法语、意大利语等语言中，冠词的形态是三分的：在定冠词、不定冠词之外，还有一个"部分冠词"。部分冠词在功能上的所指是"确定集合中的不定成员或子集合"，介于定指和不定指之间，大致等同于英语中的"特指的不定指"（specific indefiniteness）。相比较而言，"特指的不定指"是个很令人困惑的术语，"部分指"的名称可能更具启发性。

牵涉到指称范畴的语法现象中，大量复杂的情况都跟"部分指"有关。"定指"跟"部分指"的关系，Comrie（1978）曾举过一个有趣的例子：

(1) Homer composed two epics：(the) one is about the fall of Troy, the other about Ulysses' journey.

荷马写了两部诗史：一部叙述特洛伊的陷落，另一部叙述尤利西斯的巡游。

(2) A language has three components：(* the) one is sound system, and the other two are lexicon and syntax.

语言有三个组成部分：其一是语音系统，另外两个是词汇和句法。

在英语中，"二分之一"这种部分指被感知为接近定指的，故可用定冠词；而"三分之一"被感知为不定指的，故不能用定冠词。当然，由两个成员组成的确定集合里的某一个，也符合部分指的定义。不过因为不确定成员占据了确定集合的一半，比例较大，也可被感知为定指的，因此这个名词前面也可用定冠词。这个例子很好地反映了指称功能的连续性。

指称在功能上是连续的，但在形态上不是连续的，因此许多跟指称有关的现象仅仅用形态很难解释。如一般认为存现句中表示存现物的名词必须是不定指的，但实际情况并非如此简单，下例中的相关名词就是定指的。

(3) a. There are the following counterexamples to Streck's theory…

有如下这样 Streck 理论的反例…

b. ＊ There are the above counterexamples to Streck's theory…

有如上这样 Streck 理论的反例…

比较 a、b 两句可以看出，尽管相关名词都是定指的，但句子是否合格关键要看定指内部指称性的高低差别。(3) a 的 counterexamples（例外）是上文没有提到过的，而 (3) b 的"例外"是上文中已经提到过的，是信息新旧程度的差别。又如：

(4) a. There are some cows in the backyard. 后院有几头奶牛。

b. ＊ There are some of the cows in the backyard.

有关名词都是不定指，但 (4) a 中 some cows 所属集合不明，(4) b 中 some cows 则有明确的所属集合。例 (3)、例 (4) 反映了存现物名词的指称性不能太高，至于是否定指并不是关键。

以上关于指称的讨论显示，指称跟语序密切相关。指称性的本质是什么？在有关指称研究的早期，认为定指形式（definite form）表示定指性（definiteness）。这种明显同义反复的定义方式启发性不大。在功能学派，越来越多的人认为所谓定指性，其所指就是 identifiability，即"可别度"或"可辨识性"。关于可别度和语序的关系，已经有大量的研究，因此不难理解指称性跟语序的密切关系。

二

思旭这本书，内容极为丰富，有关部分量的方方面面都触及到了，分析也都相当深入、细致，对共性的强调，对理论和材料的把握，对三个平面、动因互动的理解等都相当到位。预计将成为今后这方面进一步研究的主要中文参考文献。若说对此书还有更高期望的话，就是全书因牵涉面广泛而略显松散。我建议读者阅读时，对语序问题可以特别关注一下，因为书中多半内容都跟语序密切相关，也可以说语序现象是贯穿整本书的主线之一。

在全书中，可以看到语序问题时隐时现。最明显的是第五章，该章共分四节，第三节是"处所转换构式的语序动因"，全部是说语序的，所用的两条动因（语义靠近象似性和可别度领先象似性），也都是语序的；除了"地区、语系及语种分布"一节，其他两节基本都是跟语序密切相关的内容。

前面说的指称现象跟语序直接相关，"若其他因素相同（every things else being equal），则指称性较强的成分总是前置于指称性较弱的成分"，即"可别度领先象似性"。这一观点可以解释书中说到的许多现象。如第五章提到的"处所转换构式"，思旭已经指出如果处所转换为宾语，则必然伴随整体受影响的效应，其中一个例子是：

(5) a. She loaded the hay onto the truck. 她把干草装上卡车。
    b. She loaded the truck with the hay. 她把卡车装满了干草。

处所 the truck 从后面移到前面宾语的位置，就增加了"整辆车被装上干草"的意义。那么，这种效应对 the hay 是否适用呢？也完全适用，这可以用添加明确表示整体性的词语方式来做测试：

(6) a. I loaded the (whole) truck with (* all) the hay.
       我 把（整辆）卡车 装上了（＊所有）干草。
    b. I loaded (all) the hay onto the (* whole) truck.
       我 把（所有）干草 装上了（＊整辆）卡车。

通过添词测试，很明显，在前面宾语位置的成分具有潜在表示整体的位置效应，不管原来是表达处所的还是其他的语义角色。对这个现象，书稿给予了不同的解释。我们选择两个具有最大普遍适用性的动因：语义距离象似性和可别度领先象似性来作比较。语义距离象似性运用于这里，是很直接的。大量处所转换结构中的"整体效应"（holistic effect），都落实在编码为直接宾语的那个成分上。这可以解释为直接宾语离动词最近，"临近便是影响力的加强"，影响力的加强导致整体受影响。所有落实了"整体效应"的成分都是位置靠前的那个成分，这能用可别度领先象似性解释，整体的实体可别度大，容易落实为跟整体密切相关的"背景"（相对"图像"而言）。这两个动因的结果通常是一致的，因此看不出哪个因素是主导的。当然，也有不一致的情况，如汉语的"把"字句。

"把"字句可以有两个宾语，若说哪个宾语离动词更近，则显然不是把字宾语。这表现为把字宾语和动词间可以插入各种状语，而后置宾语与动词间可插入的成分有极大限制。但是在"把"字句中，落实了整体效应的成分显然是离动词较远的把字宾语，如例（6）汉语对译句所示。由此可见，至少在"把"字句中，导致整体效应的不是距离象似性，而是可别度领先象似性。

除了整体效应必然跟可别度领先有关外，第八章"偏称宾语被动句的语序类型学研究"也显然都是偏称宾语后置于全称宾语。书稿中还有一个很值得强调的内容就是"部分格"的分布，思旭也发现所有部分格几乎都出现在后置于动词的位置。一个有趣的问题是，部分格全部都用于宾语吗？书中没有提到这点。我跟思旭的个人交流中，他告知我部分格也有用于主语的。我们感到有趣的是，既然部分格也可以是主语，那么从理论上说这就不是格标志了，而是个量化或指称（部分指）标志。这也反映了有关形态的术语中，仍有不少混乱的地方。

<h2 style="text-align:center">三</h2>

思旭的研究最初引起我注意，大概是 2007 年 10 月份，当时我在上海师范大学的"东方语言学"网站上讨论语法问题，他就在下面发帖参与讨论。他的发帖内容既能紧扣主题而又颇具新意，当时给我留下了深刻的印象。其中一次讨论他就提出了"后置宾语才可能有部分格"的假设。可见他当时已经开始对部分量产生兴趣。他那时还是吴为善先生的硕士生，但已经对认知语言学比较熟悉，并且深受吴先生启发式指导的影响，善于独立思考。此后在读博期间，他继续保持对部分量的浓厚兴趣，终于一步步走到今天，写出这样一部洋洋洒洒的专著。思旭告诉我，书稿写作过程中，他常常处于废寝忘食的状态，有时找到了某条一直在苦苦寻觅的稀缺语料，顿时手舞足蹈，甚至偶尔还会喜极而泣。可见他用心之专！

从思旭的研究中，我们欣喜地看到了新一代语言研究者的成长。比起在"文化大革命"十年浩劫中浪费了最金贵年华的我们这代，他们受过连续的完整教育，现在所处的科研环境比我们进入专业领域的改革开放初期也不知要优越多少。希望他们能不负韶华，不辱使命，勇于担起中国语言学发展的历史重任，砥砺前行！

陆丙甫
2021 年 7 月 21 日

前　言

一

　　进入 21 世纪以来，语言类型学研究在国内语言学界逐渐成为热点，已成功召开了四届语言类型学国际研讨会，出版了两本会议论文集。国际语言类型学界几本重要的教材（Comrie，1989；Croft，2003；Song，2001；Whaley，1997），这几年也都被引进到国内，但是真正"国产"的语言类型专著还是非常少。

　　国内的语言类型学研究，按照研究的语料对象不同，大致可以分为四类。一是运用类型学的视野或眼光来研究汉语，主张把汉语置于世界语言的变异范围内来研究，以沈家煊、陆丙甫、吴福祥、陈前瑞等为代表。二是方言语法的类型学研究，以刘丹青及其培养的博士为代表。三是中国境内民族语言语法研究，以戴庆厦为代表，比如他主编了一套民族语参考语法系列丛书，至今已出版了二十多本。四是运用语言类型学框架来进行汉外两种语言的对比，以金立鑫为代表，比如他主编了一套语言类型学视野下的汉外对比研究丛书，有俄汉、法汉、西汉、韩汉等。

　　由此可见，国内的语言类型学研究，在跨方言、民族语言等跨境内语言或方言方面的成果已有一些，但是大规模地跨国外语言或跨境外语言的类型学研究成果，至今好像还没有；而围绕某个主题进行大范围跨语言类型学研究的专著，目前好像还是空白。本书在国外语言的"内化（internalize）"与国内语言（方言）的"外化（externalize）"相结合上，作了一次大胆的尝试，无论是研究思路还是研究方法，都希望能给国内语言类型学爱好者提供些许启发。由于专门研究部分量编码的文献并不多，而是零星散见于海量的各类文献之中，要收集到这么广泛的有关语言语料，难度可想而知。因此，希望本书对我国语言类型学中大范围跨语言比较这一研究方法，特别是跟国外语言的比较，能起到一定的推动作用。

二

由于拙著讨论的诸多课题，无论是国外语言现象，还是国内语言现象，大都较为罕见，很难理解。为了方便学界同仁多角度、多层面、全方位立体透视拙著，在此把 2016 年课题结项时的其中两位评审意见（作了一些整合），以及 2014 年申请某语言学出版基金时的一份海外评审意见，分别摘录如下：

量化问题堪称当代语义学的"尖端"课题。汉语学界对量化的研究长期以来主要着力于全称量化，取得了一定的成果。但是，与全称量化相对的部分量化，研究薄弱，尚未形成基本的框架。这种不均衡，严重制约了学界对量化问题的整体认识。另一方面，跟国际语言学界沟通时，存在对接无力的现象。

该成果最大的创新在于，努力打破上述不均衡的局面，对汉语部分量问题进行全面系统的爬梳和整理，为汉语部分量的研究搭建了一个框架，奠定了一个基础，有开创之功。该成果所探讨的部分量是当代语言学中研究较为薄弱而实际上很有潜力的课题，对语言类型学的理论和实践都具有创新性的贡献。

该成果最突出的特色是，虽然讨论的是汉语的部分量问题，但是却将问题置于人类语言的部分量这一大背景下来考量，其语言类型学的视野使研究有了正确的基础和较高的起点。由于有类型学的自觉，作者在论述时，材料涉及古、今、中、外：既有现代汉语，也有古代汉语；既有外国语，也有少数民族语，足见作者勤力与涉猎之宽。

本书稿的选题具有前沿性，"部分量"研究在语言学界尚未得到充分关注，更缺少语言类型学视角下进行的聚焦式、深挖广拓式的系统研究。本书稿对"部分量"的已有研究搜罗全面，做出系统的描述、分析和评价，意见比较中肯，并能较为准确地借鉴到自己的部分量研究中，演绎出比较新颖的见解。

在研究理论上，本书稿借鉴理论非常多，比如可别度领前、关联标记、界面互动、及物性假说、区域类型学、语言库藏、构式语法、语法化等，作者撷取了这些理论中可用于分析和解释"部分量"问题的理论细节和既有结论，对学界诸多热点研究对象——分裂移位句、偏称宾语、把字句、整体—部分语序、分裂移位话题句等问题进行新研究，得出了一些有新意的解释。对有些已有的理论和方法也能有所推进，例如对沈家煊的新标记理论，作者能结合"部分量"的语言类型学研究，提出更细化的标记原则，算是对标记论的新探索。

在研究方法和研究价值上，本书稿收集了来自现代汉语普通话、古代汉语、汉语方言、部分少数民族语言以及部分国外语言的大量语料，将汉语的部分量置于世界语言的变异范围内来探讨语言共性及特性，不仅印证了语言类型学理论运用到汉语研究的阐释力，而且对其他类似研究也有启迪作用。本书稿以部分量为研究对象，以较为全面的材料，对语言类型学相关原理进行了验证、推进和完善，对语言库藏方法的推广和应用迈出了比较扎实的一步，使这一研究范式具有一个比较全面的研究样板，具有方法上的示范性以及可操作性、可借鉴性。这是其理论价值和学术价值。应用价值方面，本书稿的相关研究对汉语中相关问题（如"把"字句的疑难问题、句法变换分析中无法变换问题的解释）提供了更多的参考，有助于加强语言教学的学理性。

在研究语料上，语言事实材料丰富，运用恰当，有力支撑了研究结论的创新。本书稿对"部分量"的语料进行全面系联、整理，最后归纳出差异，涉及到国内外300多种语言或方言点。书稿资料非常全面，而且搜集和整理的难度也比较大，不但需要多语种、同一语言多变体的处理能力，还需要对古代汉语语料有较准确的把握。总之，在语料方面，书稿基本做到了材料来源多样化、运用准确化、分析细致化、规律概括可靠化。材料的丰富性带来结论的新颖性和可靠性。

在研究结论上，部分研究结论具有创新性。全书稿的总结论是：部分量的存在是语言类型学上的共性，不同语言或方言在这个问题上存在有不同侧重和不同形式的个性编码差异。这一结论对语言类型学原理、语言库藏方法有一定的推进、完善与实证作用。在这个大的结论下，本书也得出了一系列有新意的局部结论，主要是在最后一章的"本书讨论的语言共性"那节的自我总结中。书中局部研究也常有新见：例如用"部分量"对"王冕死了父亲"的解释；谈到西方研究的 ON 句式和 WITH 句式问题，进而联系到汉语的"把+处所+V 满+受事"编码方式，在马真初步研究的基础上，提供了更多的分类，并用"部分量"来解释，也算是对马真的研究有所推进。

Greenberg 创立的功能取向的当代语言类型，尽管在创立不久即对海外学者的汉语研究有所冲击，但只是上世纪八十年代以来陆丙甫、陆致极（1984）和沈家煊（1989）分别将 Greenberg（1963）和 Comrie（1981）等类型学经典著作翻译为中文出版之后，才开始引起国内汉语语法学家的关注。这些年来，经一批相信个性只有在共性背景下才能看清、有志于在更广阔的视野中认识汉语的学者不懈地鼓吹与示范，尤其是沈家煊、陆丙甫、刘丹青几位的努力，国内汉语语法学界已逐渐意识到类型学视野对汉语研究会有莫大的促进作用。

近年来吸收类型学观念、利用类型学成果或方法的汉语语法研究越来越多，大大深化了学界对汉语语法规律的认知。同时，有鉴于中国有极为丰富却多不为普通语言学界所熟知的语言资源的事实，以及中国语言学家应该对普通语言学理论作出更大贡献的理念，一些学者也开始在一定范围内使用汉语变体、中国境内其他语言以及世界语言的语料，直接采纳类型学理论方法进行研究，取得了一批极富意义的成果（Chappell、Li & Pey-raube，2007）。

但总体而言，国内汉语语法学界具有类型学意识的学者所做的研究，大多仍是单向的吸收类型学观念、方法、成果以丰富对汉语的认识；换言之，他们多为类型学的"用户"，除陆丙甫、刘丹青等少数学者外，鲜有直接从事类型学研究者。这种状况与中国作为语言资源大国、语言学者众多的地位并不相称。拿规模相仿的印度相比，印度或印度裔的语言学者中直接做类型学研究的，就数量和影响力来看，已超过中国。

在这样的背景下，《部分量对句法形态和语序制约的类型学研究》一书的研究有着重大的意义。这是汉语学者直接从事类型学研究的一项全新成果，相关论题"部分量"在海内外尚未见专著规模的跨语言研究。

书稿最大的贡献在于对部分量的语法表现，即部分量的编码方式和受部分量制约的语法现象首次进行了较全面的跨语言比较，并发现了一些极具价值的规律，对语言类型学作出了直接贡献。

首先，"整体-部分"及"整体量-部分量"关系的语法编码在既有研究，无论是个别语言还是跨语言的研究中，多是零散而不系统的。书稿将相关现象集中在一起，从语序、虚词、格标记、构式，句法-语义界面，历时演变，区域特征，语言共性等各个层面、维向和角度对其作了较完整的考察，多有发前人所未发之处。例如作者所发现的部分格与语序之间的一条蕴含共性，即"O 部分格⊃VO"，尽管有区域性，亦属首次提出，且较为严整，未见例外。作者在书中论述的"直接宾语受完全影响，间接格宾语受部分影响"的跨语言共性，前人研究中虽多所涉及，亦不及本书稿之全面。

其次，本书稿的研究也彰显了汉语能为类型学和普通语言学作出更大贡献的潜力。"整体-部分"关系在世界语言里有各种编码方式，就语序而言也存在整体先于部分的明显倾向，但像汉语这样以语序编码"整体-部分"关系且以鲜见例外地一致，亦不多见。本书稿的跨语言研究也充分考虑到汉语（包括方言）及中国境内民族语言的情况，除极为一致的语序外，作者对汉语里"整体量–部分量"相关的一些较特别的现象的讨论，如动词重叠的全称量化功能、偏称宾语处置式、偏称宾语被动句、论元分裂式话题句等，都显示将汉语视角引入关注普遍现象的类型学研究，或具有特别的优势。

同时，本项研究的跨语言视野也为汉语语法研究本身带来了一些有意义的新发现或新角度。例如作者发现汉语全量成分定、状、补三个句法位置的 3+3+1=7 种可能，即三选一、三选二、三选三，在汉语方言和民族语言中有较普遍的体现；汉语体标记"了""过"（以及方言里的对应形式）后带定指宾语时，宾语存在"完全受影响"和"部分受影响"的语义差别，这些现象若非采纳类型学思路是不易发现的。此外，汉语的表层宾语倾向于无定，这本为汉语语法学界所熟知的，本书稿作者将这个现象与跨语言研究所得结论"O 部分格⊃VO"联系起来看，无论读者是否认可这样的分析，这样的观察角度无疑让人耳目一新。

综上所述，本书稿的研究具有较高的学术价值，其研究主旨和思路代表了汉语语法学界前景辉煌而目前相关研究奇缺的一个重要的努力方向，这样的研究值得并应该大力鼓励和褒奖。

当然，外审意见在给予褒扬夸奖的同时，也提出了不少尖锐的问题，这对拙著的修改打磨提供了巨大帮助。比如，那份长达 18 页 A4 纸、有 2 万多字的海外评审意见，对书稿质量的提升意义重大。评审意见以近 2 页篇幅对书稿进行了肯定，后面 16 页都是对拙著提出的修改意见，其中有 12 页近 1.5 万字的篇幅是对"处所转换构式"那章的点评，不仅指出了问题，还提出修改建议，并提供了一些国外相关研究文献。我前后花了两个多月时间来反复消化吸收审稿意见，最终促成了《处所转换构式的语言类型学研究》（《外国语》2019 年第 1 期）一文的发表。

在此，要特别感谢那位海外评审专家，他把拙著的研究背景和研究意义，放在了国内语言类型学近 30 年（1984—2014）的发展史中来观察和审视，进而突出本研究所具有的特殊价值。这是此后六七年，我花费大量时间和精力来继续修改完善拙著的精神动力之一。

三

之所以说本课题研究的内容比较难理解，是因为拙著曾经让一位"专家"都产生了误解，2014 年申请某语言学出版基金时的一份大陆专家的评审意见，就是很有力的体现。一页的评审意见，火药味十足，通篇没有一句是肯定的，全部是批评意见。当时看完的第一感觉就是，那位专家一定很解气。仔细把评审意见看了好几遍后才发现，该专家对我的研究课题一点都不了解，对书稿根本就没有认真读，那么他所下的结论不靠谱，也就不足为奇了。其中有两点误解，涉及对语言类型学的研究方法和研究范式的认知问题，有必要在这里作一下说明。

一是语言类型学研究中的语料引用问题。语言类型学研究在语料的引用上跟做汉语研究有很大的不同。由于汉语是母语，我们可以对引用的语料作出精准的判断和细致的分析，但类型学研究则不行。尤其是面对不熟悉或根本不懂的语言，你稍作一下自己的解读，很有可能就是对例句的"过度解读"，或者是对例句的误解或曲解。所以本书在引用国外语言语料（包括汉方言、民族语言语料）及其分析时，基本上是"原文"引用，时时处处都小心谨慎，不敢越雷池一步。因而做语言类型学研究时，对跨语言语料产生误解或曲解，是要不得的；而对语料的"过度解读"，也同样不可取。

二是什么样的研究才算得上是语言类型学研究。在国外，语言类型学的研究范式有很多种，比如 Comrie、Croft 跟 Greenberg 的类型学研究路子就不一样，当然 Comrie 与 Croft 之间也是有差别的。Greenberg（包括 Dryer、Hawkins和 Tomlin）的研究范式在陆丙甫、刘丹青、金立鑫等的努力推介下，在国内普及面比较广，影响力比较大。比如，一提到语言类型学研究，那肯定要有几十种甚至上百种语言材料的语种库，要有四分表，要有语序之间的关联，更要有蕴含共性，不然很难算得上是语言类型学研究。这些年也有同行经常含蓄地问，说我的类型学研究跟国内主流的类型学研究路子好像不大一样。其实，我的类型学研究主要走的是祖师爷 Comrie（陆丙甫的导师）的研究路子，虽然本书中有 6 个包含几十种语言的语种库，有 3 个四分表和 2 条蕴含共性，也有多处语序关联。Comrie 的类型学研究更强调语言事实，这与中国语言学界强调务实的优良传统高度契合。

我始终认为，Comrie 的类型学研究范式更加适合中国的学术土壤，相对来说也更易掌握和应用，更有利于消除国内语言类型学初学者的畏难情绪。

李思旭

2021 年 5 月 21 日

目　录

第一章

绪论：理论前提与方法

第一节 研究对象与选题意义

一 研究对象的界定

近年来，汉语学界量范畴的研究逐渐成为热点。学者们从不同的角度，提出了汉语众多量的类型，如：名量/动量/性状量、确量/约量（精确量/模糊量）、定量/非定量、离散量/连续量、客观量/主观量、主观大量/主观小量、显性量/隐性量，等等。与这些概念不同的是，我们将在本书中使用一个新的术语——部分量。

部分量是个语义概念，在句法形式上有不同的编码方式。有的语言通过格标记来表达，如部分格（partitive case）、属格、处所格、离格、夺格、与格等。有的语言通过专门表达部分的形态标记来表达，如部分后缀（partitive suffix）、部分量化前缀（partitive quantifier prefix）、部分附缀（partitive clitic）等。有的语言通过词类来表达，如部分量词（partitive measures）、部分冠词（partitive article）、部分小品词（partitive particle）、部分量化副词（adverb of partitive quantification）。更多的语言是用各种句法手段来表达，如国外语言中的部分构式（partitive construction）、处所转换构式、逆被动态等，汉语中的体貌、领主属宾句、论元分裂式话题句、偏称宾语处置式、偏称宾语被动句等。

跟已有量范畴研究中提出的众多对立统一量的类型一样，由于部分是相对于整体而言的，部分和整体是一个统一体的两个对立面，很难截然分开。所以在论述过程中，大部分情况都是把整体（完全量）和部分（部分量）进行对比（第二章和第三章除外，即全称量化和部分量化是分开论述的），在比较中说明部分量的存在。由于部分量的编码方式多种多样，与之相对应的表示"整体"的概念也各不相同，所以介绍本书主体章节四个表示部分量的概念同时，也分别指出与其相对应表示"整体"的概念。

第三章的"部分量化（partitive quantification）"：虽然部分量化与"存在

量化（existential quantification）"有交叉的地方，但部分量主要是相对整体量而言，而存在量大部分则没有相对的整体量，因而两者之间还是有差别的。与部分量化相对的是"全称量化（universal quantification）"。

第四章、第五章的"部分受影响（partially affected）"：这是一个语义概念，表示受事宾语是部分受动作的影响。部分受影响的编码方式除了"部分格"，还有这两章讨论的其他形态句法手段。与部分受影响相对的是"完全受影响（totally affected）"。

第六章、第七章、第八章的"偏称宾语（partitive object）"[吕叔湘（1948）所用术语]：这是领主属宾句、论元分裂式话题句、处置式和被动句中谓语动词后面带的数量宾语。由于偏称宾语分布在这四种不同的句式之中，与其相对的表示整体（whole）的成分有不同的句法体现，如领主属宾句中表示领有的主语、论元分裂式话题句的话题、处置式的介词宾语、被动句主语等。

第九章、第十章、第十一章的"部分格"：在印欧语系的斯拉夫语族（俄语、波兰语）和乌拉尔语系的芬兰—乌戈尔语族（芬兰语、匈牙利语和爱沙尼亚语）中，受事宾语根据是完全受影响还是部分受影响采用不同的格标记：部分受影响的受事宾语，或者使用部分格，或者使用属格；完全受影响的受事宾语使用"宾语（accusative case）"。

二　选题意义及创新点

第一，尝试建立一个新的量范畴——部分量，并对部分量的编码方式进行全面的梳理和专题研究，进而探讨部分量对语法构造的影响。与此同时，引进介绍国外一些与部分量有关的论著，促进国内量范畴研究与国外研究的沟通和对接。

杨素英、黄月圆、曹秀玲（2004），曹秀玲（2005）都指出，当前的汉语数量研究还存在以下三方面问题：

（1）数量问题研究的面铺得太大，专题研究有待深化和细化；

（2）对数量词语制约语法结构的现象，进行了一些描写并做出了一些解释，但目前的描写还远远称不上是充分的，解释就更不必说。当务之急，是继续全面描写汉语语言事实，为充分的解释提供前提；

（3）与国外研究的沟通和对接远远不够。目前介绍国外数量范畴研究成果的文章只有寥寥几篇，汉语数量范畴的研究真的在"走自己的路"，这不利于研究的深化和发展。

我们要做的就是希望在一定程度上解决上面三个问题。鉴于曹秀玲等指出汉语量范畴研究中所存在的问题，我们把汉语中受部分量制约的语法现象尽量都描写出来，并作出相应的解释，在此基础上找到不同语法现象之间的内在关联。当然，跟已有研究最大的不同在于，希望我们的研究是从跨语言类型学的角度进行的。

我们的研究，一方面能够介绍国外一些与部分量研究有关的论著（尤其是有关"部分格"的研究），另一方面能够起到连接国内外部分量研究的沟通作用，寻求对部分量更深入的了解，进而探讨部分量对语法构造的影响。具体地说，就是探讨部分量对句法形态和语序的制约作用。

第二，尝试改变汉语量化研究中部分量化研究的滞后局面，使量化研究获得均衡发展。

据我们调查，国内学者对全称量化（如"满、全、都"等）较为关注，研究也较为充分。在普通话方面，对"满、全"的研究，如储泽祥（1996）、袁毓林（2004）、张蕾等（2010）等；对"都"的研究，如董秀芳（2002）、潘海华（2006）、沈家煊（2015）等；对"都"与"总"事件量化功能异同的比较研究，如黄瓒辉（2013）等。在方言方面，如欧阳伟豪（1998）、李宝伦（2007）对广东话全称量化词缀"晒"的研究；如徐烈炯（2007）对上海话"侪"全称量化的研究。但是对与全称量化相对的部分量化研究却非常少，这就形成一种不均衡发展态势，这种不良倾向急需改变。

虽然国内学者对汉语中的部分量化词已有零星研究，如刘丹青、段业辉（1989）、蔡维天（2004）对"有的"的分析。但是还有很多更有意义、更有价值的现象有待于进一步探讨。从语言类型学的角度，对部分量化（包括全称量化）作跨语言的研究，到目前为止还没有看到。

第三，尝试把语义学中的量化这一热门话题与语言类型学相结合，对全称量化和部分量化作跨语言的类型学考察。

徐烈炯、刘丹青（1998）指出，词语的指称义和量化问题，是当代语义学的前沿课题或者说"尖端"课题，有许多问题尚在深入讨论和激烈论辩中。我们认为部分量既涉及语义指称问题，也涉及量化问题，因而对其进行深入研究具有很大的价值。

在语义指称上，部分指（partitive referentiality）处在定指和不定指之间，跟特指（specific referentiality）比较接近；与部分量相对的完全量则接近于定指。在量化问题上，本书中讨论的名词性成分的部分受影响，其实说的就是部分量化问题；名词性成分完全受影响，说的就是全称量化问题。也就是说，我们把"宾语的受影响程度（degree of affectedness of the object）"（Moravcsik，1978；Hopper & Thompson，1980）的差别，即完全受影响还是部分受影响，看成受事宾语被动作量化程度的差别，即全称量化还是部分量化。

在有部分格的乌拉尔语系芬兰—乌戈尔语族的芬兰语、匈牙利语和爱沙尼亚语中，受事宾语是部分受影响还是完全受影响，宾语使用不同的格标记：当宾语是完全受动作影响时，使用宾格；当宾语是部分受动作影响时，则使用部分格。此外，我们尝试把量化问题与"及物性假说"理论结合起来：宾语是完全受影响（全称量化），句子是高及物性的；宾语是部分受影响（部分量化），句子是低及物性的。

总之，我们将以部分量化的不同编码方式为基础，尝试把当代语义学中的量化这一热门话题与语言类型学相结合，对部分量化（包括全称量化）作跨语言的类型学考察。

第四，尝试把体貌研究、量化研究跟语言类型学研究相结合，探讨结果补语的全称量化功能，并对汉语体貌标记的量化对象差异（量化动作还是量化动作对象）、量化程度差别（全称量化还是部分量化），进行了跨语言（方言）的类型学考察。

据我们调查，汉语普通话、方言、民族语言中体貌研究文献很多，取得了较为丰硕的成果，但是对体貌进行跨语言（方言）的类型学研究则非常少。近年来这种状况已经有所改变，如尚新（2007）对英汉两种语言体范畴进行了对比研究，陈前瑞（2008）迈出了更为重要的一步，在语言类型学的视野下，结合国外体貌研究的最新成果，建立了一个四层级汉语体貌系统。但在跨语言材料上还是略受限制，主要讨论的是普通话和北京话的体貌问题。

国内学者对全称量化的研究，主要集中在定语位置"每、全、所有"等"限定词量化（determiner quantification）"，以及状语位置"都、各、总是、一直"等"状语量化（adverbial quantification）"上，但动词后面的补语以及虚化程度更高的体貌标记的量化，至今还未引起关注。现代汉语中的结果补语"完、满、光"等，以及古代汉语中的结果补语"尽、净、没"等，跟动词结合所组成的动结式，其全称量化功能到目前为止学界还没有研究。

汉语普通话完成体标记"了"、经历体标记"过"以及汉语方言中诸多完成体标记由于出现语境的不同，在量化对象（"量化动作"还是"量化动作对象"）和量化程度（"全称量化"还是"部分量化"）上也存在着明显的差异。体貌的量化功能在国外很早就有学者注意到了，如 Dik（1997：221）就认为有"量化体貌（quantificational aspectuality）"的存在。

第五，在已有零散研究基础之上，运用语言类型学的理论方法，尤其是区域类型学（areal typology）理论，对部分格进行跨语言的类型学研究。整理出其语系分布和地理分布，通过调查其所在民族的历史形成过程和语言接触两个方面，解释部分格语系分布和地理分布的动因。整理出芬兰语宾语部分格使用的流程图，运用"及物性假说"理论解释部分格的使用条件。此外，我们还尝试以部分量为切入点，把生成语法中表抽象格位的"部分格"跟语言类型学中有形态标记的"部分格"统一起来，找到两者之间的跨语言共性。

部分格的研究还具有普通语言学意义。在以往格系统的研究中，主格、宾格、工具格、处所格等都受到广泛的关注和较为充分的研究，但是部分格的研究则一直相当匮乏。几本主要类型学著作中，只有 Comrie（1989）、Song（2001）略有谈及。在专门研究格范畴的 Blake（1999）一书中，对部分格也只是用了一小段文字作了非常简略的介绍，甚至在 Haspelmath 等人主编于2005 年由牛津大学出版发行的、第一部展现各种重要语言结构在全球分布情况的《世界语言结构地图集》（The World Atlas of Language Structures）中，也找不到部分格的任何信息。因此我们对部分格进行宏观上的类型学研究，希望能够弥补这些不足，进而为后来学者的研究起到一定的铺垫作用。

徐杰（1999），韩景泉（2000），潘海华、韩景泉（2008）等都从生成语法的角度，讨论了汉语中由于领有名词组提升移位而产生的"部分格"。我们认为，生成语法中由于移位而产生的"部分格"与部分量有关。领属成分移位到主语，留在原位置的隶属成分的数量短语获得了部分格，其实从语义上来说，这种部分格表达的还是一种数量关系，它是领属成分的一部分。

第六，以部分量不同编码方式的跨语言类型学考察为载体，在三个平面理论的指导之下，以语义平面为基点，从语言类型学角度，探讨部分量对句法形态和语序的制约作用，以期把国内三个平面理论与国外当代语言类型学相结合，从跨语言类型学角度，证明句法、语义、语用三个平面之间互动的普遍性。同时从跨语言类型角度验证沈家煊（1999）提出的新的关联标记模式是人类语言的共性，不仅适用于汉语，同样适用于其他语言。

在结语部分，我们将以芬兰语、匈牙利语和爱沙尼亚语等5种含有部分格的语言材料为载体，利用沈家煊（1999）建立的关联标记模式，从跨语言类型学的角度在句法、语义、语用三个平面之间建立关联模式：典型的部分格宾语是部分量和无定的结合；典型的宾格宾语则是完全量与有定的结合。进而验证沈先生建立的新标记模式是人类语言的普遍原理，同样适用于其他语言。

第二节 量范畴研究现状与存在问题

一 量范畴研究现状

近年来，国内语言学界的量范畴研究取得了较为丰硕的成果，出现了跟量有关的一大批研究专著和论文。曹秀玲（2005）对近一百年来汉语的数量研究作了较为详细的介绍，她归纳为以下三个阶段：

第一阶段从汉语语法草创到《现代汉语语法讲话》问世，数词和量词终于完全确立了自身的词类地位，为后来对它们的专题研究奠定了基础，此时的语法研究只是静态地描写它们的用法。

第二阶段是 20 世纪五六十年代，这是数词和量词正确用法的普及时期，但也发现了一些有关数量词的重要语法现象，描写更加精细。

第三阶段是 20 世纪 80 年代以来的汉语数量词语研究，这是数量词研究的多元化和广结硕果的时期。其突出表现是发表的有关汉语数量词的论文，数量空前、讨论的范围空前、研究的深度空前。

其中又以第三阶段归纳的最为详细，曹秀玲从 10 个方面对这一时期的数量词研究进行了归纳总结：（1）对汉语数词、量词语义特征及其相关问题的研究；（2）对汉语数量结构的研究；（3）对汉语数量词语辖域的关注；（4）对数量词语制约语法结构问题的探讨；（5）对数量范畴的理论构建；（6）对副词和形容词的量性研究；（7）对重叠问题的研究；（8）对外语数量问题的研究和国外量词研究的介绍；（9）对汉语方言、少数民族语言和古汉语数量词的研究；（10）对数量词语篇表现和修辞功能的研究。

由于汉语的数量研究，曹秀玲（2005）已经作了全面系统的介绍，同时由于这些研究跟部分量没有直接的联系，所以我们不打算再进行重复介绍。下面将按照时间先后顺序，介绍跟量范畴研究有关的专著和博士论文。

石毓智《肯定和否定的对称与不对称》（1992）着重探讨了语义层面的数量特征（定量/非定量、离散量/连续量）如何影响语法的构造规律，即讨论数量语义特征与其句法行为之间的关系。作者首先把各种词归结为抽象的量，然后从其数量特征与句法功能的对应上寻找普遍规律。运用定量和非定量概念，设立了判别不同词类肯定否定用法的形式标准；引入连续量和离散量这一对概念，区别出"不"和"没"否定上的分工。石毓智《语法的认知语义基础》（2000）继续探讨数量语义特征是如何影响汉语语法系统构造的。他认为数量观念的表达，对一种语言的语法系统有着深刻的影响，并把汉语的数量语义特征分为：（1）量的大小，如"数目多少、程度高低、时间多少、维数多少、维度比例"；（2）量的特征，如"离散/连续"；（3）量的属性，如"有定/无定、精确/模糊"。虽然石毓智的这两本著作，对汉语中数量语义特征如何制约语法的构造进行了一些研究，但是还存在一些不容忽视的不足，详见结语部分的评论。

李宇明在 20 世纪 90 年代发表了一系列论文，对汉语的数量范畴进行了全面的讨论，由于这些论文后来都收集在李宇明《汉语量范畴研究》（2000）一书中，所以我们就以此书为基础，对他的量范畴研究作简要介绍。李宇明认为，在诸多的语义范畴中"量"是一种重要的范畴。该书或从宏观上论述量范畴的理论，或从中观上研究某一类量范畴的现象，或从微观上分析某些、某种具有表达量的功能的句法格式。李认为量范畴是由若干次范畴构成的系统，他把汉语中的量分为六种：物量、空间量、时间量、动作量、级次量、语势。书中还讨论了虚量和约量、主观量和客观量，等等。其中的约量与我们的部分量表面上相似，其实不同。部分量是相对于整体来说的，而约量就没有这一限制。

李善熙的博士论文《汉语主观量的表达研究》（2003）以现代汉语主观量的表达为研究对象，对汉语主观量的表达方式进行了全面的考察。论文阐明了主观量与语言主观性的关系，分析了主观量与客观量之间的联系和区别，引进了"期待量"这一核心概念来界定主观量。作者将汉语主观量的表达方式归纳为五大类：语音手段、词汇手段、语序手段、语法中的"复叠"手段，以及语气词的主观量表达手段。

曹秀玲《现代汉语量限研究》（2005）把指称对象的"量"的范围称为量限，把表达数量范围的表达式称为量限表达。她认为，在"全称量限"和"存在量限"的基础之上还有"相对量限"，并创造性地把汉语量限表达系统由全称量限和存在量限两分系统，重新划为全称量限、存在量限和相对量限这一更为精确的三分系统。作者从"量限"这一语义范畴出发，描写了全称、存在和相对三种量限结构在汉语中的具体表达形式，探讨它们之间的内在联系，阐述了量限对数量名结构的句法分布和语用功能的制约，并从历时和类型学的角度进行了考察，最后从人类认知的角度加以解释。

存在量限　　　　相对量限　　　　全称量限

图 1-1　量限三分系统

赵国军的博士论文《现代汉语变量表达研究》（2008）在已有研究的基础上建立了一个量的系统，并据此从句法的角度，以具体个案考察的形式，探究现代汉语表达中量的次范畴之间的转变。既讨论了句法结构中的量，又从变换的角度考察了句法位置对量的表达的影响。既讨论了量类之间的转化、量值的变化，也讨论了表量形式在不同句法位置变换时表量情况的变化。

张旺熹《汉语句法结构隐性量研究》（2009）首次探讨了汉语句法结构中深藏的、潜在的隐性量范畴。该书旨在讨论汉语语言系统中隐性的"量"的因素，对句法结构的作用与影响。也可以说是从隐性量的角度，对汉语句法结构与规律进行探讨。该书系统地描述、刻画了隐性量范畴在汉语双数量结构、重动结构、连字句等 11 类格式中的句法语义表现及其制约作用。

董正存的博士论文《汉语量限表达研究》（2010）从历时角度研究汉语的全量表达系统。论文主要涉及汉语全量表达的词汇形式、语义来源，与否定词、疑问词、数量词有关的全量表达格式，由反义语素构成的全量表达格式，以及无条件连词构成的全量表达格式。

罗荣华《中古汉语主观量表达研究》（2012）受李善熙（2003）的启发，综合利用认知语言学、语义学、语用学等现代语言学理论，对古代汉语中的主观量表达进行了详细的研究。主要包括主观大量和主观小量的词汇表达，主观量的语法表达手段，以及主观量的数量夸张表达手段，并在此基础上探讨了主观量的相关理论。

黄健秦的博士论文《汉语空间量表达研究》（2013）在与物量的辨析中建构空间量表达系统。论文主要研究了跟空间量有关的六个专题：空间形状量与名量词系统、空间大小量与量词重叠、空间量单用原则与存在句、空间量强弱程度与可逆句、空间全称量与"一、满、全"、主观空间量与"在+处所"。

惠红军《量范畴的类型学研究——以贵州境内的语言为对象》（2015）主要以贵州境内的汉语、苗语、彝语、水语、侗语、布依语、仡佬语 7 种语言为对象，对量范畴进行了系统的类型学研究。具体涉及量范畴的表现形式及各种表达手段，量范畴的语序类型学、功能类型学、语义类型学、认知类型学等方面的研究。

以上学者的量范畴研究，都是从语义出发去寻找句法形式上的验证，即先从语义层面不同的量出发，再看其句法上的表现形式，进而做到形式跟意义相结合。也就是说，以概念语义为出发点关照其与形式的匹配（form-meaning-pair），探索语言范畴和语言结构的概念基础。本书的研究也是以语义平面的部分量为出发点，从跨语言类型学的角度，探讨部分量对句法形态和语序的制约作用。本书的特点之一，即都是在具体的语言例句中分析部分量的作用，从而做到意义与形式的真正结合。

从意义到形式的研究，可以追溯到叶斯柏森（1924），他认为语法研究有两种方法、两种思路：（1）从外部形式到内在意义（O→I：the outward form→the inner meaning），从某一特定形式出发，然后再去谈语义或者作用；（2）从内在意义到外部形式（I→O），先从意义或作用出发，然后再去探索其表达形式。其实，这两种研究方法研究的语法事实相同，只是研究的角度不同，如果能把两者相结合，就能给某一个语法事实以准确的概述。汉语语法最早从意义到形式的研究是吕叔湘的《中国文法要略》（其中下卷的"表达论"以语义平面的意念范畴为纲，进而讨论其统摄的语句表达形式），后来朱德熙、陆俭明、邢福义、张黎等在汉语语法研究时，也都非常重视语义的分析。

我们认为从语义范畴出发寻找句法形式上的表现，是不同于以往从句法形式入手去发现语法意义的。任何语法成分都是语法形式和语法意义的结合体，老一辈语法学家一再强调：语法研究要做到形式跟意义相结合，研究没有句法体现形式的语义是没有意义的。正是由于语法形式和语法意义是相辅相成、互为表里的，所以语法研究的目的之一就是要了解一个语法意义可以通过哪些语法形式来表现，一个语法形式可以表达哪些语法意义。在研究两者的关系时，可以从语法形式入手去描写这些语法形式表现的语法意义，也可以从语法意义入手去寻找这些语法意义得以表现的语法形式。

当然由于研究目标的不同，这两种研究思路各有所长。从语法形式到语法意义的研究适合于对单一语言系统内部的研究。但是由于一种语言的"形式—意义"体系跟另一种语言的"形式—意义"体系可能存在着差异，这就使得从形式到意义的研究，在跨语言比较研究中存在诸多不足。所以我们下文的研究不是采用从形式到意义的研究思路，而是采用从意义到形式的研究思路，即从跨语言角度，考察语义平面的部分量的编码形式或句法表达方式。因为"以语义范畴为对比研究的对象，能够较为便利地发现不同语言间表达手段的异同，进而概括出语言的共性与特殊性"（李宇明，2000）。当然我们的研究不是脱离句法形式来单独谈语法意义，而是把语法意义和语法形式相结合，从而践行朱德熙（1982）所说的语法研究要做到形式与意义相结合。

二　存在的问题

杨素英、黄月圆、曹秀玲（2004），曹秀玲（2005）指出，当前的汉语数量研究还存在一些问题，她们归纳为三方面问题（详见上文）。在她们的基础上，我们又补充了两点。

（4）全称量化成为热点，研究得较为充分，但是与全称量化相对的部分量化研究却非常少，这就形成了一种不均衡发展态势，当然这种不良倾向急需改变；

（5）所有与量范畴有关的研究，绝大部分都是基于某种单一语言（或方言）进行的，跨语言（或跨方言）的类型学研究还很少。

此外，前面我们选题意义的前两点，也指出目前量范畴研究中存在的许多问题，以及本书将要解决的问题。

第三节　研究理论和语料

能宏观上总揽全书的理论有：关联标记理论、可别度领前原理、界面互动理论以及语言类型学理论。

　　我们把语言类型学中参项的相关度，即某一参项与其他参项的相关程度，跟沈家煊（1999）建立的关联标记模式相结合，把部分量这一语义参项跟形态句法、语序建立起联系，在许多表面上互不相关的语法现象之间找到内在的联系，即都受到部分量的影响或制约。在第十二章我们把本书中受部分量制约的语法现象从形态、句法、语义和语用四大方面进行了归纳总结。

　　本书许多章节都运用可别度领前原理，来对语言的语序动因进行解释，比如第三章解释人类语言中全量成分都有前置倾向，第五章解释了世界范围内30 种语言处所转换构式的语序形成动因。此外本书的章节安排也是受到可别度领前原理的两个分表述的启发。比如，第二章、第三章讨论不在同一线性序列中的部分量，即全称量与部分量分属在两个句子之中，这跟针对相同格式中两个并非同时出现的成分而言的可别度领前原理（表述二）"如果其他条件相同，可别度越高的成分越倾向于前置"相一致。而第六章、第七章、第八章所讨论的在同一线性序列中的四种句式中的部分量，即整体量和部分量在一个句子中共现时，表整体的成分比表部分的成分的可别度要高得多，因而倾向于前置，从而形成"整体—部分"这种无标记常规语序。这跟针对同一序列中两个同时出现的成分而言的可别度领前原理（表述一）"如果其他一切条件相同，可别度高的成分前置于低的成分"相一致。

　　有关语言不同层面的互动关系研究也叫界面（Interface）研究，这是最近几年语言学研究的前沿热门领域，在国内外不断受到重视，详见李思旭（2014）的评述，这里不再赘述。虽然袁毓林（2003）、陆俭明（2005）已经注意到了三个平面之间互动的重要性，但是国内真正从这个角度进行研究的依然很少见。在界面互动理论的指引下，本书讨论了许多界面互动的语法现象，其中既包括句法、语义、语用中两个平面的互动（如句法—语义、语义—语用、句法—语用），也有句法、语义、语用三个平面的同时互动。详见第十二章的归纳总结。

　　本书涉及语言类型学理论的诸多下位分支：（1）形态类型学（morphological typology），体现在包括部分格、属格、处所格在内的十几种格标记，表示部分的部分后缀、部分附缀、部分量化前缀等方面；（2）句法类型学（syntactic typology），包括形态句法类型学（morphosyntactic typology），体现在表示部分的词类（部分量词、部分冠词、部分小品词、部分量化副词）、部分结构、多重部分结构、动词重叠、汉语方言体貌的量化动作对象差异和对宾语的量化程度差异、逆被动态、论元分裂式话题、偏称宾语处置式等方面；（3）语序类型学（word order typology），体现在处所转换构式、偏称宾语被动句、部分格与语序的蕴含关系等方面；（4）区域类型学（areal typology），体现在部分格的语系地理分布、闽方言动词重叠的全称量化功能这两个方面。

　　此外，本书还涉及库藏类型学（inventory typology）。传统的类型学研究，都是从语义出发，探讨某一语义范畴的跨语言编码方式。而库藏类型学则超越从语义出发去寻找形式表现的传统，注重形式和范畴间的双向互动，而且以形式到语义语用范畴的视角为出发点（刘丹青，2011）。需要注意的是，库藏类型学从形式出发，并不是又回归到了传统的形态类型学，尽管两者的研究范式都是从形式到意义。因为传统的形态类型学是单向地从形式到意义，而库藏类型学则是双向的形义互动。本书许多小课题都涉及语言库藏，如闽方言动词重叠的全称量化功能，部分方言中有专门标记宾语部分受影响或部分完成的体貌标记，国外语言中标记宾语部分受影响的部分格，汉语的领主属宾句、论元分裂式话题句、称宾语处置式、偏称宾语被动句，等等。

　　分散于各章的理论主要有：第三章的"题原角色"理论，第五章的构式语法理论，第十章的语法化理论，第十一章的"及物性假说"理论，等等。

　　Comrie（1989：xii）认为，研究语言共性最有成效的方法是根据对一系列广泛语言材料（a wide range of languages）的调查。语料对于注重"以事实说话"的语言类型学研究来说，就显得尤其重要，因为缺乏大量语料的共性是底气不足的共性。只有对更多语言的实际情况有所了解，才能更有把握地说出哪些是人类语言的共性，哪些是某一种具体语言的特点（刘丹青，2008：x.）。由于本书做的是跨语言类型学研究，所以语料的构成也具有特殊性。

　　本书涉及国内外 300 多种语言或方言，其中直接引用部分量编码语料（其他相关现象的语料不计）的，世界范围内 15 大语系的 74 种语言，汉藏语系 47 种民族语言，汉语 7 大方言区 102 个方言点方言，共计 223 种。除去现代汉语、古代汉语的众多例句，在不同章节中反复引用的语料：英语 105 例、其他国外语言 156 例、国内民族语言 73 例、方言 214 例，累计多达 548 例。本书国外语言的语系、语族分类，综合参考了 WALS（2005，The World Atlas of Language Structures）《世界语言结构地图集》，Heine & Kuteva（2002，World Lexicon of Grammaticalization）《语法化的世界词库》。

　　Comrie（1989：9）指出，理想的方法是把语言共性研究置于同时调查全世界语言的基础上。但是世界上大概有 5000 多种语言，因而语言类型学家不管自身如何努力，所能掌握的语言数量毕竟还是十分有限，那么他们在做大规模的跨语言比较时，其中大部分语料就不得不依赖间接知识或转引材料。为了确保研究的科学性和准确性，本书中所用的跨语言或跨方言语料均来自国内外已发表的论文或著作，绝大部分是直接从原文中引用，少数国外文献由于找不到原文就作了间接引用。当然我们在选取语料时，对所获得的语料也作了仔细的甄别。

　　国外语言语料来自国外期刊论文和语言学著作，由于"部分量"编码的语料零星散见于海量的各类文献中，搜集的方式主要是顺藤摸瓜和滚雪球：先看检索到的直接文献，再看直接文献中提到的相关文献，依次往复，从不放过任何一次可能的机会；通过这种方式日复一日，年复一年，十五年如一日，雪球也就越滚越大，语料也就越来越丰富。

方言和民族语言语料调查范围较广，包括方言简志、民族语言简志、语法著作及中国知网上收录的期刊论文、硕博士论文。汉语语料主要有以下三个来源：

(1) 北京大学现代汉语语料库和古代汉语语料库；

(2) 日常生活中的口语语料和内省语料；

(3) 已有研究中的极少数典型例句。

第四节　本书框架与主要内容

本书以部分量的编码方式为研究对象，对现代汉语普通话、古代汉语、汉语方言、中国境内的民族语言和国外语言进行了全面的类型学考察，尝试把汉语置于世界语言的变异范围内进行研究，即在语言共性的基础上分析汉语的个性特征。具体从跨语言（方言）角度，分析了部分量的四种编码方式：部分量化、部分受影响、偏称宾语和部分格。全书以部分量的编码方式为中心线索贯穿始终，重点探讨了体貌、量化与论元互动的跨语言相关性。

本书共计 12 章，除了第一章绪论，其余 11 章可分为四大部分，主要内容如下：

第一部分（第二章至第五章），主要讨论不在同一线性序列中的部分量，即全称量与部分量分布在两个句子之中，跨语言考察了"全称量化/部分量化""完全受影响/部分受影响"两种对立统一的量化方式。具体描写全量成分的句法位置分布，建立了汉语定、状、补三个全称量化的句法位置，重点对汉语体貌的量化对象差异作跨方言考察。分析了闽方言动词重叠的全称量化功能。把部分量分为有定性部分量和无定性部分量两种，并分别对其编码方式作了跨语言的考察。引入 Dowty（1991）的"题原角色"理论，在量化和句子情状之间建立联系，探讨了量化动结式中所暗含的由部分量化到全称量化的动态语义。最后探讨了词语量值大小对其句法行为的影响，尝试把量化与语序相结合，在句法、语义、语用之间建立关联标记。对表完全受影响和部分受影响的三种汉语句法手段以及国外 29 种语言的编码方式，进行了跨语言的考察分析。对暗含完全受影响和部分受影响的处所转换构式，作了跨语言的考察分析，基于对欧、亚、非三大洲 8 大语系 30 种语言处所转换构式的观察，对逻辑上推导出的处所转换构式类型模式进行跨语言地验证。

第二部分（第六章至第八章），主要讨论同一线性序列中的部分量，即整体量和部分量在一个句子中共现，分析了四种汉语特殊句式：领主属宾句、论元分裂式话题句、偏称宾语处置式、偏称宾语被动句。具体探讨了汉语句子在分裂移位过程中，表示"整体"和"部分"成分的移位类型、移位方向以及移位动因。对由于分裂移位而产生的"部分格"的推导过程作了分析，并从"部分量"的角度对生成语法中的"部分格"进行解释。从语言共性的角度，尝试从"部分量"的角度沟通生成语法中的部分格和语言类型学中有形态标记的部分格，找到两种部分格之间的三点共性特征。对由于分裂移位而产生的论元分裂式话题，作了类型学考察。对含有"整体—部分"语序的偏称宾语处置式和偏称宾语被动句，进行了跨方言（语言）的类型学研究。

第三部分（第九章至第十一章），主要讨论了部分量形态编码方式中最重要的一种——部分格。调查了部分格的语系分布和地理分布，把传统类型学所强调的形态参项与当代语言类型学所强调的语序相结合，在宾语部分格的有无和语序之间建立一条蕴含共性"O 部分格 ⊃ SVO"。从民族迁徙和语言接触两个角度分析部分格这一区域共性的历史成因。结合事件语义学理论，对芬兰语中部分格的两个量化功能进行了详细分析。调查了部分格的两个语法化来源路径，从语法化理论中的"择一原则"角度，探讨了法、德、俄三种语言中部分格的语法化共性。最后，利用"及物性假说"理论，分析了芬兰语部分格的使用条件。

第四部分（第十二章），从宏观上对本书讨论的事实和理论进行了归纳总结。首先，从语言共性与个性的角度，对部分量这一语义功能共性在不同语言中的具体编码类型作了总结，然后讨论了编码方式的语法化程度高低。其次，借鉴国内外从某一范畴出发讨论其对语法现象影响的成功经验，把全书中受部分量制约的语法现象从形态、句法、语义和语用四大方面进行总结。我们把语言类型学中类型参项的"相关度高低"与沈家煊（1999）所建立的新的关联标记模式相结合，以部分格为基础，结合芬兰语、匈牙利语、爱沙尼亚语、俄语和波兰语这 5 种语言材料，在句法、语义、语用三个平面之间建立关联标记模式，进而验证沈家煊所建立的新标记模式是人类语言的普遍理论，同样适用于其他语言。最后，对本书中探讨的语言共性或方言共性进行了归纳，共计 10 条，分为一般语言共性和方言共性两大方面。

第二章

"全称量化"的句法类型学研究

近年来，"全称量化"问题逐渐成为汉语学界研究的热点，学者们对状语位置的"都"（董秀芳，2002；张谊生，2003；袁毓林，2005；徐烈炯，2014；沈家煊，2015 等）、"全"（张蕾等，2010；麦涛，2015）、"净"（张蕾，2015），以及定语位置的"满"（储泽祥，1996；袁毓林，2004）、"所有"（张蕾等，2009）等词语的全称量化功能，进行了详细的描写和分析。在方言方面，欧阳伟豪（1998）、李宝伦（2007）对广东话全称量化词缀"晒"的研究，徐烈炯（2007）对上海话"侪"全称量化的研究。以上这些都是基于单一语种（普通话或方言）的研究，从跨语言或跨方言角度，对全称量化进行类型学的研究，就我们所能搜集到的文献，到目前还没有看到。

与上面这些量化研究有所不同，我们将主要讨论全量成分的句法位置分布，尝试建立定语、状语、补语三个全量成分的句法分布位置，并重点探讨补语、体标记以及动词重叠的全称量化功能。本章在研究方法上也将作一个新的尝试，把语义学中的量化问题与当代语言类型学相结合，对全称量化进行跨语言（方言）的类型学考察。

第一节　全量成分的句法位置分布

一　汉语全量成分的位置分布

汉语全称量化的类型有很多，除了全称量化词语这一词汇手段之外，还有一些语法手段。（1）词语的重叠形式。量词、名词的重叠表示遍指，即特定范围内的所有成员。量词重叠表全量的如"他们家个个是劳动能手/这次演出场场爆满"。名词重叠表全量的如"人人都去过北京"。（2）疑问代词表示全量，如"他什么活都能做/我谁写的书都不想看"。英语的疑问词也可以表全量，如"whoever said this is a liar（谁说了这个谁就是说谎者）"。（3）"一"在否定句中跟"也""都"配合也可以表示全量，如"她懒得一件衣服也不愿意洗/他一件事都做不好"。(4)"连 X+都 VP"结构，通过肯定或否定某个说话人和听话人所共同知道的集合中的一个极端成员，来达到肯定或否定整个集合的目的，因而其中也蕴含着全量义，如"这件事连张三都知道了"。

汉语中利用语法手段表示全称量化的研究非常多，类型上也远不止以上四类，我们这里只是举例说明，并不展开详细分析，而是将讨论的重点放在研究较少的全量成分的句法位置分布上。汉语全量成分可以有三个句法位置分布。

一是定语位置，代表性词语有"一、满、全……"，如：

（1）汽车漏了一地的油。
（2）满屋子都是烧菜的油烟。
（3）全村人民都为他而感到光荣。

二是状语位置，代表性词语有"都、全、净……"，如：

（4）这些坏事都是他做的。
（5）这个鱼塘全被污水污染了。
（6）她这些天净做傻事。

三是补语位置，代表性词语有"完、光、没……"，如：

（7）他们唱完了一首歌。
（8）这锅饭被他俩吃光了。
（9）参加会议的人跑没了。

如果把上面定、状、补三个句法位置与代表性的词语以及句子中的句法成分相结合，就可以形成如图 2-1。

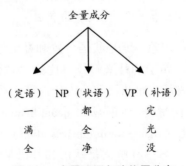

图 2-1　全量词语句法位置分布

以上讨论的是现代汉语，古汉语全量成分的句法位置分布也可以有定、状、补三个：定语位置的，如例（10）的"毕"；状语位置的，如例（11）的"毕"、例（12）的"尽"；补语位置的，如例（13）的"尽"、例（14）的"没"。

（10）其夕，毕家咸闻窗牖间，窣然有物声，犬亦迎吠。（北宋《太平广记》）

（11）已诛微舒，因县陈而有之，群臣毕贺。（西汉《史记》）

（12）今越人起师，臣与之战，战而败，贤良尽死。（战国《吕氏春秋》）

（13）一日，忽领无限蜥蜴入庵，井中之水皆为饮尽。（南宋《朱子语类》）

（14）生员不肖，不应吃没舍弟的田产，大人办得公正。（民国《大清三杰》）

上面按照句法位置的不同，我们举出了每一种句法位置的代表性全量词语，其实问题并不是这么简单，因为有些词语可以有不止一个句法功能，即可以担当不同的句法成分。比如"一""都""完、光"作为全量成分，其句法功能是单一的，只能分别作定语、状语和补语。但"尽"句法功能是双重的，可以作状语、补语，如例（15）。最为复杂的是"满、全"，它们可以身兼定语、状语和补语三种句法功能，如例（16）和例（17）。

（15）a. 满城尽带黄金甲。（状语位置）
　　　b. 屋子里的书已经搬尽了。（补语位置）

（16）a. 满屋子都是油烟味。（定语位置）
　　　b. 她的脸上满是泪痕。（状语位置）
　　　c. 他把箱子装满书。（补语位置）

（17）a. 全村的孩子都接受了义务教育。（定语位置）
　　　b. 山坡上全是土匪。（状语位置）
　　　c. 他把这套书买全了。（补语位置）

有一个非常有意思的现象，就是状语位置和补语位置的全量成分共现时，由于量化对象的不同造成句子的歧义解读。比如"他们都吃完了五个苹果"，就可以有两种解读。一种解读是状语和补语分别量化不同的对象：状语位置的全称量化副词"都"左向量化（left-ward quantification）主语"他们"；补语位置的"完"右向量化（right-ward quantification）宾语"五个苹果"，即"每个人吃了五个苹果"。另一种解读是状语和补语量化对象相同，全称量化副词"都"和补语"完"都右向量化宾语"五个苹果"，即"他们一起总共吃了五个苹果"。这种量化的歧义解读在英语中也有所体现，如"all the students read a book"也有两种解读：既可以理解为"the students all read the same book"，也可以理解为"the students each read a different book"。

现代汉语省略宾语的"都"字句也存在歧义解读，如"他们都知道了"就有两种解读：一是"都"左向量化主语，句意为"他们每个人都知道了某件事"；二是"都"右向量化省略或隐含的宾语，句意为"有好几件事情，其中每一件他们都知道了"。此外，还有一个潜在的规则，那就是"他们都知道了"，当加上表示单数的宾语"这件事"时，即"他们都知道了这件事"中的"都"只能单项左向量化主语"他们"。当加上表示复数的宾语"这些事"时，即"他们都知道了这些事"中的"都"则可以双向量化，既可以左向量化主语"他们"，也可以右向量化宾语"这些事"。

总之，汉语的全称量化不仅包括定语位置上限定词（determiner）的全称量化和状语（adverbial）的全称量化，还应该包括补语以及比补语虚化程度更高的体标记等的全称量化。这样就可以建立汉语定语、状语和补语这一完整的全称量化成分的三个句法分布位置。三个不同的句法位置，使用的量化词语的词类性质也不相同：定语位置使用量化形容词，状语位置使用量化副词，补语位置使用量化动词，但它们表达的功能却是相同的，即都是对名词在数量上进行全称量化。

二 全量成分位置分布的跨语言考察

以上所分析的汉语全量成分的三个句法位置分布，在英语中也有相应的体现。英语定语位置的量化形容词有 all、whole、total 等，如例（1）；状语位置的量化副词有 completely、entirely、totally、wholly 等，如例（2）；动词后的"小品词（particles）"有 up、through、down 等，如例（3）。

（1） a. All students are very clever.
  所有的学生都非常聪明。

  b. He has just drunk the whole bottle of wine.
  他刚才喝了整瓶白酒。

（2） a. John has completely eaten the cake.
  约翰把蛋糕吃完了。

  b. She was entirely shocked by the sudden disaster.
  她完全被突如其来的灾难给吓倒了。

（3） a. Black clouds covered the sky up early in the morning.
  清晨黑云就遮满了天。

  b. The train passed through a tunnel 500 meters long.
  火车穿过了一条长 500 米的隧道。

  c. I would like to drink down the bottle of the wine.

我想要喝光那瓶白酒。

跟我们以上的分析相似，Bybee、Perkins & Pagliuca（1994：87）的研究很有启发意义，他们认为 up、down、over、through 等本来是表示位置意义（locative meaning）的，在跟动词搭配后则增加了一种彻底义（completion），如 eat the food 只表示吃东西，而 eat up the food 则表示宾语所指的食物被完全吃掉（the complete consumption of the object），类似的还有 use 与 use up。又如 write 只表示写或记，有没有记住不知道，而 write up 和 write down 则具有记下来并且记住了的暗含义。

Tenny（1994：36-37）指出，动后冠词，如 eat the apple up 中的 up，具有迫使动词性复杂结构产生划界（delimited）的特征。由于划界的解读，直接论元承担了量出（measuring out）事件的功能。此外，动后冠词还产生量出论元（measuring argument）是被完全消费（completely consumed）这一语义，如 eat the apple，意味着在一个限定时间内苹果被消耗；而 eat the apple up，意味着苹果被完全消耗，吃这一事件是通过苹果展开的，事件的结束跟苹果的消耗是重合的。由于冠词可以迫使量出论元是被完全消耗的，所以可以说"I ate the apple halfway"，但是不能说"I ate the apple up halfway"。

除了以上的动后冠词，动词后缀也可以表达全称量化。在南美洲复综语的 Baure 语中，有表示分配性（distributive）的动词后缀"-he"（Danielsen，2007：234）。"-he"跟动词的数相关：或者表示及物动词宾语的"总括（totality）"义，如例（4）；或者表示不及物动词主语的参与程度，如例（5）。

(4) roekomorohek to neč šiyenev.

ro=ikomoro-he-ko　　　　to　　　neč　　　šiye-nev
3 单-阳=杀-分配-通格　冠词　限定-2 复　狐狸-复
He killed all the foxes. 他把所有狐狸都杀了。

(5) nokokahekowovi.

no=koka-he-ko-wo=pi
3 复=笑-分配-通格-系词-2 单
They all laughed at you. 他们都在嘲笑你。

此外，全称量词还可以移动，即所谓的量词浮游（quantifier floating），如 All the people arrived = The people all arrived。法语中也存在量词浮游现象（Baunaz，2011：103），不过是 tous 这一"浮游量化（floating quantification）"。以下两句都表示"所有孩子都读了一本书"，不同之处在于全称量化词 tous（所有）的位置不同：a 句中 tous 在名词 les garçons（孩子们）的前面，

b 句中 tous 在助动词 ont（完成）和动词 lu（读）之间。

> （6）a. Tous les garcons ont lu un livre.
> 　　All the boys have read a book.
> 　b. Les garcons ont tous lu un livre.
> 　　The boys have all read a book.

　　通过上文的分析可以看到，全量成分有定、状、补三个句法位置分布，因而所谓量词浮游，其实就是全称量化成分的位置分布的变化。我们以全称量化词"全"为例，以下三句表达的意思是一样的。从例句可以看到"全"可以像英语的 all 一样，在句子中游移，既可以在句首作定语，也可以在句中谓语动词前作状语。"全"比 all 还多了一个可移动的位置，那就是在动词后作补语。

> （7）a. 全村子里的人来了。
> 　　b. 村子里的人全来了。
> 　　c. 村子里的人来全了。

　　刘丹青（2008：121）指出，汉语的全量义除了由加在名词上的全量词表示外，还常常由副词性的量化算子"都、全都"等表示，如"客人都走了"中的"都"；也可以是两者兼用，如"所有客人都走了"。刘先生认为名词限定词量化算子和副词性量化算子的互动规律和语义解释是非常复杂的现象，涉及句法、语义和语用。我们认为引入了句法位置之后，以上这一问题就比较简单了，即都是由于全量成分的句法位置分布不同造成的。定语位置就是刘先生所说的加在名词上的全量词的句法实现位置，而状语位置就是副词性的量化算子"都、全都"的句法实现位置。

　　除了上面三个全量成分分布在不同句子中，还可以在一句话之内有三个全量成分，如"我把满瓶酒都喝光了"，这在广东话中也有类似的表现（欧阳伟豪，1998；李宝伦，2007）。广东话的全称量化可以通过量化词缀"晒"[sai33] 来实现，如例（8），也可以通过限定修饰词来实现，如例（9），还可以是量化词缀和限定修饰词两者共现，如例（10）。

> （8）佢食晒啲苹果。（他把所有的苹果都吃完。）
> （9）佢食咗全部苹果。（他把所有的苹果都吃完。）
> （10）佢食晒全部苹果。（他把所有的苹果都吃完。）

　　下面我们大胆地提出一个假设，既然汉语中全量成分有定、状、补三个句法位置，那么三个位置就有，三选一、三选二、三选三，即 3+3+1 = 7 种可能，具体分布情况见表2-1。表格中的"+"表示这个句法位置有全量成分，"-"表示这个句法位置没有全量成分。"总数"表示7种可能的具体分布情况：定、状、补三个句法位置选一个句法位置的，有3种情况（类型1、2、3）；选两个句法位置的，也有三种情况（类型4、5、6）；三个句法位置都选的只有一种情况（类型7）。

表2-1　　　　　　　　　　　　全量成分的句法位置分布类型

类型	定语位置	状语位置	补语位置	总数
1	+	-	-	
2	-	+	-	3
3	-	-	+	
4	+	+	-	
5	-	+	+	3
6	+		+	
7	+	+	+	1

以上全量成分的这7种分布情况，是不是在实际语言中都存在、都能得到实际的语言验证（包括汉语方言、中国境内的民族语言，以及国外的其他语言），还有待进一步的调查。但是可以肯定的是，这7种情况在现代汉语中都有实际的例句体现，如：

(11) a. 全村人民为他而感到光荣。（定语位置）

b. 这些坏事都是他做的。（状语位置）

c. 这锅饭被他俩吃光了。（补语位置）

d. 整个鱼塘全被污水污染了。（定、状两个位置）

e. 我把水都喝光了。（状、补两个位置）

f. 我把整瓶水喝光了。（定、补两个位置）

g. 我把整瓶水都喝光了。（定、状、补三个位置）

据我们的初步考察，跟上面普通话相似，广州话中的全量成分可以有定、补两个句法位置分布（李宝伦，2007），即上表中的类型1和类型3，或定、补两个句法位置同时都有，即类型6。如：

(12) a. 佢食咗全部苹果。（定语位置）

　　 他把所有的苹果都吃完。

b. 佢食晒啲苹果。（补语位置）

　　 他把所有的苹果都吃完。

c. 佢食晒全部苹果。(定、补两个位置)
他把所有的苹果都吃完。

此外,广州话中的全量成分分布可以是状、补两个句法位置分布(蔡建华,1997),即上表中的类型 2 和类型 3;或状、补两个句法位置同时都有,即类型 5。如:

(13) a. 呢几个地方我都去过。(状语位置)
这几个地方我都去过。
b. 呢几个地方我去过晒。(补语位置)
这几个地方我都去过。
c. 呢几个地方我都去过晒。(状、补两个位置)
这几个地方我都去过。

上面我们结合普通话和广州话,对全量成分的句法位置分布类型进行了验证,下面来看中国境内民族语言中全量成分的句法位置分布情况。

在景颇语中(戴庆厦,2012),全量成分可以有定、状、补三个句法位置分布。如:

(14) a. khum^{31} tiŋ^{31} a^{31}jet^{55} a^{31}jat^{55} ti^{33} kau^{55} sai^{33}. (定语位置)
身体 全 东一道西一道(泛)(貌)(尾)
全身东一道西一道的。
b. ʃan^{55} the^{33} joŋ^{31} ɯa^{31} mat^{31} mǎ^{33} sai^{33}. (状语位置)
他们 全部 回 (貌)(尾)
他们都回去了。
c. tiʔ^{31} thaʔ^{31} na^{55} ʃat^{31} ʃa^{55} thum^{31} sai^{33}. (补语位置)
锅 里 的饭 吃 (貌)(尾)
锅里的饭吃光了。

在邦朵拉祜语中(李春风,2014),全量成分既可以有状、补两个句法位置分布,也可以是状、补两个句法位置同时都有。如:

(15) a. a^{35}po^{31} ka^{31} ma^{53} mɔ^{31} o^{31}. (状语位置)
衣服 都 不见 了
衣服都不见了。
b. ɔ^{31}ni:^{33}pa^{11} phu^{33} je^{53} px^{31} ҫe^{31}o^{31}. (补语位置)
弟弟 钱 用 完 (体)
弟弟把钱用完了。

   c. phu^{33} ka^{31} jɔ^{53} ju^{31} vɯ^{33} o^{31}.（状、补两个位置）

   钱 都 他 拿 完 了

   钱都被他拿光了。

  最后，英语中全量成分的句法位置也不止一个，如例（16）是状（all）、补（over）两个，例（17）是补（over）、定（entire, all）两个。

  （16）a. I walked all over the hill.

     我走遍了整座山。

    b. The spider had crawled all over the ceiling.

     蜘蛛在天花板上结满了蛛网。

  （17）a. I have hitchhiked over the entire country.

     我搭便车行遍了整个国家。

    b. He has freckles over all his body.

     他的全身长满了雀斑。

第二节 体貌的全称量化对象差异

  Partee（1995）把句法量化（the syntax of quantification）分为"D-量化（D-quantification）"和"A-量化（A-quantification）"两种类型。"D-量化"的全称是"限定词量化（determiner quantification）"，主要跟 NP 相关联，如 every、each、most、some 等。"A-量化"的全称是"状语量化（adverbial quantification）"，是一个包括 Adverbs、Affixes、Auxiliaries 等的集合（cluster），主要跟 VP 相关联，如 usually、always、in the most cases 等。

  汉语全称量化的类型或全称量化的手段很多，除了已经研究很充分的定语位置（每、全、所有）和状语位置（都、各、总是、一直）等词语的全称量化之外，普通话、方言以及民族语言中补语、助词等体貌成分的全称量化则更为丰富多样，不仅有对动作自身的全称量化，即量化动作，还有对动作对象的全称量化，即量化动作对象。体貌成分的量化可以看成上面的"A-量化"。

一 量化对象差异的跨方言共性

  上一节讨论了全量成分的句法位置分布，下面来看补语位置体貌成分量化对象的差异。据我们观察，汉语普通话的补语"完"的量化对象就有很多：既可以在时间上对动词表示的动作进行全称量化，如例（1）；也可以在数量上对宾语表示的事物进行全称量化，如例（2）；当然补语"完"还可以在数量上对主语表示的事物进行全称量化，如例（3）和例（4）。

 （1）我吃完饭去唱歌。（量化动词）
 （2）我吃完了一碗饭。（量化宾语）
 （3）游客已经走完了。（量化主语）
 （4）冰箱里的蔬菜快烂完了。（量化主语）

有一个非常有意思的现象，那就是广东话的量化词缀"晒"，也可以像普通话补语"完"一样，随着句法环境的不同，量化对象也不同（欧阳伟豪，1998；李宝伦，2007；Lee，2012）。"晒"可以量化宾语，如例（5）；也可以量化主语，如例（6）；还可以量化介词宾语，如例（7）。

 （5）佢食晒两碗饭。（他把那两碗饭都吃了。）
 （6）六个人嚟晒。（六个人全部来了。）
 （7）我同佢哋食晒饭。（我与他们所有人都吃过饭。）

此外，粤语的动后补语"埋"（白宛如，1998），既可以量化动作，如 a 句，也可以量化动作对象，如 b 句。

 （8）a. 食埋饭至去睇电影。（吃完饭再去看电影。）
   b. 抄埋呢页书。（把这页书全部抄了。）

在广西东南部的贵港粤语中（林华勇、李雅伦，2013），"开"可以量化动作，如 a 句，也可以量化动作对象，如 b 句。

 （9）a. 佢卖开物厘？（他卖了什么？）
   b. 吃开剩阿半碟儿菜。（吃掉剩下那小半碟菜。）

以上讨论了普通话补语"完"、广东话"晒"以及粤语"埋、开"的量化，三者之间的共同点是由于语义指向的不同，其量化对象也不相同。据我们大规模跨方言考察发现，汉语大部分方言跟普通话、广东话、粤语一样，靠补语的语义指向的不同来确定是量化动作还是量化动作对象。但是还有一些方言里量化动作还是量化动作对象，是靠不同补语成分来区别的。以下七大方言区的方言点语料主要是按照从北向南逐步推进，每个方言点前一个例句是补语量化动作，后一个例句是补语量化动作对象（见表 2-2）。

表 2-2　　　　　　　　26 个方言点量化对象差异语料汇总

方言区	方言点	方言例句	对应的普通话	语料来源
北方方言 （8）	沈阳话	他吃了［lə］饭了。	他吃了饭了。	梁晓玲 （2013）
		饭他吃完了［liau²¹⁴］。	他把饭吃完了。	
	西安话	吃毕了再买。	吃完了再买。	刘勋宁 （1988）
		米吃完了再买。	米吃完了再买。	
	西宁话	话吃罢了再说呵成蹇？	有话吃完了再说行吗？	刘勋宁 （1988）
		米吃完了再买呵成蹇？	米吃完了再买行吗？	
	关中话	吃毕/罢饭。	吃完饭。	孙立新 （2013）
		吃完饭。	吃光饭。	
	林州话	我吃了［lʌʔ］饭。	我吃了饭。	陈鹏飞 （2005）
		我吃了［ləʔ］一碗饭。	我吃完一碗饭。	
	北京话	吃了两个菜。	两个菜都吃到了。	马希文 （1983）
		吃了两个菜了。	两个菜都吃光了。	
	清水话	饭吃吱。	吃了饭。	胡德明 （2008）
		饭吃得吱。	把饭吃完了。	
	黎平话	喫嘎两个菜了。	两个菜都吃到了。	熊赐新 （2013）
		喫了两个菜嘎。	两个菜都吃光了。	
赣方言 （5）	南昌话	渠锯断了一头树。	他锯了一棵树。	刘纶鑫 （1999）
		吃撇了该碗饭。	吃掉了这碗饭。	
	泰和话	渠吃矣早饭就去出。	他吃完早饭就出去了。	戴耀晶 （1997）
		叔叔吃刮一包阿斯玛。	叔叔吃了一包阿斯玛。	
	吉安话	个件事我告诉哩小王。	这件事我告诉了小王。	任燕平 （2005）
		吃［pu］个碗药病就会好。	喝了这碗药病就会好。	
	乐安话	渠昨日吃哩饭正来。	他昨天吃了饭才来。	刘辉明 （2007）
		你明朝卖了旧个买新个。	你明天卖掉旧的买新的。	
	安仁话	渠受哒处分。	他受了处分。	周洪学 （2012）
		我中午吃咖三碗饭。	我中午吃了三碗饭。	
吴方言 （1）	苏州话	我吃仔中药再吃西药。	我喝了中药再喝西药。	范晓 （1988）
		我吃脱中药再吃西药。	我喝完中药再喝西药。	
客家方言 （2）	贵港 客家话	吃开饭矣。	吃了饭了。	林华勇 （2013）
		吃开［ki³¹］碗饭。	吃掉这碗饭。	
	梅县 客家话	佢食欸三碗饭。	他吃了三碗饭。	林立芳 （1996）
		佢食撇三碗饭。	他吃完了三碗饭。	
湘方言 （1）	长沙话	老虎咬哒他。	老虎咬了他。	段益民 （2000）
		老虎吃咖他。	老虎吃了他。	

续表

方言区	方言点	方言例句	对应的普通话	语料来源
闽方言 (2)	汕头话	拢食了［53-24］饭了。	都吃了饭了。	施其生 (1995)
		钱使了［53］末？	钱花完了没有？	
	海丰话	食了饭俺去睇电影。	吃完饭我们去看电影。	陈建民 (1996)
		食料一锅饭。	吃光一锅饭。	
粤方言 (7)	广州话	我买咗两件衬衫。	我买了两件衬衫。	彭小川 (2010)
		啲钱我早就用晒啦。	那些钱我早就用完啦。	
	香港话	出面嘅人走咗。	外面的人离开了。	郭必之 (2015)
		出面嘅人走晒。	外面的人全都离开了。	
	四邑话	吃［ə³³］饭。	吃了一碗饭。	甘于恩 (2005)
		吃减碗饭。	吃完一饭碗。	
	会城粤语	食［ə］饭［lə³¹］。	吃了饭了。	林华勇 (2013)
		吃减两碗饭。	吃了两碗饭。	
	廉江粤语	我打完篮球去冲凉。	我打完篮球去洗澡。	林华勇 (2013)
		食嘢两碗饭。	吃了两碗饭。	
	梨市土话	慢慢，食了饭正去归。	别急，吃了饭再回去。	李冬香 (2014)
		我食［hei⁵］一碗饭。	我吃了一碗饭。	
	南宁粤语	佢嘅门牙落咗嘞。	他的门牙掉了。	黄阳 (2012)
		佢嘅门牙落晒嘞。	他的门牙全部掉了。	

以上讨论的是同在补语位置的完成体，由于动作完成和动作对象完成的不同而使用不同的标记手段，下面来看方言中靠完成体标记的位置分布不同，来区别到底是动作完成还是动作对象的完成。

在山西晋语万荣方言中（吴云霞，2002），虽然动作完成和动作对象的完成用相同的词语，但具体的位置还有差别的：表示动作完成的完成体，只着眼于动作已经完成而忽略动作是否产生某种结果，完成体标记"唠"常位于谓语动词后，如 a 句；表示动作结果已形成的完成体，则着眼于动作的结果已经产生而忽略动作是否已经完成，完成体标记"唠"多在补语之后，如 b 句。

（10）a. 草铡唠再叫猪吃。（草铡完后再让猪吃。）

b. 他做了唠好一会儿啦。（他做完很久了。）

在印度尼西亚属于南岛语语系的 Riau 语中（Haspelmath，2001），词语 habis 放在动词之前的表示量化动作，如 a 句；词语 habis 放在动词之后表示量化动作对象，如 b 句。

（11）a. Habis maken. 已经吃了（东西）。

　　　　　全部　吃
　　b. Maken habis.（东西）都吃了。
　　　　　吃　　全部

　　总之，从上面的方言类型学考察可以看出，采用不同的体貌标记来表达量化动作和量化动作对象，具有跨方言的普遍性。就以上我们所能搜集到的方言语料，在北方方言、赣方言、吴方言、客家方言、湘方言、闽方言、粤方言汉语7大方言区的诸多方言点中都有所体现。除了以上体貌量化对象的差异之外，方言中的体貌标记在量化程度（不管是"全称量化"还是"部分量化"）上也存在着差异，详见第四章第一节的方言类型学考察。

二　量化对象差异的跨语言共性

　　其实，不仅汉语方言中存在量化动作和量化动作对象的差别，在汉藏语系的藏缅语族（白马语、哈尼语、凉山彝语、载瓦语、比工仡佬语），壮侗语族（燕齐壮语、凉山壮语、钟山壮语），阿尔泰语系的维吾尔语中也有相应的体现。

　　在白马语中（孙宏开，2007：223），到底是动作的完成还是动作对象的完成，有明显的形态标记差异：动词 kho^{53} 表示"背"，动作完成的"背完了"是用 $kho^{53} nbɔ^{13} uɛ^{13}$ 形式；动作对象完成的"背完了"是用 $kho^{53} nbɔ^{13} ʃl^{13}$ 形式。

　　在哈尼语中（李泽然，2004），动作的完成用助词 za^{31}，如 a 句；动作对象的完成用助词 sa^{31}，如 b 句。

　　（1）a. $a^{31} xa^{33} xa^{33} phɕ^{55} de^{55} za^{31}$.
　　　　　公鸡　　叫（体）
　　　　　公鸡叫了。
　　　　b. $no^{55} yo^{31} tshɕ^{31} ɕi^{55} dɕ^{55} dza^{31} sa^{31}$.
　　　　　你　菜　这些　　　　吃（貌）
　　　　　你把这些菜吃掉。

　　在凉山彝语中（胡素华，2001），动作的完成用体助词 o^{44}，如 a 句；动作对象的完成用貌助词 $ko^{44} sa^{33}$，如 b 句。

　　（2）a. $ŋa^{33} hi^{31} o^{44}$.
　　　　　我 说（体）
　　　　　我说完了。
　　　　b. $dza^{33} tshl^{44} n^{31} kɯ^{44} dzɯ^{33} ko^{44} sa^{33}$.
　　　　　饭　这 点　吃　（貌）

把这点饭吃掉。

在载瓦语中（朱艳华，2011），动作的完成是通过在动词后加 tɔm³¹ "完"，如 a 句，表示语义指向动作本身，而不是指向动作的受事或状态主体。动作对象的完成，则要在动词前加状貌助词 pan⁵¹ "完、全"，如 b 句，表示动作受事 "完了、没有了"，或状态主体的 "全部"。

（3）a. nji⁵⁵tsaŋ³¹ tsɔ³¹ᐟ⁵¹ tɔm³¹ pə⁵¹, jup⁵⁵ tɔ³¹ aʔ³¹ khɔi³¹.
午饭　　吃（完成）（变化）睡（持续）吧啊
午饭吃完了，睡觉去吧。

b. i⁵¹phə³¹ pan⁵¹ ʃuʔ⁵⁵pə⁵¹, lǎ³¹ tau⁵⁵ ju⁵¹ᐟ³¹ lɛ⁵⁵ aʔ⁵⁵.
酒　完　喝（变化）一瓶　拿　来（谓助）
酒喝完了，再拿一瓶来。

但是在说话时，究竟是在动词后加完成体助词 tɔm³¹ "完"，还是在动词前加状貌助词 pan⁵¹ "完、全"，要根据具体的语境和表达的需要来进行选择，这从以下例句对比可以看出：

（4）a. jaŋ³¹tsə³¹ xɔ³¹ᐟ⁵¹tɔm³¹ pə⁵¹, ŋa⁵⁵ nuŋ⁵¹ jum⁵¹ lɔ⁵⁵ʃaŋ⁵⁵.
秧子　栽（完成）（变化）咱们　家　回（式）
秧子栽完了，咱们回家吧。

b. jaŋ³¹tsə³¹ pan⁵¹ᐟ³¹xɔ³¹pə⁵¹, la³¹ khan³¹ tum³¹ ju⁵¹ᐟ³¹ lɔ⁵⁵aʔ³¹.
秧子　全　栽（变化）一　捆　再　拿　来（式）
秧子栽完了，再拿一捆来吧。

这两句的前一分句意思都是 "秧子栽完了"，但是从后句所表达的意思来看，a 句表示 "栽秧"的动作已经结束，语义指向动作本身；b 句表示动作的受事 "秧子"已经用完，但是 "栽秧"还没完成。

当要表达动作完成了，动作的对象也完成时，状貌助词 pan⁵¹ "完、全"和完成体助词 tɔm³¹ "完"同时出现在动词前后。下例表示 "吃饭"的动作已经结束，动作指向的受事 "饭"也已经没有了。

（5）tsaŋ³¹ pan⁵¹ᐟ³¹ tsɔ³¹ᐟ⁵¹ tɔm³¹ pə⁵¹.
饭　全　吃　（完成）（变化）
饭全吃完了。

但是这两个词有合并的趋势，完成体助词 tɔm³¹ "完"有可能在不久的将来被状貌助词 pan⁵¹ "完、全"所取代。现在，只有 50 岁以上的老人还会用

tɔm³¹来表示动作的完结，青少年一代都不区分动作的完结和动作对象的"完了"，这两种含义都用一个 pan⁵¹ "完、全"来表示。

在比工仡佬语中，kul³³ləɯ¹³、ku⁵⁵zi³¹都是完成体助词，表示动作行为在过去发生并已经完成，强调完成带来的影响（李霞，2009：117）。与 kul³³ləɯ¹³相比，ku⁵⁵zi³¹更强调动作的整体性和彻底性，有"都、光"的含义。试对比：

（6）a. I¹³ ka⁵⁵ tiɔ³¹　kul³³ləɯ¹³.
　　　　我　刚　做　完成体助词
　　　　我刚做完。
　　　b. lɔ³¹　paŋ³¹　ɯua³¹ ku⁵⁵zi³¹.
　　　　地　田　卖　完成体助词
　　　　田地都卖光了。

在南宁市武鸣县的燕齐壮语中（韦景云，2011：143，159），动作完成和动作对象的完成也使用不同的完成体标记来表示。动作完成用 li:u³¹表示，如 a 句；动作对象的完成用 po:i²⁴/pi⁵⁵表示，如 b 句。

（7）a. fan²⁴ ki³⁵to³¹ ka:i³⁵li:u³¹ lu³³, ki³⁵nu:ŋ³¹ho:i⁴² ço⁵⁵nou⁴².
　　　　分　些　东西　完（语气词）些姨妹　才说
　　　　分完了东西，他的小姨子们才说。
　　　b. hat⁵⁵ n⁴²tak³³ nu:ŋ³¹ kɯ²⁴ po:i²⁴/pi⁵⁵ so:ŋ²⁴ ʔan²⁴kjo:i⁵⁵.
　　　　早上这弟弟　吃去　两个香蕉
　　　　今天早上弟弟吃掉了两个香蕉。

在广南壮语中（曹凯，2012），动作完成用 ja²¹，动作对象完成用 na:u²¹。以下例句中，内层补语 na:u²¹表示钱在数量上的消失，外层补语 ja²¹表示"钱花完"这一事件是确实的、真实的、已实现的。

（8）tçen³³ tsa:u²² na:u²¹ja²¹ʔe²², tshai²² nɯŋ³³ ja²⁴ bu²¹ dai²⁴.
　　　钱　用　完　了　病　仍　治不好
　　　钱花完了，病还没治好。

在钟山壮语中动作对象完成用 thut⁷表示，动作完成则由实现体标记 lou⁹表示（曹凯，2012）。

（9）tie¹ jai⁵ thut⁷ na² lou⁹.
　　　他犁完田了
　　　他已经犁完田了。

在维吾尔语中（力提甫，2012：201），动作的完成用完成体助动词 bol 与-p 结尾的副词化成分一起使用，如 yaz-"写"+-ip+bol-=yezip bol-"写完"，oqu-"读"+-p+bol-=oqup bol-"读完"等。而动作结果的完成则是终结体助词 ciq-跟以-p 结尾的副词化成分一起使用，表示主动词所表达的动作经过一定的过程最终有一个结果的意义，即带有在内容上从头到尾进行一遍的意义。如：

（10） Biz　　　körgäzmi-ni　　kör-üp　　čiq-tuq.
　　　 我们　　展览-宾格　　　看-副标　　完结体-1复数
　　　 我们把展览观看了一遍。

上面主要分析了汉语方言和民族语言中动词后附成分的量化作用，现在我们把研究视角转向国外。在北美中部的波莫语（Pomo）中，表示动作的完成用词根 q'ál 表示，如'-q'ál "完成任务"、ba-q'ál "说完"；表示动作对象的完成则用词根'-kél 表示，如 ma-kél "擦掉"、s-kél "洗掉"。在北美的孤立语 Karok 语（北加州河沿 Klamatch 河一带人说的语言），动词前缀 pa-也含有"完全、全部"的意思（Mithun，2007）。在波兰语中，通过不同的动词词缀来表达到底是对动作自身的量化，还是对动作对象的量化，由前缀 na-构成的动词，表示的是动作的完成，如 napisac "写完"、namalowac "画完"；而由前缀 roz-构成的动词，表示动作完成的对象一点儿也不剩，如 rozdac "发光"、rozkupic "买光"（李金涛，1996：261）。

表 2-3 是我们对上面 37 种方言点方言或语言在量化动作还是量化动作对象时，采用不同的词汇或语音手段的总结。这在北方方言、赣方言、吴方言、客家方言、湘方言、闽方言、粤方言汉语七大方言区的诸多方言点中都有所体现。其中采用同一词汇不同读音的语言有沈阳话、林州话、北京话和汕头话共计 4 种，其余 33 种方言或语言都是采用不同的词汇形式，来区分量化动作还是量化动作对象。

表 2-3　　　　　　　　　　　37 种方言（语言）量化对象差异汇总

方言或语言	具体点	量化动作	量化动作对象
北方方言（8）	沈阳话	了 [lə]	了 [liau²¹⁴]
	西安话	毕	完
	西宁话	罢	完
	关中话	毕/罢	完
	林州话	了 [lʌʔ]	了 [ləʔ]
	北京话	了 [lə]	了 [-lou]
	清水话	吱	得
	黎平话	了	嘎

续表

方言或语言	具体点	量化动作	量化动作对象
赣方言（5）	南昌话	了	撇
	泰和话	矣	刮
	吉安话	哩	[pu]
	乐安话	哩	了
	安仁话	哒	咖
吴方言（1）	苏州话	仔	脱
客家方言（2）	贵港客家话	开	开 [ki³¹]
	梅县客家话	欶	撇
湘方言（1）	长沙话	哒	咖
闽方言（2）	汕头话	了 [53-24]	了 [53]
	海丰话	了	料
粤方言（7）	广州话	咗	晒
	香港话	咗	晒
	四邑话	ə³³	减
	会城粤语	ə	减
	廉江粤语	完	嘚
	梨市土话	了	hei⁵
	南宁粤语	咗	晒
民族语言（9）	白马语	uε¹³	ʃ¹³
	哈尼语	za³¹	sa³¹
	彝　语	o⁴⁴	ko⁴⁴sa³³
	载瓦语	tɔm³¹	pan⁵¹
	比工仡佬语	kul³³ləɯ¹³	ku⁵⁵zi³¹
	燕齐壮语	li：u³¹	po：i²⁴/pi⁵⁵
	广南壮语	ja²¹	na：u²¹
	钟山壮语	lou⁹	thut⁷
	维吾尔语	bol-与-p 结合	ciq-与-p 结合
国外语言（2）	波莫语	q'ɑl	'-kél
	波兰语	na-	roz-

　　从前面的分析及表 2-3 可以看出，量化动作还是量化动作对象，已经成为诸多汉语方言、民族语言以及国外语言中的显赫范畴，差别在于语言库藏（linguistic inventory）手段的不同：有的语言使用词汇手段，来表达是量化动作还是量化动作对象；有的语言使用语音手段，即通过不同读音来区分是量化动作还是量化动作对象；还有的语言靠词语的不同位置分布来区分，如山西万

荣方言的完成体标记"唠"、Riau 语中的 habis。

第三节 动词重叠的全称量化功能

Lakoff & Johnson（1980）指出，在相当多的语言里，名词、动词、形容词三大实词词类都可以有重叠的形式。以动词为例，英语的"He ran（他跑了）"跟"He ran and ran and ran and ran（他跑啊跑啊跑啊跑）"相比，重叠形式的后者表示动作的量更大。汉语普通话的动词重叠表示的语法意义较多，如"时量短、动量小、尝试、轻微"等，跟英语动词重叠表示动作量的增大不同，这些都可以看成量的减少。跟普通话和英语都不同，在一些方言和民族语言中，动词重叠具有全称量化功能。

据我们对方言资料大规模的考察发现，在闽方言的闽南（漳州话、汕头话、厦门话、泉州话、惠安话和永春话）和闽东（宁德话）的部分方言，以及新加坡闽南话和新加坡华语中，跟普通话名词、量词的重叠义一样，动词重叠可以表达遍指义或全量义，这应该是一个区域方言共性现象，具有方言区域类型特征。因为在 Haspelmath 等人主编于 2005 年由牛津大学出版发行的、第一部展现各种重要语言结构在全球分布情况的《世界语言结构地图集》（The World Atlas of Language Structures）中，具有重叠式的语言有 368 种，但是动词重叠的全称量化功能，还没有任何记录。

一 闽方言的动词重叠

在闽南方言中，以下三种结构都可以表示受事宾语和受事主语被动作全称量化，或者是非受事主语所表示的事物全部参与了动作（陈垂民，1996）。

一是"VV+去"。在闽南方言中，"V 去"和"VV 去"在语法意义上是有很大差别的："V 去"只表示"V 去"了某事物；"VV 去"则表示在某一范围内全部"V 去"了某事物。比如，（1）a 句的"食去"只表示"这尾鱼被猫吃了"，并未指出被吃的数量；但是 b 句的"食食去"，则指明"鱼全部被吃去"的意思。

（1）a. 这尾鱼互猫食去。
   b. 这尾鱼互猫食食去。

二是"VV+结果补语"。在闽南方言中，"V+结果补语"是表示动作、行为产生的结果，而"VV+结果补语"则是在此基础上附加"全部"的意思。如：

（2）扒扒开（全部扒开）　割割断（全都割断）

拍拍死（全部拍死）　　吹吹倒（全都吹倒）

三是动词重叠作补语。跟上面两类动词重叠带单音节补语表全称量化不同，动词重叠作补语也可以表全称量化。例（3）中的"了［liau⁵³］""着［tioŋ¹⁴］"都是动词，它们作动补结构的补语时可以重叠，含有"全部"或"完全"的附加义。"食了"是"吃完"的意思；"食了了"则是强调"全部吃完"的意思。"猜着"是"猜中"的意思；"猜着着"则是强调"全部猜中"的意思。

（3）食了了　分了了　用了了
　　　猜着着　看着着　掀着着

"了了"不仅可以作补语，还可以作谓语，"了了"作谓语也具有"全部"或"完全"的意思，如"这地人了了"（这里全是人），"桌顶后神了了"（桌上全是苍蝇）。

周长楫（1991：217）也提到了闽南话中的这种具有全称量化功能的动词重叠。在闽南话中"买买去"是说"全部被买走了"，"吃吃去"是说"全部吃光"，又如"用用去（都用了，用光了）、走走去（全跑了）"。此外，还有些动词重叠后可加动词补语，如"搬搬走（全部搬走）、洗洗杀（全洗掉）"。

总之，闽南话的动词重叠，不论是作谓语还是作补语，都有"全部"或"完全"之类的附加意义。就一般情况来说，动词重叠作谓语的比较多，作补语的相对较少。当然这种重叠的动词结构，在句子中的使用要受到一定的限制（陈垂民，1996）。一是这种结构只能用在肯定句中，二是重叠前后动词的句法功能也发生了变化：重叠前的动词带上单音节动词作补语仍然可以带宾语；重叠以后虽然还可以带结果补语，却不能再带宾语了，宾语如果要出现的话，只能放在句首作受事主语。

以上从整体上分析了闽南方言中具有全称量化功能的动词重叠的句法特点，下面结合福建省境内的具体方言点语料来作进一步的说明。

在漳州话中，AAB 式动词较为丰富，从表义上看，它们都表示了动作行为的概遍性，含有"某种动作行为将全部完成"的意思（马重奇，1995）。AAB 式动词共有以下 5 种形式："AA 起"式，表"全部 A 起来"的意思，如例（4）；"AA 献"式，表"全部 A 掉"的意思，如例（5）；"AA 倒"式，表"全部 A 倒"的意思，如例（6）；"AA 去"式，表"全部 A 去（掉）"的意思，如例（7）；"AA 着"式，表示"全部 A 着（到）"的意思，如例（8）。

（4）钱存存起，姆嘀浪费。
　　　把钱全部存起来，不可浪费。

（5）借拆拆献，大家拢无啮歇围。
　　房子都拆掉，大家都不能休息。

（6）油瓶仔拢撞撞倒。
　　油瓶都被撞倒了。

（7）伊将即只卤鸡拢食食去呵。
　　他把这只卤鸡都吃掉了。

（8）伊猜仔拢约约着，正无简单。
　　他把所有的谜语都猜对了，很不简单。

在汕头话中，没有类似普通话的单音节动词 AA 重叠式，但是有动词重叠带补语的 VVR 式重叠，如（施其生，2011）：

（9）撮衫合伊收收起！（把衣服都收起来！）

在厦门话中，单音节动词重叠可以用来表示动作概遍性的意义，如（黄伯荣，1996：251；陈荣岚、李熙泰，1999）：

（10）这些鸟儿仔飞飞去。（这些鸟儿都飞走了。）
（11）将这些碗收收起来。（将这些碗全部收起来。）

在泉州话中，动词重叠也可以表示动作行为的周遍性，如（林华东，2008：123）：

（12）食食落去（全部吃下去） 加加起来（全部加起来）
　　　搬搬出去（都搬出去）　 赶赶入去（全都赶进去）

动词重叠表示动作行为的周遍性，这在泉州话的一个支流惠安话中也有所体现（陈曼君，2013：171），如"鸡着掠掠起来！（要把鸡全抓起来！）"惠安话除了复数主语可以重叠动词，单数主语也可以，如"水流流了去（溪里的水全流走了）"。但有时候主语的单复数，又会直接影响到重叠动词的语义解读，如以下两例的主语不同，重叠动词的语义也不同：主语为单数的例（13），动词重叠表示反复；主语为复数的例（14），动词重叠表示周遍。

（13）即粒蛋煎煎兮熟。（把这个蛋好好煎熟。）
（14）即几粒蛋煎煎兮熟。（把这几个蛋全部煎熟。）

在永春话中，述补结构的述语为动词重叠式，表示"尽然"，相当于普通话的"都"义，如（林连通，1995）：

（15）踢踢倒（都踢倒）　 学学去（都学走）

据我们的调查，除了闽南方言，在闽东方言的宁德话中有一部分单音节动词重叠为 VV，后面常有趋向补语，也含有概遍性的意思，如（陈丽冰，1998）：

（16）油不多了，倒倒下来。（油不多了，干脆全部倒下来。）

除了以上闽南和闽东出现了动词重叠表全称量化功能外，在闽南话的海外变体新加坡闽南话中也有类似的情况，并且还对新加坡的华语产生影响。新加坡闽南话里的动词重叠形式（如"这些你吃吃掉好吗？"）进入新加坡华语，跟华语原有的表达形式（如"这些你都吃掉好吗？"）并用（周海清、周长楫，1998）。

另外，据祝晓宏（2016：31）的调查，在新加坡华语口语中，有些动词重叠后还可以加上补语形成"VVC"，表达周遍和全部。如例（17）、例（18）分别表示"把功课都做完""女孩子家长大就都嫁掉"。新加坡华语中这种动补式中的动词重叠，带有生动色彩，主要运用在人际关系比较紧密的非正式谈话中。

（17）把功课做做完才可以玩。（《小孩不笨》）
（18）女孩子家长大就嫁嫁掉，要招婿入赘呸！（《华文大系》）

以上所讨论的动词重叠，符合认知语言学的"象似性原则"，即语言规则是现实规则的投射，语言结构往往表现出与人的认知结构、概念结构相对应的特点。重叠是语言单位的重复使用，符合"象似性原则"中的数量象似动因，即语言单位的数量与所表示的概念的量和复杂程度成正比：形式越多，内容也越多。那么闽方言中的动词重叠表示量的增加也就很好理解了。

闽南和闽东部分方言中的动词重叠的全称量化功能，就我们所能搜集到的材料来看，在汉语的其他方言中还未见到相关的报道（除了新加坡华语）。而在有些方言里虽然也有类似的重叠形式，但是在表义上跟闽语动词重叠表完全义有很大差别。吴语中也常用动词重叠紧接结果补语构成"VVC"式，如上海话的"压压扁、吹吹干、想想明白、倒倒干净"等，使用这种格式时对象总是定指的，表示的都是将来短时的动作行为（钱乃荣，2000），即都没有"完全"义，如：

（19）你走的时候，帮我把电视机关关掉。
　　　你走的时候，帮我把电视机关掉。
（20）你这点饭吃吃好再走。
　　　你把这点饭吃完再走。

以上吴方言和闽方言中都存在动词重叠带补语，这可以从历时层面得到解释。现有的研究有一种观点认为，闽语的形成与历史上的战乱导致的吴楚移民、中原移民有直接关系，如东晋的"五胡之乱"使得大量的北方汉人避难到闽、粤等地。李如龙（2001）认为，"在闽语形成的过程中，吴语是它的最初的源流之一。这是因为最早移居福建的汉人当是东汉末年三国东吴时代的吴人和东晋南迁的北人"。丁邦新（2006）也指出，"南北朝时期的吴语就是现代闽语的前身"。据此我们认为，闽方言的动词重叠带补语可能是来自吴语，但是在后来的使用中发生了方言变异，从而具有了全称量化的功能。

此外，动词重叠后带补语，在吴方言的历时发展中也有所体现。比如，例（21）是明代浙江乌程人凌濛初"二拍"中的吴方言，确切地说是湖州话；例（22）是江苏苏州人冯梦龙"三言"中的例子；例（23）作者李宝嘉是江苏武进人；例（24）《泪珠缘》的作者天虚我生，原名陈栩，浙江杭州人，小说主要叙述杭州宦门之后秦宝珠及其亲友的情缘故事。这些例句也都是吴方言特点的历史反映。

（21）便是假的何妨？我们落得做做熟也好。（明《初刻拍案惊奇》）

（22）这里有酒在此，且买一壶来荡荡寒再行。（明《醒世恒言》）

（23）叫他们把手下的额子都招招齐，免得临时忙乱。（清《官场现形记》）

（24）二姐姐明个要把花儿数数清楚，共是几朵儿。（清《泪珠缘》）

最后，《汉语方言地图集·语法卷》（图061）通过对全国930个方言点的调查发现，在吴语、广西平话、闽语、赣语中，都有"看看清楚"这一动词重叠带补语的语法现象，虽然表义跟闽方言有所不同。

以上讨论的动词重叠后带结果补语，主要见于为数很少的几种方言之中，在近代汉语中也有过这种用法（崔佳山，2003）。例如：

（25）我脱了这衣服，我自家扭扭干。（元《潇湘雨》）

（26）但则明日，我叫了他的家人，当面与他说说明白。（明《醒世姻缘传》）

（27）现在人多手乱，鱼龙混杂，倒是这么一来，你们也洗洗清。（清《红楼梦》）

通过上面的语料可以看出，近代汉语动词重叠后带结果补语，其功能跟闽方言动词重叠带补语表示全称量化有很大不同，而是跟动词直接带结果补语意思基本一样。那么我们不禁要问，闽方言动词重叠带补语是不是近代汉语的历史遗留？它们之间有无承续关系呢？两者虽然形式一样，但功能上明显不同，可能的解释是近代汉语中的动词重叠形式"VV"在闽方言中产生了功能变异。因为如果从承续角度很难说得通，如学界一般认为，近代汉语的动词重叠形式"VV"是由"V一V"省略脱落"一"形成的（汉语史上是先出现"V一V"格式，后出现"VV"格式），但是近代汉语的"VV"是表示动作的减弱，这跟闽方言的动词重叠表示动作的增强明显相反。

二　民族语言的动词重叠

上面我们考察了闽方言中动词重叠的全称量化功能，现在把研究的视野转向中国境内的民族语言。通过大规模调查，我们发现在汉藏语系藏缅语族的普米语、羌语、浪速语、景颇语和载瓦语中，跟闽方言相似，动词重叠也有全称量化的功能。

在普米语中（傅爱兰，1998：90），动词重叠具有全称量化的功能，以下两句分别重叠了 to^{31} "叫"、$zdie^{31}$ "撒"。

（1）　$t\int hi^{55}$　　to^{31}　to^{31}　$gəu^{55}$.
　　　　狗　　　叫　　　（进行）
　　　　狗都在叫。

（2）　la^{24}　a^{31}　$zdie^{31}$ zdi^{31}　si^{55} .
　　　　种子（向心）撒　（已行）
　　　　种子都撒了。

羌语的存在动词 "ɯeɯ" 和 "ziz" 采用部分重叠方式，即重叠 ɯe 和 zi，重叠后存在动词的词性也发生了变化，变为名词，表示"所有的"意义，如（黄布凡、周发成，2006：176）：

（3）　tɕivua ɯeɯɯe hū qəə'hodzup va　　tə-xlie.
　　　　房子 所有的 都 从前 十年（时间）（已行）建
　　　　所有的房子都是在过去的十年内建起来的。

（4）　ʔei va　dupa vzəm zizzi　　hū da-vuai ni zmu　ho-tsu.
　　　　一夜（时间）毒药猫 所有的 都（已行）喊（连）会 开
　　　　一天夜晚，毒药猫把所有的（人）都喊来开会。

在浪速语中（孙宏开，2007：785），动词能重叠的不多，但是有一种动词重叠后，加上中加成分 "$mə^{31}$" 可以表示全量，有"所有……的"之义，如：

（5）　$t\int hi^{31}$　　$mə^{31}$　$t\int hi^{31}$　　　　$\int auk^{55}$　$mə^{31}$ $\int auk^{55}$

　　　　用　　（中加）用　　　　　喝　　　　（中加）喝
　　　　所有用的　　　　　　　　所有喝的

　　景颇语中（戴庆厦、朱艳华，2010），虽然动词和形容词的重叠形式不能直接表达全量，但在动词和形容词的重叠形式后面加 ai^{33}，可以表示全量，有"凡是……都"之义。

　　（6）动词重叠加 ai^{33}：
　　　　nu^{51} kǎ^{31}tsut^{55}tsut^{55} ai^{33}ko^{31} tsom^{31} ai^{33}khʒai^{33}ʒe^{51}.
　　　　母亲　擦　（叠）的（助）干净　的 尽　是
　　　　母亲擦的，都是干净的。
　　（7）形容词重叠加 ai^{33}：
　　　　phʒo^{31} phʒo^{31} ai^{33} ko^{31}　naŋ^{33} la^{55}uʔ^{31}！
　　　　白　（叠）的（助）　你　拿（句尾）
　　　　凡是白的，你都拿吧！

　　此外，景颇语中的大部分单音节动词、形容词和部分双音节动词、形容词重叠后嵌入中缀 mǎ^{31}或 mi^{31}，也可以表示全量，有"所有……的"之义，如：

　　（8）动词重叠嵌入中缀 mǎ^{31}：
　　　　phʒoŋ^{33} mǎ^{31} phʒoŋ^{33} joŋ^{31} ɯa^{31} kau^{55}ʃǎ^{31}ŋun^{55} muʔ^{31}！
　　　　跑　（中缀）跑　都　回（助）　使（句尾）
　　　　（你们）让所有跑的人都回去！
　　（9）形容词重叠嵌入中缀 mǎ^{31}：
　　　　khje^{33} mǎ^{31} khje^{33} ko^{31} mjin^{33} sai^{33}ʒai^{55}ŋa^{31} ai^{31}.
　　　　红（中缀）红（助）成熟（句尾）是（貌）（句尾）
　　　　所有红的，都是熟了的。

　　在载瓦语中（朱艳华，2011），动词或动词短语在句首做话题时，动词重叠后在中间加上音节 mǎ^{55}可以表示遍指，有"凡是……都"之义，如：

　　（10）jaŋ^{31} ɯui^{51} mǎ^{55} ɯui^{51} ə^{55} kə^{31} 　kə^{31} ə^{55} 　tʃat^{55}.
　　　　他　买（缀）（叠）的（话助）好　的　都
　　　　凡是他买的，都是好的。
　　（11）a^{55}nu^{31} tʃi^{31} mǎ^{55} tʃi^{31} 　ə^{55} kə^{31} 　tʃi$^{31/51}$ ə^{55}tʃat^{55}.
　　　　母亲　洗（缀）（叠）的（话助）干净的都
　　　　凡是母亲洗的，都是干净的。

跟上面景颇语相似，载瓦语的形容词重叠以后在中间加上中缀 mǎ⁵⁵，可以表示遍指，有"所有、凡是……的"之义，如：

（12）mjaŋ⁵¹ mǎ⁵⁵mjaŋ⁵¹ ku⁵¹ji⁵⁵　　ŋɔ⁵¹ɯ⁵¹nau⁵¹ja⁵⁵.
　　　　高　（缀）高　原本（宾助）我　要　想（突然）
　　　　所有高的我都想要。

在以上藏缅语族的几种语言中，只有普米语的动词重叠跟闽方言完全一样，羌语、浪速语、景颇语和载瓦语，除了动词重叠之外，还要有辅助成分，比如嵌入、后加词缀或音节，这跟闽方言纯粹的动词重叠表达全称量化功能略有不同。此外，闽方言的动词重叠仍完全保留动词性，而其他几个民族语言动词重叠加入辅助成分以后，有的语言重叠后的动词已经名词化了，如羌语；有的语言谓词（包括动词、形容词）重叠后虽然词性没变，但是加入辅助成分后，重叠后的动词具有了一定的名词性，如浪速语、景颇语和载瓦语。

此外，非常特殊的是在侗台语族的银村么佬语中（银莎格，2014：50），单纯方位词系统中的极少数方位词重叠，也可以表示遍指的意思。

（13）ho³ ho³ kvə:ŋ² ton² lɯən⁶ mjeu³mjeu³.
　　　　里　里　房间　都　乱　（后置音节）
　　　　每间房里都乱糟糟。

（14）u¹ u¹ pva¹ kɔ⁵ mai⁴ ton² na:i⁶ te⁵ sja:u⁵ pjeu⁶.
　　　　上上山　的　树　都　被　砍　干净　了
　　　　每座山上的树都被砍光了。

最后把研究的视野转向国外，本节所讨论的动词重叠具有全称量化的功能这一特殊现象，在翻阅了国外大量讨论重叠（reduplication）的文献之后，我们还没有发现相关的研究。虽然一些国外语言中也有动词重叠，并且跟闽方言和部分藏缅语族语言的动词重叠非常相似，但是如果仔细观察，还是略有不同。或许可以说，全称量化功能的动词重叠具有中国特色，因为国外语言中还没有见到相关的研究。

在印地语（Hindi）中，动词重叠不是表示全称量化名词性成分（量化主语或量化宾语），而主要表示在时间上动作发生的频率、次数（Abbi，1980；Abbi，1992），跟汉语的量化副词（如"总是、一直、经常、常常、有时"等）有些类似，如（Abbi，1980：55-56）：

（15）SaNtre chiil　chiil　kar mere　haath　dukh gaye.
　　　　桔子　剥　剥　我的　手　疼痛

My hands ached from peeling oranges（again and again）.

我的手由于不停地剥桔子而很痛。

（16）MaiN subah chai baje uth uth kar tang aa gayaa.

我 早晨 6点钟 醒 醒变 得 累

I am tired of waking up at 6 o'clock in the morning（daily）.

我厌倦了每天早上六点钟醒来。

据 Abbi（1992：44-49）的跨语言调查，在不少语言中都存在跟印地语相似的动词重叠，如 Gangte 语、Taizang 语、Kharia 语、Khasi 语等。

（17）Gangte 语：

Coki: aʔka cu cu.

椅子 在我 坐 坐

I have been sitting on this chair（for a long time）.

我持续坐在椅子上很长时间。

（18）Taizang 语：

əmo ə-kə-kə-p.

他/她 哭 哭

He/she is crying（continuously）.

他/她一直不停地在哭。

库藏类型学（inventory typology）的核心概念之一就是显赫范畴（mighty category），从跨语言共性的角度来看，显赫范畴可以分为两大类（刘丹青，2013）。一类是常见显赫范畴，它们在很多语言中都进入语法库藏甚至表现显赫，如名词、代词的数、格，动词的时、体、态、式等，在世界众多语言中可以归入显赫范畴。另一类是稀见显赫范畴，虽然它们涉及的语义内容在众多语言中都能得到表达，但在很多语言中不是语法库藏里的手段，更不是显赫范畴，只在个别或少量语言中作为显赫范畴而存在。我们认为，动词重叠的全称量化功能，就是稀见显赫范畴，因为它只存在于闽方言的闽南和闽东部分方言点之中，虽然在部分汉藏语言中动词重叠也具有全称量化功能，但是要有辅助成分，如嵌入、后加词缀或音节，因而跟闽方言纯粹的动词重叠还是有一些不同。

第三章

"部分量化"的形态句法类型学研究

部分量化词语是指一类中不少于一但又不到全部成员的词语，在英语中的典型体现形式是 some。法语中的 des（des journaux "some newspapers"）、du（du pain "some bread"），意大利语的 del（del vino "some wine"）、dell（dell case "some houses"），也都可以看成部分量化词。跟上一章全称量化相似，部分量化也可以分为定语位置上限定词（determiner）的部分量化和状语位置上副词（adverbial）的部分量化。汉语的部分量化限定词有"一些、有的、有些、好些、许多"等，部分量化副词有"有时、偶尔、经常"等。英语的部分量化限定词有"some、several、most、half、quarter"等，部分量化副词有"sometimes、usually、mostly、often、frequently"等。

英语中的 some 在表示部分量时，又可以分为两种情况。（1）表达的是纯粹"无定性的部分量"，如 We can plant some trees in the garden（我们可以在花园里种一些树），如翻译所示，汉语用"一些"来表示这种无定的部分量。"无定性的部分量"可用图 3-1A 表示。（2）表达的不是纯粹无定的成分，而是前面提到的某类对象中的一部分，即表达的是"有定性的部分量"或"既定对象中的某一部分"，如 He has many friends, some are Korean, some are Japanese（他有许多朋友，有的是韩国人，有的是日本人），如翻译所示，汉语用"有的"来表达这种有定性的部分量。"有定性的部分量"可用图 3-1B 表示。

A   B

图 3-1　some 表达的两种部分量

第一节　部分量与部分指、非部分量

一　部分量化与部分指

汉语"有的"的用法很有特点。在语用上，它代替的人或事物是听话人不能确定的，但说话人心中却是能确定的。在语义上，"有的"是只表示部分的代词，其所在句中一定要有表示总体的名词 N，"有的"指代的就是 N 的一部分，如果 N 不出现，就不能明确指代的对象。由此可见，"有的"不是纯粹无定的成分，它表示前面提到的某类对象的一部分，相当于英语中的 some of the N。在语法功能上，"有的"只能作句子的主语，绝对不能作宾语，因而不能说"我们看见了有的"，只能说"有的（人）我们看见了"。据我们对北大语料库的检索，没有发现一例"有的""有的 N"直接作宾语的。

汉语中与"有的"相近的还有"一些""有些"。跟"有的"不同，"一些"可以作宾语，如例（1），还可以作定语，如例（2）。"一些"所修饰的名词性成分是不定指的，相当于英语的 some。

（1）受伤或者死亡只能酌情补偿一些。（《时尚女强人》）

（2）一些学者认为此省与内地行省不同。（《中国历史地理》）

《现代汉语八百词》在对代词"有些"释义的时候，就认为跟"有的"相同。在一些句子中"有的"和"有些"这两个词语可以互换，如例（3）。在句法功能上，"有些"跟"有的"一样，只能作主语，绝对不能作宾语，据我们对北大语料库的检索，没有发现反例。

（3）有的人活着，他已经死了。

　　→ 有些人活着，他已经死了。

但在某些句子中两者又不能互换，如下面例（4）。即使是可以互换的例（3），"有的"换成"有些"以后，句子的意思也发生了变化："有的人"在数量上既可以解读为单数，也可以解读为复数；"有些人"在数量上只能解读为复数，不能解读为单数。

（4）a. 有人走了。There were（some）people leaving.

　　　b. 有的人走了。Some of the people left.

　　　c. 有些人走了。Some people left.

以上 a 句中的"有"是动词，b 句中的"有的"是部分指（partitive）的用法，c 句中的"有些"则有特指（specific）的用法。b 句"有的人"相当于英语中的 some of the people，有一种预设：言谈中存在着一群人，主语名词指涉的只是其中的一部分，这就是所谓的部分指（partitive）用法，"有的人走了"总是意味着"有的人没走"。而 c 句"有些人"则有很浓的特指意味，相当于英语中的 SOME people（SOME 是带有重音的 some），可以有预设，也可以没有。a 句"有人"相当于英语中的 some people（some 不带重音），只表达单纯的存有，也没有任何预设（蔡维天，2004）。此外，a 句跟 c 句在数量上也有差别，a 句既可以是单数，也可以是复数，c 句一定是复数，不能是单数。

至于 some 的重音形式，Langacker（1991：103，109）指出了一个非常有意思的现象。在特殊语境中，英语 some 有不同的重音形式：sóme、sòme、sŏme。其中 sŏme 句子的语境是，暗示只有特定的量是被动作涉及（only a restricted quantity is involved），如例（5）a，或只有特定的量参与动作，如例（5）b。但是当句子中要表达类指的事物则不能用 sŏme 来修饰，如例（6），两句中的 water 和 dogs 都是类指用法，受 sŏme 修饰后，句子就不能说了。

(5) a. Alice drank (sŏme) milk.

　　爱丽斯喝了（一些）牛奶。

b.　(Sŏme) rats got into the storeroom.

　　（一些）老鼠钻进了储藏室。

(6) a. The formule for (* sŏme) water is H_2O.

　　(* 一些) 水的分子式是 H_2O。

b.　(* Sŏme) dogs are animals.

　　(* 一些) 狗是动物。

部分量化不仅存在于汉语和英语之中，在其他语言中也广泛存在，即具有跨语言的普遍性。根据 Keenan & Paperno（2012）的调查，在世界范围内不同地区、不同语系和不同语种的 16 种语言中（Adyghe 语、巴斯克语、Garifuna 语、德语、希腊语、希伯来语、匈牙利语、意大利语、日语、Malagasy 语、中国台湾汉语、Pima 语、俄语、Telugu 语、Western Armenian 语、Wolof 语），都有包含部分量化的部分构式（partitive construction），部分语言例句如下。

(7) 巴斯克语（Basque）：

Hainbat　lagun　oporrenta　dago.

一些　　　朋友　　假期　　　是

Some friends are on holiday. 一些朋友正在度假。

(8) 皮马语（Pima）：

> Ha'i　gogogs　'o　　　tototk.
>
> 一些　　狗　　助动词　狂吠
>
> Some dogs are barking. 一些狗在狂吠。

此外，如果把上面所讨论的汉语部分量化词的语义指称，按照定指度的大小，就可以排出如下的等级序列：

定指（dentifite）>部分指（partitive）>不定指（non-dentifite）>无指（non-referential）

从上面可以看出，部分指处在定指和不定指之间，其语义指称比不定指要强，比定指要弱。部分指表达的是既定范围或集合中的某一不定成员，虽然其本身是不定的，但是，由于其所属集合是确定的，所以它的指别性程度在定指和不定指之间。也可以这样理解，部分指既不像不定指那样不受范围的限制，也不像定指那样是既定范围内的所有成员（整个集体）都参与某一活动或动作。

上面我们的观点得到 Comrie（1989：136）的支持。按照使用情况的不同，Comrie 把宾语的定指度高低（hierarch of definiteness）排列成如下的等级序列（序号是我们引用时另外加上的）：

（1）在等级的一个极端，我们能完全识别（complete identifiability）所指对象；

（2）在等级的较下面，我们能部分识别（partial identifiability）所指对象；

（3）再下面，我们意识到所指对象的识别是相关的；

（4）最下面，所指对象的识别既不可能也不相关。

以上 Comrie 对宾语定指度的四个等级的划分，跟我们上面所排的语义指称等级是相一致的。首先，能完全识别所指对象应该是定指的，即对一个集合中的所有成员都能识别。其次，能部分识别所指对象是部分指的，即能识别一个给定集合中的部分成员。再次，所指对象的识别是相关的是不定指的，即说话人能确定但听话人不能确定的对象。最后，既不可能也不相关是无指的，即只是着眼于该名词的抽象属性而不指具体语境中具有该属性的某个具体的人或事物。

按照上面的四个截止点，在连续统中，可以看出宾语定指度是不断减弱的如图3-2。

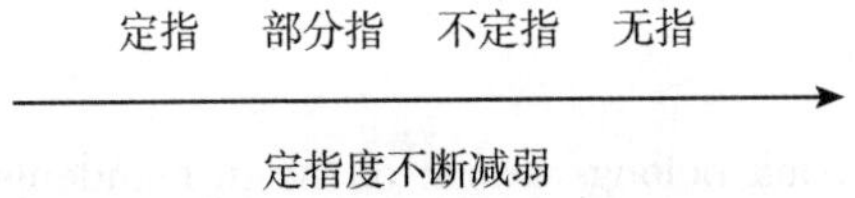

定指　部分指　不定指　无指

→

定指度不断减弱

图3-2　宾语的定指度连续统

二　部分量与非部分量的对立

下面来看部分量与非部分量在一定条件下真值语义相同的情况，即两者之间出现了中立化（neutralisation）。英语的 two boys "两个男孩" 凸显非部分量，而 two of the boys "男孩中的两个" 则凸显的是部分量，即凸显某数目是一个更大的确定语域内的一部分。但是，在 both the boys 和 both of the boys，most customers "大部分顾客" 和 most of the customers "顾客中的大部分"，以及 all the trees "所有的树" 和 all of the trees "树中所有的" 中，部分量和非部分量之间都发生中立化，表义都基本相同。

部分量与非部分量的对立还有一种体现，就是部分构式（partitive construction）与假部分构式（pseudo-partitive）["数词+度量词（measure word）+（of）+名词"] 之间的对立。

> （1）a. a piece of cake 一块蛋糕
>
> 　　b. a piece of the cake 蛋糕中的一块
>
> （2）a. a cup of tea 一杯茶
>
> 　　b. a cup of the tea 茶中的一杯

虽然上面例（1）、例（2）中 a、b 两句表面上结构相似，都是 "名词$_1$+of+名词$_2$"，但 a 句中的名词$_2$ 是不定指的，前面没有任何冠词；b 句中的名词$_2$ 都是定指的。这就导致了两种结构在语义上的差别，部分构式的 b 句比假部分构式的 a 句意义要复杂得多。由于后面的名词必须是定指的，所以部分构式中的 of 短语指代的是一个既定范围，整个结构的意思是从该范围中来计算实体的数量，而假部分构式的 a 句没有这层意思。部分构式的 b 句与上面的 some of the NP 表义相似，都是部分量，并且是 "有定性的部分量"。

Ladusaw（1982）对类似以上的现象也作了分析。他指出部分量化词组（partitive phrase）的限定语是一个在前文中涉及的集合，受到语境的限制，部分量化词组中的名词必须是一组成员。用集合论术语来说，部分量化词组包括一簇集合：父集和子集。以英语的 "two of the books"（这些书当中的两本）为例，the books 表父集，two 表子集。我们认为，问题的关键是父集必须为有定的集合，这样部分量化词组 "two of books" 为什么不能成立也就很好解释了，因为其父集是一个光杆复数名词，为无定性词语。同理，例（3）中的 a 句能说，b 句不能说。

> （3）a. This book belongs to one of the two students.
>
> 　　这本书归那两个学生中的一个所有。

　　b. * This book belongs to one of two students.

　　　这本书归两个学生中的一个所有。

　　Koptjevskaja-Tamm（2006）指出，部分构式与假部分构式之间区分的中立化（neutralisation）或消失（reduction），具有发生学特征，在地理区域上限于欧洲的 13 种语言或语族之中，如瑞典语、冰岛语、丹麦语、挪威语、德语、伊迪斯语（Yiddish）、荷兰语、保加利亚语、马其顿语（Macedonian）、现代希腊语、罗马语、波罗的语、斯拉夫语。以冰岛语为例：

　　（4）a. eitt　kiló　of　sunjöri
　　　　　　一　公斤　of　黄油
　　　　　a kilo of butter 一公斤黄油
　　　　b. eitt　kiló　of　pessu　sunjöri
　　　　　　一　公斤　of　这　　黄油
　　　　　a kilo of this butter 这种黄油中的一公斤

　　在芬兰语中，宾语有部分格（partitive case）和宾格（accusative case）的对立，这在语义上则是部分量与非部分量之间的对立，如（Kiparsky，1998）：

　　（5）a. Saa-n　　　kah-ta　　　karhu-a.
　　　　　　得到-1 单　两-部分格　熊-部分格
　　　　　I will get two of the bears. 我将得到熊中的两只。
　　　　b. Saa-n　　　kaksi　　　karhu-a.
　　　　　　得到-1 单　两-宾格　熊-部分格
　　　　　I will get two bears. 我将得到两只熊。

　　例（5）a 句中数词 "两" 和名词 "熊" 都带部分格，句意凸显了存在一定熊的总量，主语得到的只是其中之二。b 句中数词 "两" 用宾格，名词 "熊" 用部分格，句意不再凸显熊的总量以及总量和实得数量之比。刘丹青（2008：319）认为，从以上芬兰语例句中的部分格和非部分格的对照中可以看出，部分义和非部分义在某些情境下可能真值语义相同，例句中的 "两只熊" 可能是特定熊群中的两只，区别主要在于是否凸显该数量的部分性，而凸显主要是一种语用处理而不一定影响真值语义。

　　我们非常赞同刘先生的这一观点，所以把其他语言翻译成英语的 some NP 和 some of the NP 都看成表达的是部分量，两者的区别在于，some of the NP 给出了大的范围，表达的是有定性的部分量；而 some NP 却没有，表达的是非有定性的部分量。后者可以看成是前者在特定语境下的省略（两者语法化角度的分析见第十章第二节）。此外需要注意的是，有定性的部分量名词的单复数形式，跟一般的名词也有很大的不同，如 one of us 的复数并不是 we，而是 some of us（我们中的一些人）。同样，one of the horses 的复数不是 the horses，而是 some of the horses（马群中的一些马）。

在法语中，部分冠词 du vin 也可以有两种解读（Lyons，1999：100）：既可以理解成非有定性的部分量 some wine "一些酒"，如（6）a；也可以理解成有定性的部分量 some of the wine "酒中的一些"，如（6）b。

    (6) J'ai bu du vin.

       a. I drank some wine.

       b. I drank some of the wine.

在土耳其语中（Kornfile，1997），数词前置于名词作修饰词时，表达的是非部分义，如（7）a；数词后置于名词时，表达的是部分义，如（7）b。这在匈牙利语也有类似的体现（Csirmaz & Szabolcsi，2012：443），如（8）。

    (7) a. üç   elma

        three apples 三个苹果

      b. elma-lar-ln   üç-ü

        苹果-复数-属格   三-3 单

        three of the apples 苹果中的三个

    (8) a. A két diák   el   jött tegnap a buliba.

        那两个学生 away   来   昨天   限定 晚会

        The two students came to the party yesterday.

        那两个学生昨天来参加聚会了。

      b. A diákok   tegnap kett-en jöttek el   a   buliba.

        学生   昨天 两   来   away 限定 晚会

        Two of the students came to the party yesterday.

        学生中的两个昨天来参加聚会了。

据 Lyons（1999：101）的调查，在芬兰语中也有部分量与非部分量在一定条件下真值语义相同的情况，这是通过宾语的部分格（partitive）和离格（elative）之间的对立来体现的：用部分格的 a 句，表达的是非部分量 "a piece of cheese（一块蛋糕）"；用离格的 b 句，表达的是部分量 "a piece of the cheese（蛋糕中的一块）"。

    (9) a. Saat   palase-n   juuseo-a.

得到-2 单　块-宾格　　奶酪-部分格

You will get a piece of cheese. 你将获得一块奶酪。

b. Saat　　　　 palase-n　　　 juuseo-sta.

得到-2 单　块-宾格　　奶酪-离格

You will get a piece of the cheese. 你将获得奶酪中的一块。

第二节　部分量化的编码方式

一　部分量词和部分冠词

赵元任（Chao，1968：598）认为，汉语量词分类系统中有"部分量词"（partitive measures），部分量词与集合量词有许多相似之处，如都可以重叠。但是在语义上与集合量词相对，部分量词并不代表事物的群体而只代表事物的一定比例。吕叔湘主编的《现代汉语八百词》（1999）在"前言"中介绍汉语语法特点分析量词时，就把"些、把、卷、片、滴、剂、篇、页、层、点"看成部分量词。何杰（2000：35）认为，部分量词表示一个整体之中所包含的部分量，它是相对事物的整体量而表部分量的。例如：

（1）瓣：一瓣蒜（相对整头蒜）

节：一节甘蔗（相对整棵甘蔗）

层：一层楼（相对整座大楼）

例（1）中的量词"瓣、节、层"前加上数词"一"，然后再修饰名词，在构成"一量名"结构之后，其中的量词可以看成是部分量词，因为相对于整体来说，它们都只是整体中的一部分。比如，"一层楼"相对于"整座大楼"来说，也只是其中的一层。

汉语中的"些"，从不同的角度进行分析，可以划为不同的量词：如果从表量的不固定上来看，可以列入集合量词中的不定量词，如例（2）；如果从表量的相对性上来看，则又可以列入部分量词，如例（3）。

（2）说不清，广场上聚集着好些人。

（3）她从盒里小心地拿出了一些。

例（2）中的"些"突出不定量，例（3）中的"些"突出部分量。正如"部分量"是相对"整体量"而言的，例（3）中的整体量是"盒子里所有的东西"。

出现上述情况，我们认为是由量词出现的语境造成的。例（3）之所以会理解为部分量词，是因为文中出现了相对的整体量，那么"些"所表示的部分量是既定范围之内的部分量。例（2）中广场上的人，没有具体的范围或数量限定，那么句中的"些"只能理解为不定量了。

部分量词在汉语方言中也有相应的体现，上海话中就存在部分量词（黄伯荣，1996：155），如：

> （4）眼：称具体或抽象的少量的人或物，如：一眼茶叶。
> 歇：称短暂的一段时间，如：等一歇、困一歇。

在地处贵州北部系属西南官话的遵义方言中也有部分量词（胡光斌，2010：116），如，"一节棒棒"中的"节"是相对于整根棒棒而言的，"一瓣蒜"中的"瓣"是相对于整个蒜头而言的，"一块儿鸡蛋糕"中的"块儿"是相对于整个鸡蛋糕而言的。

在中国境内的一些民族语言的量词系统中也有部分量词。贵州居都（村）仡佬语的集合量词中就有部分量词，它表示一个整体之中所包含的部分量，如（李霞、李锦芳，2005）：

> （5）tsa^{31}段（一段路）　　　phai^{35}块（一块布）
> tsz^{33}dzə^{33}（一部分）　　tsz^{55}tsa^{35}pai^{33}（一点儿）

在比工仡佬语的量词系统中（李霞，2009：99），也存在部分量词：表示一个整体之中所包含的部分量，是相对事物的整体量而言。

> （6）əɯ^{55}tpəɯ^{13}（一部分）　　　əɯ^{55}tɕe^{55}tɕe^{55}（一点儿）

广东境内的连山壮语中，也有表示与某一整体相关的被分割后的部分量词（刘力坚，2005），如：

> （7）k^{h}ai^{4}块（一块石头）　　　p^{h}in^{5}片（一片树叶）
> kjiaŋ^{5}段（一段路）　　　jip^{8}页（一页书）

在柳江壮语中（覃凤余等，2010），ma:ŋ^{3}可以表量，当说话人在使用ma:ŋ^{3}时都存在一个预设，即ma:ŋ^{3}是某一整体数量当中的一部分。

> （8）to:ŋ^4　lau^2　ni^4，　ma:ŋ^3　mi^2　koŋ^{5}tiau^6.
> 栋　　楼　　这　　一些　　有　　空调
> 这栋楼，有些房间有空调。

在松桃苗语中（罗安源，2005：64），表示成对的事物时用量词 hɔ^{54}，表示成对事物中的一个时则用部分量词 ntɕ^{h}a^{44}。

(9) a^{44} hɔ^{54} ly^{44} qe^{35}（一双眼睛）　　a^{44} ntɕ^{h}a^{44}ly^{44}qe^{35}（一只眼睛）

以上主要讨论量词，据我们的调查，罗曼语中的法语和意大利语通过部分冠词（partitive article）来表达有定性的部分量，其功能就是表示事物总数量的一部分。

法语冠词分为定冠词（le、la、les）、不定冠词（un、une、des）和部分冠词（du、de la、des、de l'）三种（Jespersen，1924），部分冠词的例句如下：

(10) J'ai bu du vin que tu m'as apporte.

I have drunk some of the wine that you brought me.

我喝了你带给我的一些酒。

(11) J'ai bu de la vin.

I have drunk some of this wine.

我喝了一些这种酒。

(12) J'y ai vu des amis.

I met some friends there.

在那里我见到了一些朋友。

意大利语中，除定冠词和不定冠词之外，还有第三种冠词类型，叫作部分冠词 dei，它来自法语，在口语中经常使用，如：

(13) Per favore, mi dia dei pane.

Please give me some bread. 请给我一些面包。

(14) Mangio dei panini.

I eat some sandwhiches. 我吃了一些三明治。

在南岛语系大洋洲语支的博伯语（Bierebo）中（Luragi & Kittila，2014：34），有专门表示部分义的部分小品词（partitive particle）ta，如：

(15) Ne-saniada　ta.

1 单-吃鱼　部分

I'll eat some fish. 我将吃一些鱼。

二　形态句法手段

粤语的"噉"跟动词搭配时有一种"部分"意义，此时的"噉"应该分析为一个表示"部分量"的量化词（quantifier），如：

（1）佢食嗷一个苹果。（他吃了一个苹果。）

例（1）中说话者心里基本上有一个预设的集合（set），而受量化的成分是"嗷"后面的宾语"一个苹果"，属于该集合的子集（subset）。那么例句实际上就隐含着"他"从一堆预设的苹果中吃掉了其中的一个，即受量化的名词短语"一个苹果"就是预设的苹果中的一个子集（邓思颖，2004）。

温州方言的完成体助词"爻"，既可以用在动词之后，如例（2）；也可以用在动词后的数量词之后，如例（3）。但是两者的意思是不一样的，后者暗含部分量（潘悟云，1997）。

（2）苹果吃爻三个。（苹果吃了三个。）
（3）苹果吃三个爻。（吃了许多苹果中的三个。）

跟以上汉语量化词和完成体助词类似，在沃洛夫语（Wolof，系属尼日尔-刚果语系大西洋语支）中（Tamba、Torrence & Zimmermann，2012：916），有 ci 这一专门表部分义的部分附缀（partitive clitic），如：

（4）Di-na-a-ci　　　　　　　　　dóór.
　　非完成体-核心-1 单-部分附缀　打
　　I will hit some of them. 我将打他们中的一些人。

在帕米斯语（Paamese）中（Miestamo，2014：79），动词可以带表示部分义的部分后缀（partitive suffix）tei，如：

（5）Ma-ani-tei　　　　　raise.
　　1 单-吃-部分后缀　米饭
　　I would like to eat some rice. 我想吃一些米饭。

一般认为汉语普通话中疑问代词"哪"隐含着一个说话者、听话者双方都知道的有定集合，"哪"只是询问这个有定集合中的一个不定成员。比如，当问"哪位是你的爸爸？"时，肯定是有个选择的范围，即在一定的范围之内选择一个人，那个人就是你的爸爸。其实疑问代词"哪"的这一用法，在跟疑问代词"什么"的对比中体现得更明显。以下两个问句的含义并不相同，例（6）是特定范围中的某一本书，例（7）可以是任何一本书，而这个"特定范围"就是"哪"的有定性。

（6）你买了哪本书？
（7）你买了什么书？

跟汉语疑问代词"哪"的功能相似，在一些国外语言中，光杆疑问代词有一种极为特殊的用法，Haspelmath（1997：178）称之为"多重部分构式（multiple partitive construction）"。在这种结构中，光杆疑问代词总是与另外一个或几个功能相同的光杆疑问代词并列，每一个疑问代词都表示自身是一个更大结构的一部分。这一现象在法语、匈牙利语、希伯来语等语言中都存在。

(8) 法语中的 qui "who"：

Les clients del' hotel prenaient, qui du the, qui du porto, qui un cocktail.

Of the hotel guests, some drank tea, some port, some a cocktail.

宾馆的客人中，有的喝茶，有的喝波特酒，有的喝鸡尾酒。

(9) 匈牙利语的 ki "who"：

Az orszag-a-ban lak-o ember-ek, ki kocsi-n, ki szeker-rn hoz-t-ak a temerdek tulk-ot.

The people living in his country brought the innumerable horns, some by cart, some by coach.

生活在这个国家的人们带来了数不尽的角制品，有的用小车，有的用大车。

汉语中的句式"连 NP"也蕴含着一个集合（set）概念。曹逢甫（1994）指出，"连"后的成分是一个集合中的极端成员，如果这个极端成员满足某个条件，那么整个集合必然都满足该条件，如：

(10) 连这本书小王都没读过。

(11) 连张三都知道这件事。

例（10）可以理解为，"这本书"是一个没有明确指出的集合中的极端成员，听话者认为，在这个集合中这本书是小王最有可能读的，如果小王没有读这本书，就更不可能读集合中其他的书。否定这样一个极端成员，也就否定了这个成员所属的集合。例（11）中的张三也是某个没有明确指出的集合中的极端成员，说话者认为，在那个集合中张三是最不可能知道这件事的人，如果他知道了这件事，他所属集合的其他成员也都知道了。

当然"连 NP"所蕴含的集合概念，与我们上文所说的某个成员属于既定范围的集合有些不同。"连 NP"所蕴含的集合是虚拟的，很难指出这个集合中具体包括哪些成员，即成员的数量很难确定；而我们上文讨论的集合是现实的，可以指出集合中的其他成员，如"十个指头，有的长，有的短"。

在景颇语中，量词短语"名词+langai+mi"表示"特定的一个代表全部"（顾阳、巫达，2005）。比如，例（12）中的 mare langai mi "一个村子"，是指"全部村子当中的一个村子"；dingla langai mi "一个老人"，是指"全村老人当中的一个老人"。

（12）moi shongde　mare langai mi hta dingla langai mi nga ai.
　　　 早先 前　 村子 个　一 里 老人 个　一 在(句尾)
　　　 从前在一个村子里有一个老人。

在邦朵拉祜语的量范畴中（李春风，2012），有一种叫"些量"的部分量，包括指称对象的一部分，表示"有些、有的"之义。语法手段为数量短语部分重叠，即只是对数词后面的量词进行重叠，其结构形式为"数词+量词+量词"。例如：

（13）te^{53}ta^{31} ta^{31}（一些根）　　te^{53}ya^{53} ya^{53}（一些人）

在波斯语（Persian）中，如果要说"把它们其中一个送给我"，虽然名词短语"它们其中一个"是无定的，但波斯语里仍然要用定指的宾格标记rā，如：

（14）Yeki az ānhā-rā　　be　　man bedehid.
　　　 一个 的 它们-宾格　给　 我　 送
　　　 Give one of them to me. 把它们其中一个送给我。

这种情况其实就是，一个名词短语的所指对象是由某个特指的可以识别的集合限定范围，从而表明送给说话人的实体，虽然不是可以识别的唯一实体但必定是那个可以识别的集合的一个成员。Comrie（1989：135）则用"定指超集（definite superset）"这一名称来命名，意思是一个实体的身份不能被绝对确定，但又可以在一定程度上识别它，因为它必定是一个限定集合（delimited set）中的成员。

德语的冠词除了专用的定冠词、不定冠词之外，还有冠词性词类，如einige 和 mancher，它们都可以表示整体或集体当中的一些或几个，如（钱文彩，2006：50）：

（15）Sie hat einige Freundinnen eingeladen.
　　　 她邀请了几位女友。

（16）In mancher schreibwarengeschaft kann man auch briefmarken.
　　　 在有些文具店里也可以买到邮票。

日语（Sauerland & Kazuko，2004）和希伯来语（Hebrew）（Danon，2002）中也有有定性部分量的表达，例句分别如下：

（17）Taroo-wa　　hon-no　　san-satu-o　　　yomi-oeta.
　　　 Taro-话题 书-宾格　三-复数-宾格　读-完成

Taro has finished reading three of the books.

Taro 已经读完了书中的三本。

（18） Dan　　kara exad me- ha- starim.

Dan　　读　一　of　那书

Dan read one of the books.

Dan 读完了书中的一本。

　　土耳其语带"部分数量词"的结构中，量化名词带属格（genitive case）或夺格（ablative case），可以表达有定性的部分量（Kornfile, 1997：236 - 237）。

　　（19） a. çocuk-lar-in　　　iki -si

孩子-复数-属格　两-3 单

two of the children 孩子中的两个

b. çocuk-lar-dan　　　iki -si

孩子-复数-夺格　两-3 单

two of the children 孩子中的两个

　　在加利福那语（Garifuna）中（Barchas-Lichtenstein, 2012：189），后置词-ídagiya "from, out of" 可以用在"部分构式（partitive construction）"中，暗示句子涉及一些不是所有被量化的事物。当句子中没有其他的量化词时，这种句子可以表达"some of"的意思，如：

　　（20） Hóu-tina　　l-ídagiya　súgara.

I eat some of the sugar. 我吃了一些糖。

　　俄语中的属格（genitive case）也是表示既定范围中的一部分，例（21）中 a 句的宾格暗含把所有的面包，如整盘（plateful）的面包或整个一大块（loaf）面包，都递给我；b 句的属格则是递整体中的一部分，比如一小块（slice）面包（Moravcsik, 1978：266）。

　　（21） a. Peredajte　　me　xleb.

递　　　　我　面包-宾格

Pass me the bread. 把面包递给我。

b. Peredajte　　me　xleba.

递　　　　我　面包-属格

Pass me some bread. 递给我一些面包。

英语的 slice 也很有特点，例（22）a 可以说，例（22）b 则不可以说，但是放在一定的语境下则又可以了，如例（22）c。

　　（22）a. I ate a small slice of cake.
　　　　　　我吃了一小块蛋糕。
　　　　　b. ? I ate a big slice.
　　　　　　我吃了一大块。
　　　　　c. It was a delicious cake, I ate a big slice.
　　　　　　这是块美味的蛋糕，我吃了一大块。

　　跟俄语的属格相似，英语的双属格结构（double genitive construction）也可以表示既定范围中的一部分（Christianson，1997），如 a friend of Tenny's（Tenny 朋友中的一个），言外之意，即"Tenny 的朋友不止一个"。当限定词不是不定冠词 a 而是限定冠词 the 时，句子的意思也发生了变化，如 the friend of Tenny's（Tenny 的那个朋友）。

　　最后来看关系从句。关系从句一般分为限制性从句（defining clauses）和非限制性从句（non-defining clauses），两者在句法结构上相似，但在语义上还是有差别的（Comrie，1989：139）：限制性从句用预先设定的信息来识别一个名词短语的所指对象，而非限制性从句是根据所指对象早已经能够识别的假设来提供新的信息。

　　在西班牙语中限制性从句和非限制性从句可以用逗号（或语音停顿）来区别，其表义也是有差别的（Peterson，1997）。例（23）是限制性从句，特指战士中勇敢的那一部分应该受到尊敬。例（24）是非限制性从句，指所谈到的所有战士都应该受到尊敬。可见例（23）所表达的就是有定性的部分量。

　　（23）Los combatientes que son valientes deben ser respetados.
　　　　　The champion who are brave ought to be respected.
　　　　　勇敢的战士应该受到尊敬。
　　（24）Los combatientes, que son valientes, deben ser respetados.
　　　　　These champion, who are brave, ought to be respected.
　　　　　这些战士们，他们是勇敢的，应该受到尊敬。

　　以上不同关系从句在表义上的差别，同样适用于英语名词前的形容词，只是这里没有正式的关系小句潜有的 who/that 区别或语调模式的区别。比如，在没有其他语境的情况下，下面句子是有歧义的。

　　（25）The tired men ate strawberries.

（26）The industrious Japanese.

（27）The rich Danes are well-educated.

    a. The Danes, who are rich, are well educated.

    b. The Danes who are rich are well-educated.

例（25）一种解读是 tired 为非限制性的，此句意为男人们（一定范围内的所有男人）吃草莓并且他们都非常疲惫；另一种解读是 tired 为限制性的，此句意为一定范围内的男人们之中只有疲惫的那一部分才吃了草莓（Peterson，1997）。例（26）一种解读是全体日本人都是勤奋的；另一种解读是勤奋的那部分日本人（不包括懒惰的）（Comrie，1989：139）。例（27）既可以作 a 的限制性理解，即"所有的丹麦人都富有，都受过良好的教育"；也可以作 b 的非限制理解，即"只有那部分富有的丹麦人才受过良好的教育"（Hawkins，1978）。

还有一些语言有定性部分量的编码但并没有句法上的特征，而是通过普通的句法结构来体现。根据 Keenan & Paperno（2012）对世界范围内不同地区、不同语系、不同语种的 16 种语言的考察，通过普通的句法结构来表达有定性部分量在不少语言中都有所体现。如：

（28）马尔加什语（Malagasy）：

Af-panadinana   ny roa   tamin'   ny mpianaa.

自由-考试   限定两   通过   限定 学生

Two of the students passed the exam.

学生中的两个通过了考试。

（29）西亚美尼亚语（Western Armenian）：

Aʃagerd-ner-e-n   jergu   had-ə   dun katsin.

学生-复数-夺格-限定 两   教室-限定 家 去-过去时

Two of the students went home.

学生中的两个回家了。

（30）阿迪格语（Adyghe）：

Nebrəre zawəle t-a-s'ə-s-ew skolə-m qe-ka-re-x.

Some of us went to school.

我们中的一些人去上学了。

三 词类重叠与代词重复

中国境内的民族语言中也有一些特殊的部分量化。据我们调查，在景颇语中数词、量词和名词的重叠形式充当主语时，都含有"有的""有些"的语义（戴庆厦、傅爱兰，2009；戴庆厦、朱艳华，2010），即这些词语的重叠形式都可以表示部分量。如：

(1) 数词重叠表部分量：
la^{55}ŋai^{51} ŋai^{31} ko^{31} ŋaŋ^{31} ai^{33}, la^{55} ŋai^{51} ŋai^{31} ko^{31} n^{55}ŋaŋ^{31} ai^{33}.
一（重叠）（助）结实（句尾）一（重叠）（助）不结实（句尾）
有的结实，有的不结实。

(2) 量词重叠表部分量：
jan^{33}jan^{33}ko^{31} ka^{31} lu^{31}ai^{33}, jan^{33}jan^{33}ko^{31}ka^{31}tun^{31}ai^{33}.
根（重叠）（助）长（句尾）根（重叠）（助）短（句尾）
有几根长，有几根短。

(3) 名词重叠表部分量：
phun^{55}phun^{55}ko^{31}si^{31} sai^{33}, phun^{55}phun^{55}ko^{31} jai^{31} n^{55} si^{31} ai^{33}.
树（重叠）（助）结（句尾）树（重叠）（助）还没结（句尾）
有些树结果子了，有些还没结。

同样的情况在邦朵拉祜语和载瓦语中也有所体现。在邦朵拉祜语中，少数量词重叠的同时带上数词（李春风，2014：138），可以表示部分量，如：

(4) te^{53} ya^{53} ya^{53} la^{31}.
一 个 个 来
（间或地）来一些个。

在载瓦语中含有量词重叠的数量短语，如果数词是 lǎ^{31} "一"，整个重叠式表示"有的、有些"（朱艳华，2011），如：

(5) lǎ^{31} jum^{51} jum^{51} kə^{31} thɔt^{31} lɔ^{55} pə^{51}, lǎ^{31}jum^{51}jum^{51} kə^{31} a^{31} thɔt^{31} lɔ^{55}.
一 家 家（话助）搬 走（变化）一 家 家（话助）没 搬 走
有些人家搬走了，有些人家没搬走。

跟邦朵拉祜语和载瓦语不同的是，在苗语的一些方言土语中（李云兵，2005），不需要借助数词，量词重叠可以直接表示部分量，如：

(6) tai^{55} pi^{31} ni^{55}, tu^{33} tu^{33} zaɯ^{33} saɯ^{33}, tu^{33} tu^{33} hi^{33} zaɯ^{33} saɯ^{33}.
些 笔 这 根 根 好 写 根 根 不 好 写
这些笔，有的好写，有的不好写。

在一些国外语言中，光杆疑问代词有一种极为特殊的用法，Haspelmath

(1997：177) 称为"多重部分构式（multiple partitive construction）"，其中蕴含着部分量。在这种结构中，光杆疑问代词总是与另外一个或几个功能相同的光杆疑问代词并列，每一个疑问代词都表示自身是一个更大结构的一部分。多重部分构式存在于格鲁吉亚语（Georgian）、土耳其语（Tuikish）、法语、俄语、芬兰语、Mansi 语、Kilivila 语等语言中。部分语言例句如下：

（7）格鲁吉亚语的 vin "who"：

Vin pul-s eloda，vin c'eril-s，vin gazet-eb-s.

Some（people）are waiting for money，some for letter，some for newspapers.

有的（人）在等钱，有的等信，有的等报纸。

（8）土耳其语的 kimi "who"：

Kimi adak，kimi maten icin topla-n-di.

Some gathered for asacrifice，some for mourning.

有的人为了牺牲而聚集，有的人为了悲哀而聚集。

总之，通过以上三小节的分析可以看出，有的语言中有专门表示部分量的词类，如部分量词（partitive measures）、部分冠词（partitive article）和部分小品词（partitive particle）；有的语言有专门表示部分量的形态标记，如部分后缀（partitive suffix）、部分附缀（partitive clitic）和格标记；更多的语言是用句法手段，如疑问代词、重叠、关系从句，普通的句法结构等；还有少数语言用量词、数词、名词的重叠形式，以及疑问代词的并列形式。

下表是我们对以上所讨论的"有定性的部分量"的编码类型及其 33 种具体语言或方言的归纳总结。重复的语言（普通话、法语、景颇语、邦朵拉祜语、土耳其语）只按一次计算；表 3-1 中语言以及下文语系对应的外文，详见"语言索引"。

表 3-1   **33 种语言"有定性部分量"编码类型汇总**

编码类型	语言数量	具体语言或方言
部分量词	8	普通话、上海话、遵义话、居都仡佬语、比工仡佬语、连山壮语、柳江壮语、松桃苗语
部分冠词	3	法语、意大利语、博伯语
形态句法手段	21	粤语、温州话、沃洛夫语、帕米斯语、普通话、法语、匈牙利语、景颇语、邦朵拉祜语、波斯语、德语、日语、希伯来语、土耳其语、加利福那语、俄语、英语、西班牙语、马尔加什语、西亚美尼亚语、阿迪格语
词类重叠	4	景颇语、邦朵拉祜语、载瓦语、苗语方言
代词重复	2	格鲁吉亚语、土耳其语

　　以上这 33 种语言或方言属于世界范围内 7 大语系：汉藏语系（14 种：普通话、上海话、粤语、温州话、遵义话、居都仡佬语、比工仡佬语、连山壮语、柳江壮语、松桃苗语、景颇语、邦朵拉祜语、载瓦语、苗语方言），印欧语系（9 种：法语、意大利语、沃洛夫语、波斯语、德语、俄语、英语、西班牙语、西亚美尼亚语），南岛语系（3 种：帕米斯语、博伯语、马尔加什语），阿尔泰语系（日语、土耳其语），高加索语系（阿迪格语、格鲁吉亚语），乌拉尔语系（匈牙利语），亚—非语系（希伯来语）和孤岛语（加利福那语）。

第三节　部分量化与"题原角色"理论

　　本节首先引入 Dowty（1991）的"题原角色（Thematic Proto - roles）"理论，尤其是原型受事特征中的"渐成客体（incremental theme）"，把部分量化与"渐成客体"联系起来，主要目的是在量化和句子情状之间建立起联系，探讨了量化动结式中所暗含的由部分量化到全称量化的动态语义。

一　"题原角色"与原型受事

　　Dowty（1991）提出了"题原角色"理论。这一理论基于"原型施事（proto - agent）"和"原型受事（proto - patient）"两个基本的角色概念，用词汇蕴含的方法来确定论元的语义角色。Dowty 对"原型施事"和"原型受事"各自具有的特征作了如下分析：
　　一是原型施事特征：

　　　　—— 有事件或状态中的参与意愿；
　　　　—— 有感知或察觉；
　　　　—— 使事件发生或使事件中另一参与者发生状态变化；
　　　　—— 相对于事件中另一参与者的位置移动；
　　　　—— 独立于动词所表示的事件。

　　二是原型受事特征：

　　　　—— 经历状态的变化；
　　　　—— 渐成客体（incremental theme）；
　　　　—— 因事件中另一参与者而受到影响；
　　　　—— 相对于事件中另一参与者来说处于静止的状态；
　　　　—— 不独立于事件，或根本不存在。

　　构成原型施事的特征有：自主性、感知性、使动性、位移性、自立性。构成原型受事的特征有：变化性、渐成性（incremental）、受动性（causally affected）、静止性、附庸性。

那么动词的论元是更倾向于作为施事还是受事，是由什么来决定的呢？主要是根据论元满足原型施事或受事特征的数目。这就是 Dowty（1991：576）提出的 "论元选择原则（Argument Selection Principle）"：

> 对于带有主、宾语的谓词来说，该谓词所蕴含的最大数目的原型施事特征的论元，将被词化为该谓词的主语；拥有最大数目原型受事特征的论元，将被词化为直接宾语。

简而言之就是，拥有更多原型施事特征的论元作为主语出现，拥有更多原型受事特征的论元作为宾语出现。当然在具体句子中，同时具有所有原型受事特征的名词性成分并不常见，多数情况下我们所说的受事成分只具备上述特征群中的大部分相关特征，但并非全部特征。在具体事件中名词性成分表现出来的原型受事特征的数目越多，其受事性就越强；原型受事特征的数目越少，其受事性就越弱。

（1）Chris built a house. 克里斯盖了一座房子。

例（1）中的 Chris 是非常典型的施事，因为它具有 "意志性、感知性、使动性、位移性、自主性" 等所有原型施事特征，不具备任何一个原型受事特征。例（1）中的 a house 是典型的受事，因为它具有 "变化性、渐成性、受动性、静止性、附庸性" 等所有原型受事特征，却不具备任何一个原型施事特征。在动词 built 的论元中，拥有原型施事特征最多的论元是 Chris，拥有原型受事特征最多的论元是 a house。根据 Dowty 的论元选择原则，Chris 在句法上实现为主语，a house 在句法上实现为直接宾语。我们可以把上面的论元选择过程简化如下：

Chris	built	a house.
［＋自主性］		［＋变化性］
［＋感知性］		［＋渐成性］
［＋使动性］		［＋受动性］
［＋移位性］		［＋静止性］
［＋自立性］		［＋附庸性］
→ 原型施事：主语		→ 原型受事：宾语

以上对 Dowty（1991）的 "题原角色" 理论作了简要介绍，下面首先结合英语例句来讨论 "原型受事" 的语义特征。例（2）中的宾语 an apple 拥有上

文提到的"变化性、渐成性、受动性、静止性、附庸性"所有原型受事特征，是典型的受事，例（3）中的 the cloth 与之类似，也是典型的受事。例（4）中的宾语 the food（通常被看作"客体"），因为不具有变化性、渐成性和受动性，因而不是典型的受事。

>（2）Mary is eating an apple. *玛丽正在吃苹果。*
>（3）The scissor cut through the cloth. *剪刀剪开了布。*
>（4）The dogs will smell the food. *狗会去闻食物。*

再来看汉语的情况。例（5）中的"苹果"是典型的受事宾语，具有变化性、渐成性和受动性这三个语义特征，其所指事物承受由动词所表示的动作行为的影响，即随着动作"吃"的展开，"苹果"发生了从有到无的变化。例（6）中的"千纸鹤"是结果宾语，其语义特点是变化性、受动性和渐成性，即其所指事物是在由动词所表示的事件中逐渐形成的。比如，"千纸鹤"是在"叠"的作用下，由"纸"逐渐成为"千纸鹤"的样子。

>（5）弟弟吃了一个苹果。
>（6）他叠了许多千纸鹤。

二　渐成客体、体貌与论元

"渐成客体"（incremental theme）是 Dowty（1991）原型受事的典型特征之一，后来 Krifka（1992）把这类论元称为"渐变受事（gradual patient）"，即事件在时间上的展开跟事件指涉的外部世界基本一致。具体而言，就是"论元"和"事件"的关系，是"局部"和"整体"的一致关系。比如，在"吃苹果"事件中，每一口所吃的苹果就是整个苹果被吃掉的那部分；吃事件中的苹果是整体，每口所吃的苹果是整体的局部。随着事件在时间上的展开，苹果逐渐发生了变化。

Krifka（1992）将宾语空间上的有界和时间上的有界联系起来，将渐成客体定义为表示论元所指的部分跟事件的部分存在对应关系：论元所指的空间大小和事件时间进展程度成正比。即随着动作的进展事物受影响的范围逐渐增加，至动作结束时事物已受完全的影响。

>（1）他吃了一个苹果。
>（2）约翰割了一块草坪。

例（1）中的"吃"这一事件是通过内部论元"苹果"来进行的，随着"吃"这一事件的进行，受事宾语"苹果"也不断地被消耗，"苹果"被消耗的程度体现了"吃"这一事件的进展情况，最后"苹果"被完全消耗，"吃"事件也结束了。也可以这么理解，当动作"吃"开始时，受事宾语"苹果"就开始被不断地部分量化（部分受影响），当动作达到自然终止点时，即动作完成，受事宾语"苹果"也由部分量化（部分受影响）而达到全称量化（完全受影响），即"苹果"完全被消耗。例（2）中的"草坪"也经历了一个逐渐的变化：当"草坪"被割到一半时，事件发展到中间阶段；当草坪被割完时，事件就终止了。

Tenny（1994）的"体界面假说（aspect interface hypothesis）"认为题元角色（thematic roles）投射到句法位置或句法槽（syntactic slots）时，受到体特征的影响。体特征（aspectual property）主要表现在"划界（delimitedness）"和"量出（measuring-out）"两个方面。"划界"牵涉一个事件在时间上显著的、限定的、内在的终点这些特征，如"John consumed an apple"描写了一个划界事件，因为苹果的消耗需要一定的时间，因而有一个限定的终点。"John slept"描述的不是划界事件，因为 sleeping 不需要限定的时间，可以不停地睡下去。"量出"牵涉论元在标记事件的时间终点时所扮演的角色，"Thomas ate an apple up"中苹果就执行这种角色，因为苹果的完全消耗（complete consumption）标记了这个事件的终点。在动词的各种论元中，只有直接内部论元才能量出动词所表达的事件（Tenny，1994：10-11）。

在体的合成性中，量出动词和量化直接宾语结合，有可能产生划界表达（delimited express）。具体来说，量出动词与一个量化直接宾语结合，产生划界解读，如（3）、（4）中 a 句；量出动词与一个非量化直接宾语结合，产生非划界解读，如（3）、（4）中 b 句。因而直接宾语的量化特征和时间特征之间存在着对应关联：宾语实体所指的物理限制对动词所表达的事件产生影响。

（3）a. He ate［+M］an apple［+Q］.（划界）
　　　b. He ate［+M］apples［-Q］.（非划界）
（4）a. Jack built［+M］an house［+Q］.（划界）
　　　b. Jack built［+M］houses［-Q］.（非划界）

论元可分为外部论元（external arguments）和内部论元（internal arguments），外部论元总是实现为句法上的主语，内部论元出现在动词短语的深层结构中。内部论元又分为直接内部论元（direct internal arguments）和间接内部论元（indirect internal arguments）。直接内部论元是在深层结构中被动词管辖，并直接从动词那里获得题元角色（thematic role）的论元。间接内部论元是被介词或主格、宾格之外的格标记管辖的论元，它不是直接从动词那获得题元角色，而是从介词或格标记那里获得题元角色（Tenny，1994：9）。内部论元和外部论元的区分，跟体貌论元（aspectual argument）和非体貌论元（non-aspectual argument）的区分是相对应的：内部论元是体貌论元，外部论元是非体貌论元。在动词的各种论元中，只有直接内部论元可以"量出"动词所表达的事件。

　　论元能为动词所表达的事件提供量出、路径或终点，这三种参与体结构的方式被认为是体角色（aspectual roles）。量出、路径和终点就是动词指派给其内部论元（internal arguments）的三种体角色（Tenny, 1994：94）。动词拥有一组体角色可以指派给论元，而联结原则（linking principles）管辖体角色向句法的映射（Tenny, 1994：96）。

　　体角色向句法论元位置的映射，受到三个联结限制（three linking constraints）（Tenny, 1994：97；Filip, 1999：84）：

　　1）直接内部论元的量出限制（Measuring-out Constraint on Direct Internal Arguments）。这是词汇概念结构与句法结构之间的主要联结原则，直接内部论元可以量出事件。

　　2）间接内部论元的终点限制（Terminus Constraint on Indirect Internal Arguments）。间接内部论元借助于给动词所描述的事件提供终点而参与体结构（aspectual structure）。比如，"to put the cart to New York"中，the cart 是直接内部论元，New York 是间接内部论元。表示目标的介词短语 to New York，为事件提供了一个终点目标。

　　3）外部论元的非量出限制（Non-Measuring Constraint on External Arguments）。外部论元不能参与对动词所表达的事件进行量化或划界，外部论元不能是量出、路径或终点这三种体角色。

　　Tenny（1994：98）把以上限制归纳为三条原则：1）量出必须是内部直接宾语；2）终点必须是内部间接宾语；3）路径可以是隐含的，也可以是内部论元。把这三条原则综合一下就可以形成：体角色被映射到内部论元位置。Filip（1999：85）则指出，直接内部论元的量出限制以及间接内部论元的终点限制，合在一起解释了只有内部论元才可以划界事件（delimit events），而外部论元则不参与对动词所表达事件的量出或划界。

　　Tenny（1994：15-17）指出，渐成客体动词（incremental-theme verbs）的宾语论元可以量出事件，如"eat an apple"中，吃事件通过内部论元苹果而不断进行，直到苹果被消耗殆尽，事件也同时结束。在吃的每一次间隔期间，一定量的苹果被消耗，一直到苹果被整个消耗（entirely consumed）。因而在一定语义上来说，苹果给吃事件提供了一次量出。创造类动词也可以有渐成客体，如"build a house"中，房子完工了，建房子这一事件也结束了。房子完工的最后一个步骤，为事件提供了一个时间终点。

除了渐成客体动词外，可以量出内部论元的动词还有状态变化动词和路线动词。状态变化动词（change-of-state verbs）的宾语论元可以量出事件，如"ripen the fruit"中的动词 ripe，水果变得越来越熟，直到成熟事件结束，此时水果已经完全成熟。路线动词（route verbs）支配的路径宾语（path objects）可以量出事件，因为在事件中它们没有经历变化或位移，这跟以上渐成客体动词和状态变化动词有很大的不同。例（5）中的"the Appalachian Trail 和 the ladder"都是路径宾语，a、b 两句都是划界的，走和爬分别被 the Appalachian Trail 的长度和 the ladder 的长度量出，the Appalachian Trail 的末端和 the ladder 的顶端，限定了走事件和爬事件的终点。

（5）a. Sue walked the Appalachian Trail.

b. Bill climbed the ladder.

总而言之，渐成客体动词、状态变化动词和路线动词，证明了直接内部论元是量出事件的三种方式。在渐成客体动词中，随着时间的推移内部论元被创造（created）或被消耗（consumed）；在状态变化动词中，随着时间的推移内部论元的属性经历了一些变化（undergoes some change in a property）；在路线动词中，内部论元虽然没有变化，但是提供了一个梯度（gradient），沿着这个梯度，事件的进展也可以被量出（Tenny，1994：18）。

最后需要说明的是，并不是所有的渐成客体都必须是宾语或内部论元，有些情况下渐成客体也可以实现为主语或外部论元。如：

（6）John entered the icy water very slowly.

约翰慢慢地进入了冰冷的水中。

（7）The crowd exited the auditorium in 21 minutes.

人群在 21 分钟内走出了礼堂。

（8）Water gradually filled the boat.

水渐渐地注满了船舱。

三 部分量化到全称量化

量化与句子的情状类型有很大关系，有些情状的语义构成具有内在的自然终结点，情状一旦开始，便一步一步地朝着这个自然终止点演进，抵达终结点便意味着情状的完成（陈平，1987）。比如，"我读一本书"，当翻开第一页时，情状便开始，而读完最后一页时，意味着情状结束。当然，随着动作的进展，受事宾语"书"也是不断地被量化，即从第一页一直到最后一页。又如"我吃了一块面包"，随着动作的进展，面包被一部分一部分地吃掉（被部分量化），当它的所有部分都被吃掉时（被全称量化），情状也就结束了。这也就是 Bybee，Perkins & Pagliuca（1994：57）所说的完结体（completive），即彻底、完全地做某事（to do something thoroughly and completely），并隐含动作涉及的对象是完全受到影响（totally affected）、完全被消耗（totally consumed）或者完全被破坏（totally destroyed）。

范围副词"全""都"也牵涉部分量化到全称量化的问题，即随着动作的进展，受事宾语不断地被部分量化，最终达到对整个受事宾语的全称量化（李思旭，2011）。例如：

（1）北京我全去过了。

（2）我把那个馒头都吃了。

例（1）缺少"全"可以指向的成分，所以是一个有疑问的句子，只有一种意义上，它才能成立，即把"北京"作为一个整体，这个整体由天安门、故宫、人民大会堂、奥运村、颐和园、北大、清华……部分组成，此时"全"在语义上指向"北京"，其总括的对象就是这些组成部分。

例（2）中，受动的"馒头"是"都"之前的复数主体，施动者"我"作为关涉事物是单数。"馒头"并非"天然"地分为若干不同部分，只是说话人觉得他一口一口地吃，馒头越来越小，所以在心理上，他只能将"吃馒头"的过程"逐次"分开来看待：从"吃了一点馒头"，"吃了一半馒头"，一直到"把那个馒头都吃了"。

袁毓林（2005）在解释"那本书他都看完了"，也跟上面有相似的分析。他认为"那本书"在形式上是单数性的成分，但在语义上是复数性的，因为对于"读"这种行为来说，它可以有"由多个部分构成的整体"这种部分解读（partitive reading）。用我们的话来说，就是从部分解读（partitive reading）到完全解读（total reading），即从部分量化这种量变达到全称量化的质变。

以上讨论的汉语主语在数量上的单复数，会直接影响到对其内容的解读，这具有跨语言的普遍性，在英语和日语中都有相应的体现。

在英语中宾语的数量语义特征（单复数），会影响到对其内容的解读（Moltmann，1997：193）。比如，例（3）中 a 句表示"房子的每一部分（every part of the house）"都被约翰破坏了；b 句表示"椅子中的每一把都被完全破坏（destroyed each one of the chairs completely）"，而不是表示破坏了椅子中的每一把，因为很有可能"其中的一些椅子不是完全被破坏（some of them perhaps not entirely）"。

（3）a. John has destroyed the house completely.

约翰已经完全破坏了那所房子。

b. John has destroyed the chairs completely.

约翰已经完全破坏了那些椅子。

在日语中宾语在数量上的单复数，会直接影响到对其内容的解读 (Sauerland & Kazuko, 2004)。例(4)中的a句就可以有两种解读方式：一种是把书看成单数，句子的意思是指看完了这本书的大部分内容(most content of the book)，跟汉语的句子"这本书我看了许多"相似；另一种解读是把书看成复数，只看了几本书中的大部分，跟汉语的句子"这些书我看了许多"相似。与例(4)a句相反，例(4)b句只有一种解读方式，即把书看成复数，"看了几本书中的大部分"。

(4) a. John-wa   hon-o   hotondo-no   yomi-oeta.

约翰-话题   书-宾格   大部分-属格 读-完成

John has finished reading most of the book(s).

b. John-wa   hotondo-no   hon-o   yomi-oeta.

约翰-话题   三-复数-属格 书-宾格 读-完成

John has finished reading most of the books.

下面来看语义指向主语的补语"完"的量化问题(李思旭, 2011、2015)。语义指向主语"完"的作用主要就是在数量上对主语进行全称量化(说明主语表示的事物都参与了动作行为)。例如：

(5) 几百年的老房子了，快要塌完了。(《经济视点报》)

(6) 那个楼还没有塌完，那些武警战士和消防官兵继续在冲。(《背后的故事》)

(7) 因天气太热，队里的几头耕牛快死完了。(《读者》)

例(5)中的主语"房子"倾向于看成由屋顶、四面墙、门、窗户等构成的一间房子，那么"完"对房子的量化，也就是对房子所有组成部分的全称量化。当然，例(5)也可以理解为由连接在一起的几间房子所构成的一栋房子。例(6)与例(5)理解方式相似，由于都是楼的倒塌，可以按照内部的楼层来把整栋楼切割成许多部分。例(7)中"耕牛"表复数，因为前面有限制范围的"队里"和数量词"几头"来修饰。

可以看出，语义指向主语、对主语进行全称量化的"完"，在语义上要求主语所表示的事物是复数的，或者是内部可以进一步分割的单数。也就是说主语必须具有复数性，这样才能满足全称量化的语义要求。而广州话中的量化词缀"晒"也有相似的要求，如（彭小川、赵敏，2005）：

> （8）a. 佢哋坐晒係嗰度。（他们都坐在那儿。）
> 　　　b. *佢坐晒係嗰度。（*他都坐在那儿。）
> （9）a. 啲衫唔见晒。（那些衣服都不见了。）
> 　　　b. *件衫唔见晒。（*那件衣服都不见了。）
> （10）件衫湿晒。（那件衣服全湿了。）

　　上面例（8）和例（9）中 a 句"晒"量化的对象，即主语"佢哋（他们）""啲衫（那些衣服）"都是复数，满足"晒"量化的语义要求，所以句子成立；而 b 句由于主语"佢（他）""件衫（那件衣服）"都是单数，在具体语境中也无法再分割，不满足"晒"量化的语义要求，所以句子不成立。例（10）比较特殊，"件衫（那件衣服）"虽然也是单数，但是就衣服弄湿的程度而言，衣服可以分割成更小的单位（如"袖子""领子"等），而"湿晒"指的是整件衣服各个部分全被弄湿了，所以句子成立。

　　湘方言长益片的湘阴话也有类似的体现。在湘阴话中（杨稼辉、伍雅清，2018），当动词短语指称多元集合时（宾语为复数），谓语动词可以跟"嘚"共现，如例（11）a 句；当动词短语指称独元集时（宾语为单数），谓语动词不可以跟"嘚"共现，如例（11）b 句。

> （11）a. 蚂虫恰圆嘚两块木头。（蝗虫吃完了两块木头。）
> 　　　b. *蚂虫恰圆嘚那块木头。（蝗虫吃完了那块木头。）

　　上面例（5）—例（7）中所讨论的"完"都是非瞬间的，即句中有词语"快要、还没有、快"暗示了动作是持续的。当然，由于这些词语的修饰限制作用，导致补语"完"在语义上对主语起接近但还未达到全称量化的作用。其实"完"既可以是瞬间的也可以是持续过程，如"池塘里的鱼死完了"就属于这种情况，它可以有两种解读方式：1）按照上文的分析，这里的"完"表示主语参与动作的范围，与"全、都"的意思相同，这种理解方式不强调塘里鱼死的时间性（过程性），即鱼在瞬间全部死亡（如图 3-3 所示），这时的"完"只起到全称量化的作用；2）如果鱼不是在瞬间同时死亡，而是一条接一条地死去，那么池塘里所有的鱼（假如总共 50 条）都死去就需要一个时间段（过程性）。这时的"完"也表示动作在时间上的终结，就有了从"部分量化"到"全称量化"的过程，即鱼一条接着一条地死去，随着时间的进展，数量的不断增加，由部分量化达到全称量化，最终池塘里 50 条鱼都死了。其认知图式如图 3-4 所示（为了更有力地说明问题，我们把鱼死亡的时间间隔扩大了）。

　　以上"完"时间上瞬间性分析的合理性，也可以从瞬间动词与"时间段"

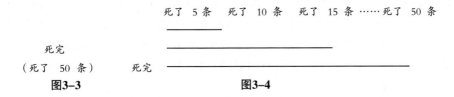

图3-3 图3-4

词语的搭配中得到旁证。陈平（1988）认为，"炸""响"等表现瞬时变化的动词，如果句子中的其他成分提供适当的语义环境，它们也可以与时间段词语搭配，如：

（12）a. 埋在土里的定时炸弹"轰"地一声炸了。
　　　b. 那满库房的军火噼里啪啦炸了足足20分钟。

（13）a. 小明手里的大炮仗突然响了。
　　　b. 昨晚是年三十，炮仗响了整整一夜。

例（12）、（13）中 a 句是"炸""响"的瞬时用法。b 句的主语为瞬时行为的多姿态用法（在日常生活中，这些动作不太可能只做一次，而是多次反复发生）提供了条件，所以"炸""响"后面可以带表时间段的宾语。

瞬间动词可以跟时间段词语搭配，也具有跨语言的普遍性，不仅汉语可以，英语和法语中也可以（张宝树，2007：60），如：

（14）The cows kept dying (and) until the serum finally arrived.
　　　母牛不断地死去，直到血清最终到达。

（15）Les bombes ont éclaté pendant deux heures.
　　　许多炸弹爆炸了两个小时之久。

其实，瞬间动词具有相对性。以下两例中的动词都是瞬间动词，动作的发生都是瞬间完成的。击碎一面玻璃可以是瞬间的，但是击碎一棵树的树枝则需要几分钟。一颗炸弹的爆炸是瞬间的，但是一颗超行星的爆炸则需要数百万年。在电影的慢动作播放中，玻璃的碎裂和炸弹的爆炸都需要一些时间，在这时间段中，我们可以看到事件的演变过程，以及玻璃和炸弹经历了一些逐渐的变化（Tenny，1994：16）。由此可见，完结（accomplishment）动词和达成（achievement）动词之间的界限也就模糊了。

（16）The baseball cracked the glass. 棒球击碎了玻璃。

（17）The terrorist exploded the bomb. 恐怖分子引爆了炸弹。

按照图 3-4 的认知方式来解读"死完"，则蕴含着一种预设量（presupposition quantity）：当达到这一预设量时，就可以说"死完了"；没有达到时只能说"死了"，不能说"死完了"。这种预设量在动结式"V满"中体现得更加明显，如商场促销时的广告语"买满200元送50元"，饭馆的促销广告语"吃满100元送20元"。除了具有明显的数量词，在一些蕴含时间长度的名词中也有预设量，如：

> （18）她没读满高中就辍学了。
> （19）银行定期存款存满规定期限才能提取。
> （20）服满军役，他被安排到了一家公司工作。

动结式"V齐、V全、V够"中也都蕴含预设量，只有达到了预设量我们才能用这些动结式，如：

> （21）书店要求学生必须买齐17种辅导材料，否则不卖给课本。（《人民日报》1993年）
> （22）画片的种类很少，仅仅是那几类，收藏一段时间准定能买全了。（《市场报》1994年）
> （23）当他们攒够了100万日元的时候，就开始给两位老人办来日本的手续了。（《作家文摘》1997年）

需要补充的是，香港粤语的补语"齐"，跟汉语普通话的补语"齐"有相类似的体现，如（郭必之、李宝伦，2015：36）：

> （24）记得带齐啲书过去啊。（记得把书全都带过去。）
> （25）做齐啲嘢先准收工。（把事情全都做完才可以下班。）

现代汉语中的结果补语，除了上文说到的"完、满、齐、全、够"之外，补语"光、干、空、遍、通"等与动词组合成的动结式，我们称为量化动结式（quantification VR），也都牵涉主语或宾语由部分量化到全称量化的问题上，如：

> （26）近年来，沿海虾病频起，一犯起来满池的对虾顷刻间就死光了。（《人民日报》1994年）
> （27）她用一块叠得小小的手帕轻轻吸干了面颊上的泪水。（刘心武《多桅的帆船》）
> （28）一些没有分配集资任务的退休老工人也主动解囊相助，掏空多年积蓄的家底子。（《人民日报》1994年）
> （29）为了寻找合适的材料，吴孟超跑遍了上海各大医院。（《报刊精

选》1994 年)

(30)硬是凿通了 1200 米深的隧洞,凿出了 7.5 公里出山路。(《报刊精选》1994 年)

第四节 量值大小对词语句法行为的影响

上一章和本章前几节,从跨语言类型学的角度,分别讨论了全称量化和部分量化问题,下面来看汉语中数量词语的量值大小对其句法行为产生的一系列影响,当然其中也包括全称量化词和部分量化词。本节我们将做一个大胆的尝试,把量化与语序相结合,在句法(前置/后置)、语义(量值大/量值小)、语用(定指/不定指)三者之间建立关联标记模式,进而探讨句法、语义、语用三个平面是如何互动的。

一 量值大小对与"都"共现的制约

汉语词语量值的大小对能否与全量副词"都"的共现产生重要影响。量值大的全称量化词语"所有"可以与"都"搭配共现,如例(1)中a句;量值小的部分量化词语"有些、某些、一些"不能与"都"搭配共现,如例(1)中c、d、e三句;而量值居中的"好些",则模棱两可,如例(1)中b句。

(1)a. 所有人都没有去过上海。
    b.? 好些人都没有去过上海。
    c. *有些人都没有去过上海。
    d. *某些人都没有去过上海。
    e. *一些人都没有去过上海。

以上从a到e,带"都"句子的可接受度越来越低,这可以形式化为图3-5:

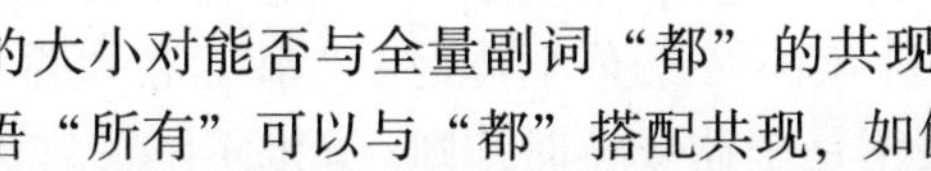

所有　好些　有些　某些　一些

可接受度越来越低

图 3-5

此外,量值大的"多数"倾向于跟"都"搭配共现,量值小的"少数"倾向于跟"有"搭配共现,如:

(2)a. 多数同学都赞成去春游。
    b. *有多数同学赞成去春游。

（3）a. ＊少数同学都赞成去春游。

　　b. 有少数同学赞成去春游。

　　例（2）a 是"多数"跟"都"搭配，句子成立；例（2）b 是"多数"跟"有"搭配，句子不成立。例（3）b 是"少数"跟"有"搭配，句子成立；例（3）a 是"少数"跟"都"搭配，句子不成立。

　　除了上面讨论的定语位置修饰语之外，状语位置的修饰语也有量值的大小。比如，Wu（1999：136）就特别指出，人们往往忽视"都"可以量化高频率副词（high frequency adverb），如例（4）a "一直、常常"，但不能量化低频率副词（low frequency adverb），如例（4）b "有时、偶尔"。用我们的话来说，就是"都"可以量化量值大的频率副词，不能量化量值小的频率副词。如：

（4）a. 他们一直／常常都是周末去看电影。

　　b. ＊他们有时／偶尔都是周末去看电影。

　　通过跟所搭配的词语量值大小的对比，也可以区别汉语全称量化副词"都"和"全"：当量化的对象是全体时，"都"和"全"是等值的，如例（5）；当量化的对象不是全体成员时，则只能使用"都"而不能使用"全"，如例（6）、例（7）。

（5）a. 所有的学生都来了。

　　b. 所有的学生全来了。

（6）a. 大多数学生都来了。

　　b. ＊大多数学生全来了。

（7）a. 许多学生都来了。

　　b. ＊许多学生全来了。

　　可见，"都"量化的对象可以不是全体成员，但是在量值上必须是大量，相对比例要超过50%，如：

（8）a. 这本书我看了一半。

　　b. ＊这本书我都看了一半。

（9）a. 多数毕业生都找到了工作。

　　b. ＊少数毕业生都找到了工作。

（10）a. 大部分学生都是80后出生的。

　　b. ＊小部分学生都是80后出生的。

　　跟普通话"都"相似，上海话的量化副词"侪"，对与其搭配的词语也有类似数量上的要求（徐烈炯，2007），如：

> （11）a.70%的人/过半数的人侪赞成。
>
> b.＊30%的人/不到半数的人侪赞成。

最后需要强调的是，一个词语的量值到底是大量还是小量，有时要根据具体的语境来判断。

> （12）对于这项提案，10%的人大代表都投了反对票。
>
> （13）a.＊1/3 的人都来开会了。
>
> b.1/3 的学生在考试前都知道了答案。

例（12）中人大代表的投票，虽然 10%是个很小的比例，但是，相对于其他提案 98%以上的通过率来说，10%的反对票也是很大的数字，因而可以使用"都"。例（13）中，同样是 1/3，a 句之所以不能说，是因为通常必须参会的人都应该到会，至少也应该是超过半数到会，只来了 1/3 的人实在太少了；b 句之所以能成立，是因为考试之前是不能泄露试题答案的，不要说 1/3 的学生，就是一个学生开考前知道了答案也是太多了。

二 量值大小对词语前后置的影响

量值的大小对词语的句法功能产生重要影响。汉语中表示大量的词语倾向于出现在主语位置上，如例（1）；表示小量的词语倾向于出现在宾语位置上，如例（2）。

> （1）a. 所有的客人都来了。
>
> b.＊来了所有的客人。
>
> （2）a. 来了一部分/少数学生。
>
> b.＊来了全部/多数学生。

全量词语"所有"在谓语动词前作主语定语的例（1）a 成立，在谓语动词之后作宾语定语的例（1）b 不成立。例（2）a 是表示小量的"一部分"和"少数"出现在宾语的位置上，句子成立；例（2）b 是表示大量的"全部"和"多数"出现在宾语的位置上，句子不成立。据曹秀玲（2006：231）统计："多数"结构体作主语和宾语的比例为 16∶4；而"少数"结构体作主宾语的比例为 1∶4。这从数据上说明了我们分析的合理性。

不仅汉语如此，英语全量词语也倾向于前置。以下例（3）是全称量词 all 位于句首，担任 dogs 的修饰语。例（4）稍微复杂一些，是担任修饰语时全量成分与指代词 these 的搭配顺序问题：a 句是 all 前置于指代词，句子成立；b

是 all 位于指代词 these 之后，句子不成立。定语通常后置于指代词 these，但是 all 的位置反而前置于指代词，这说明表达"所有"或"全部"概念的词语具有强烈的前置倾向。

（3）All dogs like bones. 所有的狗都喜欢骨头。

（4）a. all these students 所有（的）这些学生

     b. * these all students * 这些所有（的）学生

Milsark（1977）曾经观察到，英语中有一类量化词不能出现于存在句，而另一类则可以，如例（5）所示：由"every, all, most"引领的名词组不能出现在"there be"后面；而由"a few, some, three"引领的名词组则可以。Milsark 称前者为强量化词（strong quantifier），后者为弱量化词（weak quantifier）。强量化成分在句法和语义上与弱量化成分有很大的不同，最明显的区别是前者不能出现在存在句（existential sentence）中，而后者则可以。

（5）a. * There are every/all/most people in the room.

     b. There are a few/some/three people in the room.

我们认为上面的强量化成分，就是在数量语义特征上量值较大的词语，而弱量化成分，就是量值较小的词语。强量化成分由于量值较大，所以不能位于靠后位置的存在句中；弱量化成分的量值较小，所以可以位于存在句中。也就是说，强量化成分和弱量化成分本质上体现的是量值大小的问题，这种区别在汉语中也有类似的体现，如：

（6）a. * 房间里有每个人/所有的人/全部的人。

     b. 房间里有几个人/一些人/三个人。

例（6）a 显示"每个人""所有的人"和"全部的人"不能出现在存在句中。例（6）b 显示"几个人""一些人"和"三个人"可以出现在存在句中。因此，我们也可以将前一组归为强量化词，将后一组归为弱量化词。这可以分别从"都"字句和"有"字句中得到印证。

（7）a. 每个人/所有人/全部的人（都）来了。

     b.（有）几个人/一些人/三个人来了。

如例（7）a 所示，强量化词在主语位置时后面需要跟"都"；而弱量化词在主语位置时需要"有"。因此汉语中的量化词也有强弱之分。

不仅上面的汉语和英语全量成分有前置倾向，这在其他语言中也有所体现，如把上面的英语句子（例 3）翻译成匈牙利语时，带全称量化词的名词短语

"minden kutya"（所有的狗），就属这种情况（徐烈炯，2002）。

　　（8）Minden kutya szereti a csontot. 所有的狗都喜欢骨头。

　　上面汉语、英语、匈牙利语中全量成分都有前置倾向，可以说这是人类语言的共性，那么这种语言现象背后的动因是什么呢？至于汉语中全量成分前置倾向的动因，徐烈炯、刘丹青（1998）做了以下三种可能性的解释：1）为了跟全量副词配合。汉语的全量名词性成分通常需要跟普通话的"都、也"这些全量副词配合，而这些全量副词都是前置的，假如全量成分放到谓语动词之后，全量副词就无法跟它们配合；2）这些全量成分的前置是出于充当主语的需要；3）全量成分在汉语中倾向于充当话题。徐、刘两位先生认为3）是汉语全量成分前置的最好解释，而全量成分在话题优先语言中具有很强的话题性，其原因可能是部分跟它的强有定性有关。

　　以上徐、刘两位先生对全量成分的前置倾向的分析有些道理，但是只能解释汉语中的情况。比如，1）这个解释具有语言专属性（language-specific），即只适用于汉语，缺乏共性研究的价值，而2）这个假设的缺点是没有明确因果关系：究竟是全量表达倾向于作主语，还是主语倾向用全量来表达呢？解释3）的分析有一定的道理，即找到了全量成分跟话题之间的相关性，但还算不上严格意义上的解释：话题要求强有定性，而全量成分由于量值较大其定指性也较强，因而它句法上最自然的无标记分布位置就是在句首担任话题。也就是说徐、刘两位先生的解释不能适用于英语和匈牙利语全量成分的前置倾向。下面我们换一个角度，用"可别度领前原理"来解释汉语、英语、匈牙利语中全量成分都有前置倾向这一人类语言的共性。

　　陆丙甫（2005）把语法学界广泛承认的定指成分比不定指成分更容易出现在前，这一倾向引申为"可别度领前原理"。陆先生把跟可别度有关的因素，都列在了以下这一清单之内。

　　可别度等级的内容：

定指	>	不定指
旧信息	>	新信息
话题	>	陈述/焦点
高生命度	>	低生命度
整体	>	部分
大单位	>	小单位
多量	>	少量
领属物	>	被领属物

背景　　　　>　　　前景

全量成分（也可以说是"多量""大单位"）由于量值较大，因而定指度也较高。徐烈炯（Xu，1995）也曾指出被全称量词语量化的 NP 通常是定指的，同时由于全量成分说的是论域内的全部成员，因此可以看成"整体"。

综上可以看出全量成分都是高可别度的，按照陆先生引申的可别度领前原理（表述二），就可以解释为什么全量成分倾向于前置了，主要原因是全量成分一般是任指的或周遍性的，所表事物数量较大，因而其可别度较高，易于前置。

总之，跟上面徐、刘两位先生的解释相比，可别度领前原理除了成功解释汉语、英语和匈牙利语中全量成分前置倾向这一人类语言共性之外，可别度解释的最大好处是具有较大的概括性。

三　量值大小对词语定指性强弱的影响

（1）a. 来了少数学生。

　　　b. ＊来了多数学生。

（2）a. ＊很少学生听说了这件事。

　　　b. 很多学生听说了这件事。

上面的例句显示，"多数/少数""很多/很少"分布上的对立跟定指、不定指相似。当然"多数""少数"都牵涉作为背景的确定整体，即都是一个比例问题。如果不牵涉比例，大数量表达仍然可以出现在存在句的动词后，如：

（3）a. ＊来了全部/多数学生。

　　　b. 来了许多学生。

"许多"因为不牵涉确定的整体，可以理解为不定指，所以（3）b 句子成立。而"全部/多数"因为是某个确定整体中的"多数"，因此具有有定性，所以不能像（3）a 那样后置于谓语动词。

Milsark（1974）指出，存在句中动词前的主语（the man）可以是定指的，也可以是不定指的（a men），而 b 句的"倒置主语（inverted-subject）"只能是不定指的。例如：

（4）a. A man/the man is in the garden.

　　　b. There is a man/ ＊the man in the garden.

英语 there be 句式中的名词短语虽是非限定的，但如果被 most 修饰，句子仍然是不合法的。因为 most of the men 表示的是"大多数"，量值大的成分倾

向于是定指的，而这一定指性与存在句的主语必须是不定的相矛盾，所以例
（5）中这一英语存在句是不能说的。

(5) * There are most of the men in the room.

汉语中大数目倾向于是定指的，如例（6）a 中的"全部/多数"；小数目
则倾向于不定指的，如例（6）c 中的"一部分/少数"。并且这种有定性的差
别还反映在前、后置倾向的不同上：汉语中动词前的名词性成分倾向于是定指
的，动词后的成分倾向于是不定指的。例（6）说明多数跟定指匹配，而少数
跟不定指匹配。徐烈炯（Xu，1995）也指出，定指成分和不定指成分倾向于
出现在谓语动词的不同位置，全称量化的 NP 通常为定指的，而由数量词语来
量化 NP 的典型情况是不定指的。

(6) a. 全部/多数学生来了。
    b. * 来了全部/多数学生。
    c. 来了一部分/少数学生。

句法、语义、语用三个平面中，语义是最基本的，也是最深层的；语用是
最浅的；而句法是联系语义和语用的中介面，是兼顾语义和语用的编码形式，
是最复杂的。所以，三个平面的现象，按照基本性和复杂性来说，是先语义，
再语用，最后是句法（陆丙甫，1998）。如果按照陆先生的这一"语义→语用→
句法"分析模式，我们把上面讨论的数目大小（量化成分的强弱）、定指性强弱
和语序分布或句法分布前后，这三者结合起来，可以得到：数目大或量值大的
成分（语义）定指性强（语用），倾向于前置担任主语（句法）；数目小或量值
小的成分（语义）定指性弱（语用），倾向于后置担任宾语（句法）。

参照沈家煊（1999）建立的新标记理论，结合上面的分析，我们可以在
语义（量值大、小）、语用（定指、不定指）、句法（前、后置）三个平面之
间建立关联标记模式：

语义	量值大	量值小
语用	定指	不定指
句法	前置	后置

由于以上关联标记模式涉及的范畴不止一个，不同的范畴之间有的形成自
然的、无标记的组配，如"量值大，定指，前置"、"量值小，不定指，后置"
就构成两个三项成分之间的无标记组配，如下所示。而其他的组配方式，如
"量值大，定指，后置"、"量值小，不定指，前置"等是有标记的组配，出现
的频率是非常低的。

无标记组配　　无标记组配
量值大　　　　量值小
定指　　　　　不定指
前置　　　　　后置

四　量值大小对否定词移位的影响

汉语中的数量词，按照其所表数量大小，可以形成一个等级序列（沈家煊，1999：142）：

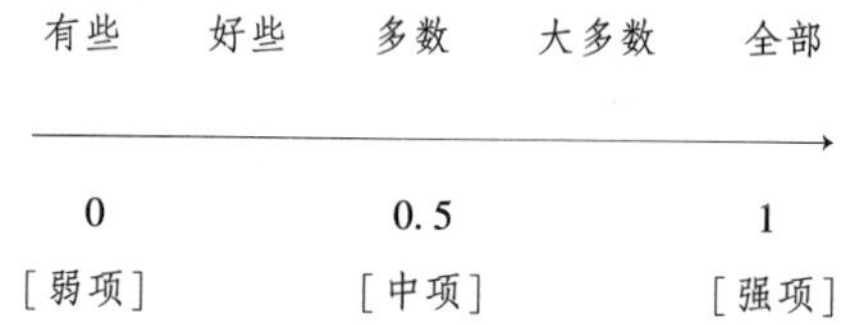

有些　　好些　　多数　　大多数　　全部

→

0　　　　　　　0.5　　　　　　　1
[弱项]　　　　　[中项]　　　　　[强项]

图 3-6

在这个强度等级上，只有中项词语句子中的否定词语可以移位，而强项词语和弱项词语所在的句子否定词都是不能移位的。如：

（1）a. 我相信有些书不适合你看。（弱项）
　　≠b. 我不相信有些书适合你看。

（2）a. 我相信这些书全都不适合你看。（强项）
　　≠b. 我不相信这些书全都适合你看。

（3）a. 我相信多数书不适合你看。（中项）
　　＝b. 我不相信多数书适合你看。

以上例（3）的数量词语"多数"处在上面等级序列的中间，是中项，否定词"不"移位后，前后句子所表达的意思基本相同，即 a、b 两句都表示只有少数书适合你看。例（1）中的数量词"有些"处在等级序列的低段，是弱项；例（2）中的数量词"这些"处在等级序列的高段，是强项。这两例中否定词都不能移位，移位后句子的意思都发生了变化。

汉语中大部分的否定性成分用于否定结构时，表示的都是完全否定，如"他没有吭声"等于"他一句话没说"，"我没有搭理她"等于"我没有跟她说一句话"。但是还有些否定则不同，以下 a 句的数量词在否定词的后边，意思是接近这个数量而没有达到这个数量，如"没学三小时"是学了，但不到三个小时。b 句的数量词在否定词的前边，意思是这个数量全部被否定，如"三小时没学"是有三个小时都没有学习了。

(4) a. 他没学三个小时。

b. 他三个小时没学。

(5) a. 她没上四天课。

b. 她四天没上课。

曹秀玲（2005）把汉语的全称限定词分为统指全称限定词（所有、一切、全部）、分指全称限定词（每、任何、各）和整指全称限定词（整、全、满）。下面例句中的"所有""每""全（满）"分别是统指、分指和整指全称限定词。

(6) a. 他没有解决所有问题。

≠b. 所有问题他都没解决。

(7) a. 他没有得罪每个人。

≠b. 每个人他没有得罪。

(8) a. 他不是全（满）身泥。

≠b. 他全（满）身不是泥。

曹文没有讨论全称限定词的否定情况，结合上面的例句我们来尝试分析全量成句法位置不同导致否定的语义差异。以上 a 句全称限定词都处在宾语的位置，都是部分否定，即分别表示"解决了部分问题""得罪了一些人""身上有些部位是泥"。相反，b 句全称限定词都处在主语的位置，都是完全否定，分别表达了"没解决任何问题"" 没得罪任何人""身上没有任何泥"。

跟上面汉语完全否定、部分否定不同的是，日语中的话题标记"-wa"，由于语调的不同，有两种不同的语用功能（Lee、Gordon & Būring，2008）：标记主位（theme）和标记对比（constrast）。如例句所示，标记主位-wa 的语调格局对应的是全部否定，即"no one slept"；标记对比-wa 的语调格局对应的是部分否定，即"there is someone who didn't sleep"。

(9) Minna-wa   ne-nakat-ta.

每个-话题　睡觉-否定-过去时

最后来看西方的一则著名的笑话：有人不满某些议员的表现，骂道："有些（some）议员是狗娘养的"，议员抗议，骂人者马上道歉并说了那句话的否定句"有些（some）议员不是狗娘养的"，含义比肯定句更有攻击性。刘丹青（2008：544）认为，如何解释这种现象值得深入探讨。我们的解释是，有些（some）所表示的部分量在量值上应该是不超过总数的50%，即<50%，那么对部分量的否定就是对大于50%的肯定，即"有些议员不是狗娘养的"暗含大部分议员都是狗娘养的，所以攻击性更强。

第四章

"完全受影响""部分受影响"的
形态句法类型学研究

　　"完全受影响""部分受影响"的对立主要是语义上的对立，但是它们在语法上又有不同的编码方式。所谓的编码是指概念语义如何通过句法结构来表达，不同的编码体现了语言概念语义形式表达上的差异：有些概念是零编码（zero coded）的，即不通过显性语素来表达，如单数在英语中是零编码的；而另一些概念是显性编码（overtly coded）的，即通过显性语素来表达，如英语中的复数概念（Croft，2003：92）。

　　传统的语言类型学将语言分为孤立语、黏着语和屈折语等，这主要是形态学方面的形式分类，或者说是用"整体类型学（holistic typology）"的形态参项给语言进行分类。而当代语言类型学强调的是，某个具体的表达功能在不同语言中是如何通过不同的手段或形式来实现的，即"局部类型学（partial typology）"。也就是说，相同的句法功能，不同的语言会采用形式各异的句法实现方式。

　　下文的跨语言类型学分析将显示，许多语言都有表示"完全受影响"和"部分受影响"这一对概念的表达方式，只不过具体的编码方式不同而已。有些语言是通过格标记，而更多的语言是通过句法语序手段标记，如国外语言中的动词词性、逆被动态、构式，以及汉语的"把"字句、体貌标记和动结式"V 完"等。

第一节　汉语的语法手段

一　"把"字句

　　戴浩一（Tai，1984）和孙朝奋（Sun，1996）都认为，跟相应的动宾句比较，"把"字句的受事是"完全受影响（total affectedness）"，如：

　　（1）a. 他喝了汤了，可是没喝完。

b. *他把汤喝了，可是没喝完。

例（1）a 句是一般的动宾句，"他喝了汤了"汤不一定已经喝完，因此宾语"汤"可以理解为是部分受影响。b 句是"把"字句，"他把汤喝了"则要理解为汤已经喝完，因此宾语"汤"可以理解为是完全受影响。我们认为以上的宾语"汤"是完全受影响，在句式变换中体现得更明显，如：

（2）他把汤喝了。→ 他把汤喝完了。
　　　　　　　　→ 他把汤全/都/全都喝了。

张伯江（2000）从构式语法的角度，进一步证明了汉语把字句宾语完全受影响的合理性，如：

（3）他喝了酒了。→ 他把酒喝了。
（4）他用了钱了。→ 他把钱用了。

以上变换以后的句子，明显带有一种"完全"的含义（酒全喝掉了，钱全用尽了），而变换之前的句子不仅没有这种语义，而且倾向于理解成"非完全"的含义。表现在句法上，则可以观察到这样的制约：把字句可以加上"全/都"，而一般的主动宾句则不可以，如例（5）；一般的主动宾句宾语前面可以加"一些"，而把字句则不可以，如例（6）。这样就可以凸显两种句式之间的差别。

（5）a. *他全/都喝了酒。
　　　b. 他把酒全/都喝了。
（6）a. 他喝了一些酒。
　　　b. ? 他把一些酒喝了。

刘凤樨（Liu，1997）也指出把字句宾语的完全受影响，如例（7）a 句是听话人被要求只喝一部分汤（some of the soup），而 b 句则表示听话人被要求喝了所有的汤（all of the soup）。

（7）a. Lai　he　hongdou tang.
　　　　 Come to drink the red beans soup.
　　　　 来喝红豆汤。
　　　b. Lai　ba　hongdou tang　he-le.
　　　　 Come to drink up the red beans soup.
　　　　 来把红豆汤喝了。

此外，汉语中把字宾语为非受事的处所宾语时，以上这种完全受影响的语义就有了句法形式上的体现。这在如下例句的对比中体现得非常明显：不能体现处所宾语完全受影响的 a 句都不成立；带补语"遍"能体现处所宾语完全受影响的 b 句都成立。

（8） a. ＊他把公园走了。

　　 b. 他把公园走遍了。

（9） a. ＊她把上海跑了。

　　 b. 她把上海跑遍了。

以上分析了"把"字句的宾语是完全受影响，如果"把"字句的宾语不是"完全受影响"，而是"部分受影响"或"部分受处置"，那么其表达方式又是怎样的呢？我们认为要加上表示部分量的数量修饰语。当然这一词语不是加在把字宾语前，而是放在谓语动词的后面，作动词的数量宾语［吕叔湘（1948）所说的"偏称宾语（partitive object）"］，从而形成偏称宾语把字句（详细分析见第七章）。以下例句中"把"字句表示的都是宾语"部分受影响"，在句法上采用了表示部分量的相关标记词"一半""两瓶""三个"。

（10） 我把茶喝了一半。

（11） 我把饮料喝了两瓶。

（12） 我把苹果吃了三个。

王还（1958：12）在讨论"把"字句时所举的例句，也有力地说明我们以上观点的合理性。她说，当陈述一个人卖出两只猪这件事时，既可以说"他把两只猪卖了"，也可以说"他把猪卖了两只"。这两种不同的语法形式表达的语法意义也不相同：如果他只有两只猪，大概会说第一句；如果他的猪多于两只，大概会说第二句。由此可见，"把"字句宾语"部分受影响"或"部分受处置"确实有其使用的特殊语境。

我们认为在引入了把字句宾语"部分受处置"之后，一些以前很难解决的问题就可以迎刃而解了。比如张济卿（2000）指出，在"我把三块蛋糕吃了一块"中，"我"对"三块蛋糕"的处置结果是"吃了一块"。按照传统看法把处置义跟动词联系在一起，这句话就讲不通了，因为"吃"的对象只是一块而不是三块蛋糕。其实这句话表达的是部分处置，如果要表达完全处置，则说"我把三块蛋糕吃完了"。吕叔湘（1948）在讨论把字句带宾语时说到的"偏称宾语（partitive object）"，如"把一盏酒淹一半在阶基上""怎肯把军情泄露了一些儿"，就是我们上面所说的把字句受事宾语"部分受影响"（部分受处置）的表达方式。如果是宾语"完全受影响"（完全受处置），则直接使用"把一盏酒淹在阶基上""怎肯把军情泄露"。当然,宾语是部分受影响,一般还是使用主动宾句比较常见,如"淹一半酒在阶基上""怎肯泄露一些军情"。

下面先指出已有把字句研究中存在的问题,然后提出我们的解决方案。

第一,把字句的语法意义表示"处置",因而把字句可以叫作"处置式",这最早是由王力(1943)提出来的。虽然后来不断有学者对此提出怀疑,提出了一些不是表示处置的把字句(详见沈家煊2002年的归纳分析),但是我们可以肯定的是,"处置"义应该是把字句所表达的语法意义之一,更准确地说是把字句的原型意义,即表处置是它的主要功能。而其他的意义如"致使"义"高及物性"等,应该都是从"处置"义派生而来的。如果从历时的角度来看,这也很好理解,由于把字句是一种历时十分久远,来源相当复杂,运用非常广泛的句式,它的功能不可能是单一的。我们还是赞同把字句的语法意义是表示处置。

第二,国内传统语法的观点(黎锦熙,1924;吕叔湘,1942)认为,使用把字句的作用是"提宾说",即使用把字句可以把谓语动词后面的宾语提到动词之前,从而使句子的语序由主动宾的"SVO"变为主宾动的"SOV"。我们认为,把字句的"提宾"作用也有很大的局限,由一般主动宾(我吃了三个苹果)变换而来的偏称宾语处置式(我把苹果吃了三个),动词后面还有偏称宾语(或保留宾语),这明显不符合"提宾说"。此外汉语很多及物动词常常是不带宾语的,这时也就无宾可提了。

第三,海外学者戴浩一(Tai,1984)和孙朝奋(Sun,1996)都认为,跟相应的动宾句比较,把字句的受事是"完全受影响(total affectedness)"。张伯江(2000)则进一步论证了这一看法的合理性,认为把字句有"完全受影响"的意义。沈家煊(2002)指出,有些把字句动词后面可以带吕叔湘(1948)所说的"偏称宾语",如"把一盏酒淹一半在阶基上""怎肯把军情泄露了一些儿"。沈先生认为这里淹的显然不是全部的酒,泄露的也不是全部的军情,因而把字句的完全意义也不准确。沈先生进而提出了"客观处置"和"主观处置"这一对全新概念。

我们认为吕叔湘所说的"偏称宾语"把字句,其实表示的还是处置义。下面我们将提出"完全处置"和"部分处置"这一对全新的概念,来尝试解答传统观点简单地认为把字句表"处置"义所不能解决的一些问题。用我们的"完全处置"和"部分处置"来分析的话,带"偏称宾语"的把字句不是表示完全处置,而是表示部分处置。

　　完全处置:把字句的宾语受到谓语动词所表达动作的完全影响,句法形式上的体现是动词后面带结果补语或体标记"了"。

部分处置：把字句的宾语不是受到谓语动词所表达动作的完全影响，而只是其中的一部分受影响，句法形式上的体现是动词后面带数量宾语（名量），动后宾语与把字宾语之间是部分与整体关系。

把字句本来就是一种有标记的句式，我们认为在把字句的内部，根据沈家煊（1999：33）的"标记理论"中有标记和无标记判别标准的"频率标准"和"意义标准"，还可以继续划分，即把动词后不带宾语的把字句叫作无标记把字句，把动词后带偏称宾语的把字句叫作有标记把字句。

第四，一些汉语研究者（王慧，1992；Tai，1984；Sun，1996；张伯江，2000）都利用 Hopper & Thompson（1980）的"及物性假说"理论，认为把字句的特点与高及物性特征相联系。结合上面对有标记把字句和无标记把字句的划分，我们认为把字句的特点与高及物性特征相联系，只适用于无标记把字句，用来分析带偏称宾语的有标记把字句则显得不合适。因为这种把字句处置的不是整个宾语，而是宾语的一部分。也就是说，对宾语不是完全处置，而是部分处置，因而其不是高及物性的，而是低及物性的。可见带偏称宾语的有标记把字句比无标记把字句的及物性要低得多。这在如下例（13）的对比中体现得更明显：

(13) a. 我喜欢吃苹果。
　　　b. 我把那个苹果吃了一半。
　　　c. 我把那个苹果吃完了。

Hopper & Thompson（1980）的"及物性假说"理论认为，"宾语的受影响程度"和"宾语的个体化程度"都影响句子的及物性高低（详见第十一章的介绍和分析）。而宾语的个体化程度越高，其越容易完全受影响，如定指宾语比不定指宾语个体化程度高，而不定指宾语又比无指宾语的个体化程度高，因而就受影响程度来说，三者可以形成如下的不等式：定指宾语>不定指宾语>无指宾语。那么例（13）中，a 句宾语是类指或通指的，指称的是水果中苹果这一类，因而不具有个体性。b 句和 c 句受处置的对象"那个苹果"都是定指的，因而其个体化程度相同。两句的差别在于 b 句是部分处置，即苹果没吃完，只吃了一半；c 句是完全处置，苹果被吃完了。综合以上分析，例（13）三句中"苹果"的受影响程度可以形成不等式：c>b>a。

刘凤樨（Liu，1997）也对汉语把字句完全受影响效应（the total affectedness effect）进行了讨论。她指出，例（14）a 句中的把字宾语"红豆汤"是被完全消耗的（completely consumed）。但是这只有在当动词后面没有部分论元（partitive argument）时，才能成立。b 句中，当一个量化短语如"一大碗"以旁接论元（oblique argument）出现时，它对把字宾语的影响是显而易见的：汤的消耗只能是部分的（partial），不能是完全的（complete）。因此 b 句中动词后的论元跟动词一起，构成部分事件（partitive event），限定把字宾语这一直接内部论元（direct internal argument）的受影响程度（the degree of affectedness）。

（14）a. Ta　ba　hongdou tang　he-le.

He drank the red beans soup.

他把红豆汤喝了。

b. Ta　ba　hongdou tang　he-le　yi　da wan.

He drank a big bowl of the red beans soup.

他把红豆汤喝了一大碗。

二　体貌标记

（一）普通话的体貌标记

汉语界有关体标记"了""过"的研究非常多，但是我们发现以下这一非常有意思的语法现象，研究得还非常少，那就是体标记"了""过"后带定指宾语时，宾语存在完全受影响和部分受影响的语义差别，如：

（1）a. 张三吃了那个/＊这个苹果。

b. 张三吃过那个/这个苹果。

c. ＊张三吃了那种/这种苹果。

d. 张三吃过那种/这种苹果。

（2）a. 我喝了那杯/＊这杯红酒。

b. 我喝过那杯/这杯红酒。

c. ＊我喝了那种/这种红酒。

d. 我喝过那种/这种红酒。

（3）a. 阿 Q 吃了那块/＊这块臭豆腐。

b. 阿 Q 吃过那块/这块臭豆腐。

c. ＊阿 Q 吃了那种/这种臭豆腐。

d. 阿 Q 吃过那种/这种臭豆腐。

从上面的每组例句的 a 句可以看出，体标记"了"可以跟远指示词"那"共现，不能跟近指示词"这"共现。这是因为体标记"了"对受事宾语是完全量化，说话者在说这句话时，宾语所指事物已经消失，无法再用"这"来指代，所以用指代词"那"比较好。而体标记"过"对受事宾语则是部分量化，说话者在说这句话时，宾语所指事物还存在，用指代词"这""那"都可以，所以每组 b 句都成立。

与 b 句中"过"对受事宾语部分量化不同的是，d 句中由于宾语是类指成分，"过"只表示曾经发生过此事，并不存在对宾语的量化问题，所以每组 d 句中使用近指示词"这"和远指示词"那"都成立。由于体标记"了"只能表示"实现"或"完成"，不能表示"经历"，同时由于宾语是类指成分无法被"了"量化，所以每组的 c 句都不成立。

以上体貌标记"了""过"对宾语的量化差异这一特殊现象，国内语言学界还没有注意到，倒是研究汉语的海外学者，如 Huang & David（1989）、Iljic（1990）、Yeh（1993）等，注意到汉语经历体"过"暗含的事件部分完成。

Huang & David（1989：151）最早关注汉语经历体"过"并不表征事件的完成，如：

(4) 小狗吃过那个苹果。

The little dog had a bite of that apple.

(5) 慧婷喝过那杯酒。

Huiting had a sip of that glass of wine.

基于以上两个例句，Huang & David（1989）认为"过"暗示"一个部分发生的事件（a partial occurrence of the event）"。Iljic（1990：308）用这两个例句进一步说明，事件的完结跟"过"的语义没有关联，"过"只是简单指示动作"吃"和"喝"。

叶萌（Yeh，1993）认为，例（4）、例（5）两句"事件的部分发生"的解读，是为了满足量化的复数要求："吃那个苹果"和"喝那杯酒"都是"一次（once-only）"谓语，不符合量化要求，如一个苹果只能被吃一次。由于"过"不能满足量化条件，所以当谓语部分出现"过"时，动词的语义不是解读为"eat"和"drink"，而是被解读为"bite（咬）"和"sip（啜）"（汉语中主语的单复数解读对动词语义的影响，详见第三章第三节的分析）。也就是说，两个例句的情状被重新解读为"活动（activities）"，而不再是原来的"达成（accomplishments）"。当句子的情状被解读为"活动"时，"吃那个苹果"和"喝那杯酒"不再是"一次（once-only）"谓语，而具有了复数义。因为一个苹果不可能"bite（咬）"一口就吃完了，一杯酒也不可能"sip（啜）"一口就喝完了，那么此时"过"就可以对宾语进行量化。

例（4）、例（5）中的经历体"过"，跟我们例（1）至例（3）中的 b 句属于同一类型，即"过"后面带定指宾语。而我们所讨论的另外两种句子，a 句和 d 句中"过"和"了"对宾语的量化问题，至今还未见学界的有关讨论。此外，我们主要是结合语用，从宾语的语义指称角度，对句中宾语的部分量化进行解释，叶萌（Yeh，1993）则是从是否符合量化条件和谓语动词的词义分解角度，对句子的"部分量化义"进行解释。两种解释角度不同，如果能结合起来，则会相得益彰。

以上例句中"过"的部分量化作用还不是很明显，更为典型的是如下两句。说话人在说例（6）这句话时，眼前的这支雪茄一定没有被说话人抽完，即只抽了一部分，还有剩余。也就是说雪茄是部分受影响的。例（7）的两句对比，更能说明"过"的部分量化作用和"了"的全称量化作用：a句表示"你的桔子水被我喝了一部分"，b句表示"你的桔子水被我全喝了"。

> （6）这支雪茄我抽过。
> （7）a. 我喝过你的桔子水。
>   b. 我喝了你的桔子水。

如果上面两例的受事成分由定指"这支雪茄""你的桔子水"变为如下的类指，那么体标记"过"的部分量化功能也就随之消失，如：

> （8）雪茄/这种雪茄我抽过。
> （9）我喝过桔子水。

下面来看疑问句中体标记"了""过"后面带定指宾语的语义差异。例（10）a句问的是你吃没吃那块鱼翅，即使吃了也只是吃了一部分，因为要问吃没吃完，会使用b这种句式。

> （10）a. 你吃过那块鱼翅没有？
>   b. 你吃了那块鱼翅没有？

我们的观点在 Comrie（1976：59）一书中也能找到佐证（原文汉语用的是拼音，引述时我们改为汉字）。

> （11）a. 你吃了鱼翅没有？
>   Have you eaten the shark's fin?
>   b. 你吃过鱼翅没有？
>   Have you eaten shark's fin?

从引文翻译可以看出，例（11）a句问的是鱼翅吃没吃完，因为shark's fin前有定冠词，时态又是现在完成时。这跟例（10）b我们的分析相似。b句问的是吃没吃过鱼翅，英语用的是表类指的光杆名词，动词无法对其进行量化。这跟我们上文例（1）至例（3）讨论的"了""过"无法对类指宾语进行量化是相同的。

普通话口语中，词尾"了$_1$"和句尾"了$_2$"在对受事宾语的量化上，也存在着程度的差异。下面例句中"吃两个（香蕉）了"和"吃了四个（香蕉）"，说话者分别使用了句尾"了$_2$"和词尾"了$_1$"。"了$_2$"表示动作并未结束，六个香蕉只是部分受影响，即只有其中的两个被吃了；"了$_1$"表示动作结束，余下的四个香蕉也被吃了，即六个香蕉全部被吃完。

> （12）孩子：妈妈，今天我要吃六个香蕉。
> 　　　妈妈：好，吃吧。
> 　　　（过了一会儿）
> 　　　妈妈：你吃几个香蕉了？
> 　　　孩子：吃两个了$_2$。
> 　　　（再过了一会儿，孩子吃完了）
> 　　　妈妈：你吃了几个？
> 　　　孩子：吃了$_1$四个。

普通话中"了"后带光杆名词时，也可以有多种解读，如例（13）：当"苹果"为单数时，既可以解读为吃了几口苹果，也可以解读为吃了一个完整的苹果；当"苹果"为复数时，解读为吃了几个苹果。

> （13）昨天我吃了苹果，味道还不错。

双"了"句可以表示动作的部分完成，而不是整个动作的完成（《现代汉语八百词》）：

> （14）这本书我看了三天了。（还得两天才能看完。）
> （15）已经念了两遍了。（再念两遍就行了。）
> （16）我在北京已经住了半个月了。（再过几天就要走了。）

此外还有个有趣的现象，那就是"了"和补语"完"对宾语的解读也产生影响。例（17）表示我吃完菜才感到有些味道，例（18）表示我吃了一两口菜就感到了味道。

> （17）我吃完菜觉得有点香味儿。
> （18）我吃了菜觉得有点香味儿。

下面来看动词重叠跟体标记"了"搭配后对受事宾语的量化问题。汉语的动词重叠一般只涉及动作本身的短暂延续，没有表现出对动作行为对象的处置结果。这在动词重叠不带宾语，如"看一看""走一走"，或带无指的光杆宾语上，如"看看书""唱唱歌"，表现得更加明显。但是当动词重叠带定指宾语时，宾语就存在受动作处置的意思，如：

（19）a. 我刚才看了看这本书，还没看完。

　　　b.？我刚才看了这本书，还没看完。

　　　c. 我刚才看过这本书，还没看完。

例（19）中"看这本书"有内在的自然终止点。b 句"看了这本书"强调的是自然终止的实现，因而一般理解成"这本书被从头看到尾"，即"整本书都被看完了"，那么再说还没看完，句子就不大说得通。而 a 句的"看了看这本书"的基本含义是"这本书某人看了一会儿"，它强调的是情状的一小部分，因而可以说还没看完。而 c 句的"看过这本书"既可以理解成书看完了，也可以理解成书还没看完，所以说"还没看完"，句子也成立。

其实不仅以上普通话里的体貌标记有量化程度的差别，在汉语的方言中也有所体现，下面就对其进行方言类型学的考察分析。

（二）汉语方言的体貌标记

上面讨论"过"的部分量化作用不仅在普通话中适用，在汉语方言中也同样适用。比如，在粤语里吃喝义动词带上经历体"过"［kwɔ³³］后，也可以表达部分义（partitive meaning），即宾语是部分受影响的（partial effect on an object）（Chappell，2001：76）。

（20）边个饮过我的麦皮？（谁喝过我的麦片粥？）

从麦片粥被喝掉一部分（partially eaten）的清楚结果，说话人推断有人自作主张地吃了自己放在那儿的早餐。Chappell（2001）指出，这个意思在广东话里不能用完成体标记表示，因为完成体通常含有完全义（totality）。也就是说，如果用完成体标记"咗"［tsɔ³⁵］替代"过"，那么整个意思就变成了完全受影响（total effect），如例（21）。我们认为，这就是 Bybee，Perkins & Pagliuca（1994：57）所说的完结体（completive），即完全、彻底地做某事，并隐含动作涉及的对象完全受到影响。

（21）边个饮咗我的麦皮？（谁喝掉了我的麦片粥？）

粤语"咗"表示的完成，可以是整个动作或事件的完成，也可以是部分的、某个时期，或是某个阶段的完成。当然究竟是哪种完成主要是由具体语境决定的（颜耀良，2012）。比如，虽然以下两例都表示部分完成，例（22）用的是"动词+时量"表示，而例（23）用的则是"动词+动量"来表示。

（22）甲：粤方言研讨会开咗没有？

　　　　　　　粤方言研讨会开了没有？

　　　　　乙：开咗一日嘞，重要开两日。

　　　　　　　开了一天了，还要开两天。

（23）呢个月我哋演出咗一次，不过，重要再演两次。

　　　　这个月我们演出了一次，不过，还要再演两次。

　　粤语的"晒"［sai³³］和"咗"之间也有类似的语义差别（彭小川、赵敏，2005）。下面例（24）中的"晒"和"咗"都附着于动词"变"之后，都相当于普通话的"了₁"。

（24）a. 佢嘅态度变咗。（他的态度变了。）

　　　　b. 佢嘅态度变晒。（他的态度全变了。）

　　但是"变晒"和"变咗"的意义并不相等。"变咗"只表示变化的完成，至于这种变化的量是多少并没有表示出来。这可以通过在其后加上表示不同程度的量来体现，如"变咗一啲（变了一些）""变咗好多（变了很多）"。而"变晒"不仅表示变化的完成，并且使这种变化带上了全称量的含义，即全都变了，所以其后不能再加上表示数量的词语，如"＊变晒一啲""＊变晒好多"。

　　粤语中还有个表示部分量化用法的"嗽"，余霭芹（Yu，1993）认为"嗽"是"部分完成体（partitive aspect）"，张双庆（1997）认为"嗽"是表示部分完成的词尾。

（25）五个苹果我食嗽两个。（五个苹果我吃了两个。）

　　粤语的完成体除了上面讨论的"过、咗、晒、嗽"之外，还有"埋、减"。下面例（26）是"埋"的一般完成体用法，"埋"还有表示动作尚未完成而正在继续把它完成的意思，如例（27）、例（28）。

（26）食埋饭，洗埋啲碗碟，可以坐低叹电视喇。

　　　　吃完饭，把碗碟洗好了，就可以坐下来看电视了。

（27）睇埋呢几页资料就可以动笔写论文喇。

　　　　看完这几页纸的资料就可以开始动手写论文了。

（28）乜你咁快就冲咗凉，重洗埋头添呀？

　　　　你这样快可以洗完澡，并且连头也洗了呀？

　　说例（27）这句话时，动作已经进行了一段时间，看了不少资料，再把这余下的几页资料看完，就可以动手写论文。说例（28）这句话时，表示对方连续做了几个动作，如打完球，跑到更衣室洗澡洗头。单说"洗咗头"只表示一般的完成体，单说"洗埋头"则表示众多动作中的最后一个，意思是连这个动作也把它完成了（张双庆，1996：150）。

以上探讨了粤语中"埋"暗含动作的部分完成，下面来看粤语中由"减"所构成的表达部分义的结构。当问"家具都买好了吗？"而你只买了一部分，就用下面的例（29）来回答（张双庆，1996：152）。

（29）我已经买减啲家俬嘅喇。（我已经买了一些家具了。）

在地处珠江三角洲附近的会城话中，完成体标记用"ə"（相当于普通话的"了$_1$"），准完成体标记用"减"（李慧敏，2014）。在"动词性谓语+减+宾语"结构中，"减"表示"部分完成"。比如，当说话人所拥有的凳子不止一张，卖了一张用下面例（30）a句。如果店里只有一张凳子，且被卖了，现在店里一张凳子都没有了，就只能用b句。

（30）a. 我今早卖减张凳。（我今早卖了一张凳子。）
　　　b. 我今早卖 ə 张凳。（我今早卖了一张凳子。）

由于"减"表示部分完成，正常情况下人只有两条腿，所以下面例（31）中的b句是不能说的，相反a句可以说。当要表达两条腿都断了，要用"佢断 ə 两只脚"。

（31）a. 佢断减一只脚。（他断了一条腿。）
　　　b. *佢断减两只脚。（他断了两条腿。）

同理，下面例（32）中的a句既可以理解为某张四脚桌的四条腿都断了，也可以理解为某张多脚桌断了其中的四条腿，而b句则只能理解为后者。

（32）a. 张枱断 ə 四只脚。（桌子断了四条腿。）
　　　b. 张枱断减四只脚。（桌子断了四条腿。）

在粤北韶关梨市土话中（李冬香、徐红梅，2014：217），体助词标记"了"和"hei^5"之间，也存在动作是全部完成还是部分完成的语义差别。如例（33）所示，用"hei^5"的a句表示这本书已经看完了；用"了"的b句表示这本书可能还没看完。

（33）a. ki^{55}本书我睇 hei^5 两日。（这本书我看了两天。）
　　　b. ki^{55}本书我睇了两日。（这本书我看了两天了。）

此外，由于完成体标记词的不同，宾语在受影响程度上也存在差别，这在湖南长沙话中体现得更加明显。长沙话里的虚词"咖"［ka^{41}］和"哒"

［ta²¹］都是完成体标记词，但是两者在语义上存在着差异。具体来说，"咖"主要用来表示事件的完结，跟"咖"连用的宾语必须是完全受到影响；而"哒"主要用来表示表达事件的动作行为已经"截止（terminated）"，可以是从中间"截止"，即 Smith（1997）所说的 mid-ways interruption（中断解读）。这种语义差异在下例中体现得非常明显（鲁曼，2010）：

(34) a. 昨晚上我们吃哒四个菜，冒吃完。
　　　　昨天晚上我们吃了四个菜，没吃完。
　　 b. *昨晚上我们吃咖四个菜，冒吃完。
　　　　*昨天晚上我们吃完四个菜，没吃完。

由于"咖"表示宾语是完全受影响的，所以 b 句的"冒吃完"不能说；而"哒"可以表示动作从中间"截止"，那么宾语就可以不是完全受影响的，只是部分受影响，所以 a 句可以说。此外，长沙方言中"哒"意味着宾语部分消失，"咖哒"意味着宾语全部消失（段益民，2000）。下面例（35）a 句是宾语"糖油粑粑"部分消失，b 句是宾语"糖油粑粑"全部消失。

(35) a. 他吃哒糖油粑粑。（他吃了糖油粑粑。）
　　 b. 他吃咖哒糖油粑粑。（他吃完了糖油粑粑。）

在湖南汨罗方言（湘语长益片）中（陈青山、施其生，2015），体貌助词"开"表示动作结束，即宾语是完全受影响的，如例（36）。体貌助词"得"不关乎动作是否结束：可以是动作在某个阶段的"截止（termination）"，即宾语是部分受影响的，如例（37）a；也可以是"结束（accomplishment）"，即宾语是完全受影响的，如例（37）b。

(36) a. 我吃开三个菜。（我吃了三个菜。）
　　 b. *我吃开三个菜，冒吃完。（我吃了三个菜，没吃完。）
(37) a. 我吃得三个菜，冒吃完。（我吃了三个菜，没吃完。）
　　 b. 我吃得三个菜，下吃完得。（我吃了三个菜，都吃完了。）

跟以上湘语相似，湖南安仁话（赣方言的一种次方言）有动态助词"哒"和"嘎哒"（陈满华，1996）。"哒"表示已出现某一动作或状态，但这一动作并未完成；而"嘎哒"表示不但有关某个动作，而且这一动作已经完成。例如：

(38) a. 衣裳我洗哒。
　　　　衣服我洗过，（但不一定洗完了）。

　　b. 衣裳我洗嘎哒。

　　衣服我洗过并且洗完了。

在同属江淮官话的芜湖清水话、扬州话和盐城话这三个方言点中，由于所用完成体标记的不同，受事宾语在受影响方面也存在一定的差异。

在芜湖清水话中（胡德明，2008），完成体标记有"吱"和"得"两个，但是两者在语义上存在着差异。受事宾语完全受影响时，用完成体标记"吱"；受事宾语部分受影响时，用完成体标记"得"。

（39）a. 我看吱三十页。

　　　b. 我看得三十页。

（40）a. 我考吱四门。

　　　b. 我考得四门。

例（39）a"我看吱三十页"是客观地叙述事实；当说话人要表达"我已经看完了三十页，这三十页的阅读任务已经从总的阅读任务中除去了"的意思时，就要在"看"后面附加"得"，说成"我看得三十页"，即（39）b。例（40）a"我考吱四门"只是讲述事实（可能只考了四门）；而例（40）b"我考得四门"意味着这四门的考试任务已经完成，从总的要完成的任务（比如要考十门）中除去了。

以上完成体"得"的这种部分量化用法，在江苏扬州话中也有相应的体现。扬州话的完成体标记有"了"和"得"两个（张其昀，2005），但是两者的用法是不同的，其中之一就是"了"所量化的对象可以是完全的，也可以是部分的，所以既可以说"断了两条腿"，也可以说"断了一条腿"，如例（41）；而"得"量化的对象必须是部分的不能是完全的，所以只能说"断得一条腿"，不可以说"断得两条腿"，如例（42）。

（41）a.（他）断了一条腿。

　　　b.（他）断了两条腿。

（42）a.（他）断得一条腿。

　　　b.*（他）断得两条腿。

在盐城话（布凤）中完成体标记有"脱"和"了"两个，但是"V脱"句中的数量义跟"V了"句中的数量义之间有很大的差别（蔡华祥，2008）。"V脱+数量"中的数量隐含一个总量，"吃脱两个"隐含的总量必定大于两个，"两个"只是其中的一部分，而不是全部，如下面两例中只有a句可以说，b句是不能说的。而"V了+数量"则没有隐含总量的要求。比如，说

"吃脱两个梨子"时，梨子的总量一定大于 2，吃了两个以后还有剩余；但是说"吃了两个梨子"时，梨子的总量可以就是 2。

> （43）a. 他断脱一条腿子。
> 　　　b. *他断脱两条腿子。
> （44）a. 他瞎脱一只眼睛。
> 　　　b. *他瞎脱两只眼睛。

在云南省境内系属西南官话的个旧话中（路伟，2006），动作的完成（包括动作对象的完成）用完成体标记"了 [la²¹]"，如例（45）a 句；动作完成了一部分，没有全部进行完毕还要继续进行时，用完成进行体标记"了 [la³³]"，如 b 句。

> （45）a. 吃了 [la²¹] 三碗饭。
> 　　　b. 工资才拿了 [la³³] 一半。

表 4-1 是我们对以上讨论的普通话之外的 10 个方言点，体貌标记对宾语的量化程度差别（受事宾语是完全受影响，还是部分受影响）的归纳总结。

表 4-1　　　　　　　　　10 个方言点量化程度差异汇总

方　言	完全受影响	部分受影响
广东话	晒、埋	嗽、埋、减
会城话	ɔ	减
长沙话	咖、咖哒	哒
梨市土话	hei⁵	了
汨罗话	开、得	得
安仁话	嘎哒	哒
清水话	吱	得
扬州话	了	了、得
盐城话	了	脱
个旧话	了 [la²¹]	了 [la³³]

从上面的分析可以看出，汉语普通话中的"了""过"是通过进入不同的句子环境，即跟不同类型的宾语（定指宾语或类指宾语）结合后，来表达宾语的受影响程度：是完全受影响，还是部分受影响。但是，在粤语（广州话、会城话、梨市土话）、湘语（长沙话、汨罗话）、赣语（安仁话）和官话（清水话、扬州话、盐城话、个旧话）等 10 个具体汉语方言点中，宾语的受影响

程度则通过不同的体貌标记来区分：完全受影响和部分受影响分别使用不同的体貌标记。这些方言中，从宾语的角度把受影响程度分为完全受影响和部分受影响。如果从体貌自身来看，宾语完全受影响时句子中的体貌是一般的完成体；部分受影响时句子中的体貌可以看成"部分完成体"。

从库藏类型学的角度来看，宾语受影响程度的差别在汉语普通话中还没有进入库藏，但是在不少汉语方言中已经进入库藏，并成为该方言的显赫范畴，体现在不少方言中都有专门标记宾语部分完成的体貌标记，如广州话的"嗷"、会城话的"减"、长沙话的"哒"和盐城话的"脱"等。

三 动结式"V 完"

汉语的动结式"V 完"对所带的宾语也有"处置"作用，也有"完全处置"和"部分处置"的语义差别。表达完全处置的结构编码方式较简单，直接在动补结构"V 完"后加宾语。以下例句中的补语"完"语义指向后面的宾语，对宾语进行全称量化，即说明动作遍及宾语所指的整个范围，也就是宾语是完全受到动作的影响。

> (1) 我做完数学作业了。
> (2) 我已读完了这本书。
> (3) 她刚看完《红楼梦》。

如果"V 完"所表达的不是宾语完全受影响，而是部分受影响，其编码方式是怎样的呢？我们认为主要有以下五种表达方式。1) 在受事宾语后面加数量短语，如 A 组的"一半""五章""前八十回"，限定受事宾语的范围。2) 在 A 组的基础上，把做修饰语的领属性成分，即 A 组的"作业""这本书""《红楼梦》"，分裂 (cleft) 前移到句首做话题主语 (有关分裂移位见第六章第二节的分析)，然后在"完"后面带数量宾语，如 B 组的"一半""五章""前八十回"。这些数量词语虽然处在宾语的位置上，但其语义还是指向句首的主话题 (即原来 A 组中的领属性成分) 的，对主话题起修饰限制作用。如：

A	B
我做完数学作业的一半了。	→ 数学作业我做完一半了。
我已读完了这本书的五章了。	→ 这本书我已读完五章了。
她刚看完《红楼梦》的前八十回。	→ 《红楼梦》她刚看完前八十回。

当然还有一种方式来表达"完"对受事宾语的部分处置。这种方式与 B 组的变换有相似之处，那就是：3) 把受事宾语"作业""这本书""《红楼梦》"移到主语和谓语之间，担任次话题，动词后再带数量宾语"一半""五

章""前八十回"，如 C 组。

A	C
我做完数学作业的一半了。	→我数学作业做完一半了。
我已读完了这本书的五章了。	→我这本书已读完五章了。
她刚看完《红楼梦》的前八十回。	→她《红楼梦》刚看完前八十回。

此外还可以利用 4）"被"字句和 5）"把"字句。在 B 组基础之上，在主语前加"被"字，这样就由 B 组的主话题句变为 D 组的"被"字句。

B	D
数学作业我做完一半了。	→数学作业被我做完一半了。
这本书我已读完五章了。	→这本书已被我读完五章了。
《红楼梦》她刚看完前八十回。	→《红楼梦》刚被她看完前八十回。

在 C 组次话题前加上"把"字，这样就由 C 组的次话题句变为 E 组的"把"字句。

C	E
我数学作业做完一半了。	→我把数学作业做完一半了。
我这本书已读完五章了。	→我已把这本书读完五章了。
她《红楼梦》刚看完前八十回。	→她刚把《红楼梦》看完前八十回。

当然以上五种表达宾语部分受影响的"V 完"句式，除了第一种方式，后四种表达方式：主话题句（B 组）、次话题句（C 组）、"被"字句（D 组）和"把"字句（E 组），也同样可以用来表达宾语是完全受影响的。例如：

（4）《红楼梦》她刚看完。（主话题句）

（5）她《红楼梦》刚看完。（次话题句）

（6）《红楼梦》刚被她刚看完。（"被"字句）

（7）她刚把《红楼梦》看完。（"把"字句）

通过以上的分析我们可以看出，汉语的动结"V 完"句式、主话题句、次话题句、"被"字句和"把"字句这五种句式都可以表示受事成分是完全受影响和部分受影响。其中表达部分受影响的主话题句、"把"字句、"被"字句，就是后面第六章至第八章要详细探讨的论元分裂式话题句、偏称宾语处置式、偏称宾语被动句。

第二节 国外语言的语法编码方式

"受影响（affectedness）"是一个相对宽泛模糊的概念，可以有不同的定义。Dixon（1991）就提出了从"最小程度的接触"（如 hit 的受事）到"失去物理形体的完整性"（如 smash 的受事）等八种"受影响"类型。我们认为宾语受影响的程度体现出主语（施事）行为的效果：宾语完全受影响则表明主语的动作行为完全作用于宾语，如例（1）a 句；宾语部分受影响则表明主语的动作行为部分作用于宾语，如 b 句。

（1）a. He ate up the food. 他把食物吃光了。

b. He ate some of the food. 他吃了一些食物。

一 格标记

在印欧语系斯拉夫语族的俄语、波兰语中，以及乌拉尔语系的芬兰—乌戈尔语族的芬兰语、匈牙利语、爱沙尼亚语中，受事宾语根据是"完全受影响（wholly affected）"还是"部分受影响（partly affected）"，采用不同的格标记。部分受影响的受事宾语，或者使用一种特殊的部分格（partitive），或者使用属格（genitive）；完全受影响的受事宾语，通常使用宾格（accusative）（Moravcsik，1978：263）。

在芬兰语中受事宾语是完全受影响还是部分受影响，是通过宾语的不同格标记来体现的（Comrie，1989：127）。如果受事宾语只有一部分受到动作影响（partially affected），宾语使用部分格（partitive case），暗示钱不是全部被取走，而是只被取走了一部分，如例（1）a 句；如果受事宾语是全部受到动作影响（totally affected），宾语就持宾格（accusative case），暗示钱全部被取走了，如 b 句。

（1）a. Hän otti rahaa.

He took some money.

他取走了一些钱。

b. Hän otti rahan.

He took the money.

他把钱取走了。

芬兰语中宾格和部分格之间的表义差别（Lyons，1999：102），在汉语中是通过谓语动词不同的体来表达。例（2）a 宾语使用宾格，句子所表达的事件是完成的（telic），汉语用完成体"了"，表示动作已经结束，宾语是完全受动作的影响，即地板全部被擦好了。例（2）b 宾语使用部分格，句子所表达的事件是非完成的（atelic），汉语用时间副词"正在"表示动作正在进行，宾语只能是部分受动作的影响，即地板已有一部分被擦好了。

（2）a. Tyttö   lakaisi   lattian.
      女孩–主格   擦   地板–宾格
      The girl swept the floor. 那个女孩把地板擦了。
    b. Tyttö   lakaisi   lattiaa.
      女孩–主格   擦   地板–部分格
      The girl was sweeping the floor. 那个女孩正在擦地板。

以上的分析也可以这样理解：动作是完成的自然涉及整个宾语；动作是进行的，宾语也就很难完全受影响，即动作只涉及部分宾语。也就是说，当谓语动词是完成体（telic）时动作全部传递给了宾语"O"，也就意味着"O"是完全受影响；相反，当谓语动词是进行体（progressivity）时动作只是部分传递给了宾语"O"，也就意味着"O"是部分受影响。比如，Bybee、Perkins & Pagliuca（1994：57）就认为，如果一个行为被彻底底完成（if an action is done completely），那么很有可能宾语是完全受影响的（it is likely to affect the object totally）。

以上我们分析的合理性，也得到了一些类似观点的支持。Filip（1999）认为，所有的完成体动词所表征的事件都已经经历了其整个"自然的过程"，并且组成了一个"完整的整体"，即当作一个完整的单元，当作一个单一的不可再细分的整体。Filip（2000）指出，完整体（perfectivity）和未完整体（imperfectivity）分别跟全量算子（totality operator）和部分量算子（PART operator）相对应。如果一个动词是完整体，即带上显性全量算子，那么它就不可能是未完整体，即不能再带部分量算子。Filip（1999）认为，完整体（perfectivity）涉及一个显性的全量算子，全量算子在深层结构中与论元结合，就产生了全量解读。比如下面捷克语，a 句表示的事件结束时，整个苹果都被吃掉了；b 句苹果只可能是部分被吃，而不可能是整个苹果都被吃了。

（3）a. Pavel   snudl   jablko.
      Paul   吃–3 单–完整体   苹果–单数–宾格
      Paul ate（up）the whole apple. Paul 吃完了整个苹果。
    b. Pavel   jedlj   jablko.
      Paul   吃–3 单–未完整体   苹果–单数–宾格
      Paul was eating an apple. Paul 正在吃一个苹果。

此外，把进行体的宾语看成部分受影响，也不是我们的首创，国外已有不少学者做过类似的阐述。

Bach（1986）就曾建议说，在名词论域内可以把进行体算子（progressive operator）的语义功能看成"部分算子（partitive operator）"，或者表达部分（part）的功能。Filip（1999：185）也认为未完整体（imperfectivity）跟进行体（progressivity）有一致之处。因为未完整体动词可以有 on-going（"进行体"）用法或者 incomplete（partitive use）这一语义解读。Filip（2000：86）则进一步指出，未完整体算子跟状态、过程、事件相连时，分别对应于部分（patial）状态、部分过程或部分事件，未完整体中暗含了部分义（partitivity）。在一个没有其他量化因素的句子里，未完整体动词的渐成客体论元解读为 part of，some，not all；完整体动词的渐成客体论元解读为限定量化词（determiner quantifiers），如 all，或者一些全量（totality）表达，如 the whole of。

Filip（1999：171-172）则主张，可以从"部分—整体（part-whole）"的角度来分析进行体的语义，例如"John was writing a symphony when he died"，说话者所作出的断言只是 John wrote a symphony 所表达的一个整体事件的一部分。Filip 用部分和整体来分析进行体，具体情况如表 4-2 所示：

表 4-2 进行体的"部分-整体"分析

	部分	整体
量化	part of a symphony John was writing symphony	a whole symphony John wrote a symphony

Kearns（2011：164）指出，进行体"Jones was eating a sandwich"，可以看成终结性事件"Jones ate a sandwich"的一个"子时段（sub-interval）"。前者包含吃的过程，但不包含结束点；后者描述了一个终结事件发生在某一特定的时间段，随着时间发展而有起点、中间状态和终点。

匈牙利语宾语也存在宾格与部分格的对立：宾格跟名词短语最大程度上参与事件（involved in the event in its full extent）相联系；部分格则只涉及特定程度的宾语部分参与（only part of the specified extension of the object）事件（Moravcsik，1978：262）。也就是说，如果宾语是全部被涉及（fully involved）则使用宾格，如例（4）中 a 句；如果宾语是部分被涉及（partially involved）则使用部分格，如 b 句。

(4) a. Ette　　　　a　　süteményt.
　　吃-3 单　那　点心-宾格
　　He ate the pasty. 他把点心吃了。

b. Ette　　　　a　　süteményból.
　　吃-3 单　那　点心-部分格
　　He ate some of the pasty. 他吃了一些点心。

　　在爱沙尼亚语中，及物小句的宾语有宾格和部分格的对立，在语义上则是完全受影响和部分受影响的差别（Katrin，2003）。例（5）a 句中的宾语使用宾格，暗示整本书都被读完了。b 句宾语使用部分格，由于动作还在进行，那么男孩只能是读了书的一部分内容，不可能已经读完。

（5）a. Poiss　　　　luges　　　　　　raamatu　labi.
　　　　男孩 - 主格　　读 - 过去时 - 3 单　书 - 宾格　　through
　　　　The boy read the book. 那个男孩把那本书读完了。
　　　b. Poiss　　　　luges　　　　　　raamatut.
　　　　男孩 - 主格　　读 - 过去时 - 3 单　书 - 部分格
　　　　The boy was reading a book. 那个男孩正在读一本书。

　　俄语中宾语也存在是部分受影响还是完全受影响的差别，不过这种语义差别在形态上的表现不是宾格与部分格的对立，而是宾格与属格（genitive case）的对立（Dezsö，1982：57）。以下例（6）中 a 句宾语使用的是宾格，暗示酒被喝光了；b 句宾语使用的是属格，暗示酒只被喝了一部分。

（6）a. Petr　vypil　vino.
　　　　Peter drank the wine. 彼得把酒喝完了。
　　　b. Petr　vypil　vina.
　　　　Peter drank some wine. 彼得喝了一些酒。

　　在波兰语中（李金涛，1996：261），当动作只涉及事物的一部分时，宾语用属格形式，表示"一些、一点儿"，如例（7）的 a 句；当动作涉及事物的整体时，宾语用宾格形式，如 b 句。

（7）a. Zjadlem ryby.
　　　　I ate some of the fish. 我吃了一点儿鱼。
　　　b. Zjadlem rybe.
　　　　I ate the fish. 我吃了那条鱼。

　　在拉丁语（Latin）中（Harris & Campbell，1995：55），迂说法（periphrastic）的属格也具有部分格的功能——表示受事宾语部分受影响，如例（8）a 句；对应的宾格则表示受事宾语是完全受影响的，如 b 句。

（8）a. Bibo　　de　　aqua.
　　　　喝 - 我　从　水 - 属格
　　　　I drank some water. 我喝了一些水。

b. Bibo   aquam.
喝-我   水-宾格
I drank the water. 我喝了那些水。

在上古德语（Old High German）中有一个部分属格（partitive genitive），它也暗示了宾语只是部分受影响（partially affected），如（Harris & Campbell, 1995：55）：

（9）Ich will   im   mines   brotes   geben.
我   想   他-与格 我的-属格   面包-属格 给
I want to give him some of my bread.
我想给他一些我的面包。

在匈牙利语中，离格（elative case）也能表达受事宾语是部分受影响的；宾格则意味着受事宾语是完全受影响的（Tamm, 2014：127）。例（10）a句的宾语使用离格，表示吃了一些比萨；b句的宾语使用宾格，动词又带了完整体前缀，表示比萨被吃完了。

（10）a. Evett   a   pizzá-ból.
吃-过去时-3单   限定   比萨-离格
She ate some of the pizza. 她吃了一些比萨。
        b. Meg-evett   a   pizzá-t.
完整体-吃-过去时-3单   限定   比萨-宾格
She ate the pizza. 她把比萨吃完了。

跟以上匈牙利语类似，宾语受影响程度较低时使用离格，宾语受影响程度较高时则使用宾格，在澳洲的迪加普语（Djapu）也有所体现（Nass, 2007：205），如：

（11）a. Bala   bu-ma-n   nanya.
然后   打   3单-宾格
Then（he）hits him. 然后他打了他。
        b. Bala   bu-ma-n   nhanna.
然后   打   3单-离格
Then（he）hits at him［but doesn't touch him］.
然后他试图打他，但是没打着。

在土耳其语中（Kornfilt, 1996：107-108），有一种特殊的结构叫作"夺格—部分格"（ablative-partitive），是夺格的部分用法（partitive use）。比如，例（12）中 a 句宾语使用夺格，表示受事宾语是部分受影响的；b 句宾语使用宾格，表示受事宾语是完全受影响的。

（12）a. Ali　　süt-ten　　ic-ti.
　　　　阿里　牛奶-夺格　喝-过去时
　　　　Ali drank of the milk. 阿里喝了一些牛奶。
　　　b. Ali　　süt-ü　　ic-ti.
　　　　阿里　牛奶-宾格　喝-过去时
　　　　Ali drank the milk. 阿里把牛奶喝完了。

此外，还有一种比较特殊的作格（ergative）语言——卡巴尔达语 Kabardian（按：高加索语系西北高加索语支的一种语言）（Moravcsik，1978：259），如果及物动词的受事宾语完全被涉及（totally involved）或完全受影响（totally affected），宾语使用通格（absolutive），如例（13）a 句；但如果受事宾语只是部分被涉及（partially involved）或部分受影响（partially affected），宾语则使用处所格（locative），如 b 句。

（13）a. Hăm　　qʰəpshăr　　yejàqe.
　　　　狗-作格　骨头-通格　啃
　　　　The dog chews up the bone. 那条狗把那根骨头啃光了。
　　　b. Hăr　　qʰəpshăm　　yójàque.
　　　　狗-通格　骨头-处所格　啃
　　　　The dog is chewing (on) the bone. 那条狗正在啃那根骨头。

在阿尔泰语系突厥语族的卡拉恰伊-巴尔卡尔语（Karachay-Balkar）中，时间名词带不带格标记对句子的语义解读产生影响（Tatevosov & Ivanov，2009）。例（14）a 句中时间词 sarat 带了与格标记，暗示那块地被全部犁完了（completely plowed）；b 句时间 sarat 没带与格标记，暗示那块地一部分被犁了，即具有"部分完成（partial success）"这一语义解读。此外，在芬兰-乌戈尔的 Mari 语、北高加索的 Bagwalal 语中，也存在这种部分完成的现象。

（14）a. Alim　　eki　sarat-xa　baxa-nt　sur-du.
　　　　阿里姆　两　小时-与格　田地-宾格　犁-过去时-3 单
　　　　Alim plowed the field in two hours.
　　　　阿里姆两个小时犁完了那块地。
　　　b. Alim　　eki　sarat　baxa-nt　sur-du.

阿里姆　　两　　小时　　田地-宾格　　犁-过去时-3 单

Alim was involved plowing the field for two hours.

阿里姆那块地犁了两个小时了。

在车臣语（Chechen）中（Nass，2007：205），当动词对宾语产生强烈影响时，宾语使用通格；当动词对宾语产生相对弱些的影响时，宾语使用与格（dative case）。比如，动词 den "kill" 所带宾语使用通格，而动词 túoxan "hit" 所带宾语使用与格，因为相对来说，前者比后者对宾语造成的影响更大。

在韩语（Korean）中宾格标记不仅用在直接宾语上，还可以用在非直接宾语上。但是据 Yang（1998）的研究，例（15）中 a、b 两句在语义上是有差别的。a 句的直接宾语使用与格，可以有田地完全被灌溉（totally watered）和部分被灌溉（partially watered）两种解读；b 句的直接宾语使用宾格，只有田地被完全灌溉一种解读。

（15）a. Nae-ka　 path-ey　　 mwul-ul　cwu-ess-ta.

　　　　 我-主格　田地-与格　水-宾格　　给-过去时-陈述句

　　　　 I watered the field. 我浇了那块田地。

　　　 b. Nae-ka　　 path-ul　　 mwul-ul　cwu-ess-ta.

　　　　 我-主格　　田地-宾格　水-宾格　　给-过去时-陈述句

　　　　 I watered the field. 我浇了那块田地。

以上的语义差别可以通过添加表示部分的副词 "ilpwu" 来体现：与格直接宾语由于可以表示部分义，所以加上副词 "ilpwu" 的例（16）a 成立；宾格直接宾语只含有完全义，所以加上表示部分的副词 "ilpwu" 的例（16）b 不成立。

（16）a. Nae-ka　　 path-ey　　 mwul-ul　 ilpwu　cwu-ess-ta.

　　　　 我-主格　田地-与格　水-宾格　 in part　给-过去时-陈述句

　　　　 I partially watered the field. 我浇了那块地的一部分。

　　　 b. *Nae-ka　　 path-ul　　 mwul-ul　ilpwu　cwu-ess-ta.

　　　　 我-主格　田地-宾格　水-宾格　 in part　给-过去时-陈述句

此外，韩语不及物动词的致使用法中，宾语受使者带的格标记不同，其语义解读也不同：宾语受使者带宾格标记，意味着 "完全地做某事（do fully）"；宾语受使者带与格标记，意味着 "做到某种程度（do to some extent）"（Dixon，2012：280）。比如，在 "mother child（DATIVE）eat-CAUSATIVE"，即 "妈妈—孩子（与格）—喂养（致使）" 中，句子的意思是 "mother fed the child once（妈妈只喂了孩子一次）"。但是在"mother child（ACCUSATIVE）eat-CAUSATIVE"，即"妈妈—孩子（宾格）—喂养（致使）"中，句子的意思是"mother fed the child for its whole life（妈妈喂养孩子一辈子）"。又如，韩语动词"die"只能带宾格，因为 killed（被杀）很自然就是"something that is done fully（某事被完全地做了）"，而不是"do to some extent（做到某种程度）"。

总之，以上 14 种语言都是利用不同的格标记来标记宾语是"完全受影响"还是"部分受影响"。完全受影响的宾语，基本上都用宾格来标记，个别语言用通格来标记。部分受影响的宾语，有的语言用部分格，如芬兰语、匈牙利语、爱沙尼亚语；有的语言用属格，如俄语、波兰语、拉丁语、上古德语；有的语言用与格，如车臣语、韩语；有的语言用离格，如迪加普语、匈牙利语；还有的语言用夺格—部分格（土耳其语）、处所格（卡巴尔达语）。

二　动词词缀及词性

以上讨论的大部分都是通过宾语带不同的格标记，来体现宾语是部分受影响还是完全受影响，即句子中动词的体貌特征，必须通过搭配的论元成分来体现。下面来看标记不是在论元（宾语）上，而是在动词上的斯拉夫语。斯拉夫语主要通过动词本身的形态变化（主要是动词前缀），来确定句子中动词的体貌特征。比如，俄语必须在动词上用明显的标记即动词前缀，来标明语法关系的不同语义角色。

（1）a. Kolxoznik po-sejal pšenicu v pole.
　　　The collective-farmer sowed wheat in the field.
　　　集体农庄庄员在田里播种小麦。

　　b. Kolxoznik za-sejal pole pšenicej.
　　　The collective-farmer sowed the field with wheat.
　　　集体农庄庄员把田里种满小麦。

例（1）中，表示"田里播种小麦"和"田里种满小麦"，英语都用 sowed（播种），俄语必须区分 po-sejal（播种）和 za-sejal（种满）这两个所带语义角色不同的动词（Comrie，1989：94）。a 句使用动词 po-sejal，b 句使用动词 za-sejal，其中前缀"za-"表示"满"的意思，这就有了处所名词"田里"完全受影响的含义，即把"所有田地"或"整块田地"都播种小麦。

在匈牙利语中 meg-是一个完整体前缀，同一个句子动词带不带 meg-有很大的差别（Thomas，2003）。动词带前缀的例（2）a，暗含老板一次打了所有的学徒，动作是完成的、瞬间的，并且宾语是全部受影响的。也就是说，受事宾语是一次性地受到动作的全称量化。而动词不带前缀的例（2）b，则暗含老板不是一次打了所有的学徒，而是经常打，每次打几个，动作是非完成的，宾语是部分受影响的。也就是说，受事宾语是不间断地、多次受到动作的不断部分量化。

（2）a. A　　gazda　　meg-verte　　az　　inasokat.
　　　那个　老板　　完整体-打　　那些　学徒
　　　The boss beat the apprenties. 老板打了那些学徒。

b. A　　gazda　　verte　　　az　　inasokat.
　　那个　老板　　打　　　　那些　学徒
　　The boss would beat the apprenties. 老板将打那些学徒。

同理，在匈牙利语中 el-是一个完整体前缀，同一个句子动词带不带 el-有很大的差别（Dik，1994：36），如：

（3）a. Olvastam　　　　az　　újság-ot.
　　　读-我　　　　　那　文章-宾格
　　　I was reading the paper.
　　　我正在读那篇文章。

b. El-olvastam　　　　az　　újság-ot.
　　完整体-读-我　　那　文章-宾格
　　I read the paper（from beginning to end）.
　　我（从头到尾）读完了那篇文章。

但是完整体前缀只能跟宾格共现，如上面例（3）b，跟表示部分的离格不能共现，如下面例（4）中动词带完整体前缀 meg-，宾语带了离格，句子不合格（Tamm，2014：127）。当然这也很好解释，因为动词带上完整体前缀meg-后表示动作全部结束，宾语是完全受影响的。而离格表示宾语是部分受影响的，可见两者在语义上是矛盾的，因而不能在同一句子中共现。

（4）　＊ Meg-evett　　　　　　　　a　　pizzá-ból.
　　　　完整-吃-过去时-3 单　　限 定　比萨-离格
　　　　＊ She ate up of the pizza.

在斯拉夫语族的捷克语（Czech）中，也发现了跟俄语、匈牙利语类似的现象（Gillian，1997：162）。如例（5）b 中的动词使用完整体前缀 vy-，表示所有的咖啡都被喝完；而不带完整体前缀的 a 句表示动作正在进行，咖啡只被喝了一部分。

（5）a. Pil　　　　　　kávu.

　　　喝-3 单　　咖啡-宾格

　　　He was drinking some coffee. 他正在喝咖啡。

　　b. Vy-pil　　　　　　kávu.

　　　完整体前缀-喝-3 单　　咖啡-宾格

　　　He drank up（all）the coffee. 他把咖啡喝完了。

同理，例（6）两句宾语都是宾格，动词带有完整体前缀 s-的 b 句表示宾语完全受影响，即暗含所有的苹果都被吃了。不带完整体标记的 a 句则表示动作正在进行，因而宾语是部分受影响的（Filip，1999：10），如：

（6）a. Ivan　　jedl　　　　　　jablka.

　　　Ivan　　吃-过去时　　　苹果-复数-宾格

　　　Ivan was eating the apples. Ivan 正在吃苹果。

　　b. Ivan　　s-nědl　　　　　jablka.

　　　Ivan　　完整-吃-过去时　　苹果-复数-宾格

　　　Ivan ate up（all）the apples. Ivan 吃光了所有的苹果。

斯拉夫语的塞尔维亚-克罗地亚语（Serbo-Croatian）和保加利亚语（Bulgarian）中也发现了类似的现象，前者如（Dezsö，1982：32，52）：

（7）a. Petar je pio vina.

　　　Peter has drunk some wine. 彼得已经喝了一些酒。

　　b. Petar je po-pio vino.

　　　Peter has drunk the wine. 彼得已经把酒喝完了。

在保加利亚语中，动词带上完整体前缀，也可以表示宾语完全受到动作的影响（Filip，1999：228），如：

（8）Toj　　　　iz-pi　　　　　　kafeto.

　　他-主格　　前缀-喝-过去时　　咖啡-限定-单数-宾格

　　He drank up（all）the coffee. 他把咖啡喝光了。

捷克语中有大量的完整体动词前缀，Smilauer（1968）列举了 20 个，最常用的有 po-、vy-、za-和 u-、na-、s-（Filip，1999：190，258）。其中 u-是部分量前缀（partitive prefix），如 a 句；vy-是完整体前缀，表达的是全称量，如 b 句。

（9）a. U-pil　　　　　kávu.

　　部分-喝-过去时　咖啡-宾格

　　He took a sip of coffee. 他喝了一小口咖啡。

　　b. Vy-pil　　　　vsechnu　　　　kávu.

　　完整体-喝-3 单　所有-单数-宾格　咖啡-单数-宾格

　　He drank up (all) the coffee. 他把咖啡喝完了。

　　以上这几种语言，宾语的完全受影响是通过动词带完整体前缀来实现的，动词不带完整体前缀时，宾语默认是部分受影响的。但是在沃皮利语（Warlpiri，澳大利亚的一种语言）中则有专门的"前置动词量化词（quantifier preverb）"，即相当于量化动词前缀，来标记宾语是完全受影响，还是部分受影响（Moltmann，1997：197-199）。Warlpiri 语有 5 个前置动词量化词：muku-、puta-、kutu-、yarda-、jarnku-。其中 muku-表示 universal，语义相当于英语的 all；puta-表示 partitive，语义相当于英语的 some。

　　全称量化动词前缀 muku-表示宾语是完全受影响的，或者说是量化整个事件（quantifying over whole events），如例（10）a 句；部分量化动词前缀 puta-表示宾语是部分受影响的，如例（10）b 句。也可以说，沃皮利语中的全称量化前缀（universal quantifier prefix）muku-和部分量化前缀（partitive/partial quantifier prefix）puta-，跟英语中的量化副词 completely 和 partly 相当。此外，动词带有量化词缀在 Haisla、Chichewa、West Greenlandic 等语言中都有所体现（Borer，2005：69）。

（10）a. Maliki-rli　nyampu-ju　muku-yarlku-rnu.

　　狗-作格　　这-Top　　全称量化词-咬-过去时

　　The dog bit this book all up. 那只狗把这本书完全咬碎了。

　　b. Ngpa　O-ju　　　　puta-nga-jna.

　　水　　助动词-1 单　部分量化词-喝-祈使

　　Just drink some of my water. 只许喝一些我的水。

　　在玛雅利语（Mayali）的修饰语（A-quantification）量化中（Partee，1995），修饰词 woh-表示"carrying out the action partly, not to full effect"，相当于 part、some；修饰词 wernh-表示"carrying out the action properly, to full effect"，相当于 all。比如，例（11）a 句带修饰词 woh-，表示宾语只是部分受影响（partially affected）；例（11）b 句带修饰词 wernh-表示宾语是完全受影响的（completely affected）。

（11）a. Barri- woh-gunj-ngune-ng.

　　3复-部分-肉-吃-介词

They just ate some of the meat. 他们只吃了一些肉。

b. Barri- wernh-gunj-ngune-ng.

3 复-全部-肉-吃-介词

They ate all the meat. 他们把肉全都吃了。

以上宾语是部分受影响还是完全受影响，是靠动词前缀来表示的，其实动词后缀也同样可以表示宾语的受影响程度。在塔里亚娜语（Tariana，巴西 upper rio negro 地区 Vaupes 河沿岸只有 100 多人说的一种语言）中（Dixon，2000：158），致使动词通过带不同的动词后缀来区分受影响的程度：动词不带后缀，表示宾语是部分受影响的，如例（12）a 句意思是 "fell some woodchips（滚落了一些木楔）"；动词带后缀-ta，表示宾语是完全受影响的，如 b 句，意思是 "the house was completely destroyed（房间被完全破坏了）"。

（12）a. Na-ruku-i-pidana　　　　naha itʃida-pe-ne.

　　　 3 复数-降落-致使-过去时　他们 木楔-复数

　　　 They made (some woodchips) fall down with the help of turtles.

　　　 他们借助撬棍使一些木楔滚了下来。

b. Phia　nuha　panisi-nuku　pi-na-bala　　pi-ruku-i-ta-ka.

　 你　　我　　房子　　　　2 单-击-每处　2 单-去 下-致使

　 You destroyed my house completely.

　 你把我的房子完全弄坏了。

跟以上塔里亚娜语类似，在纳卡奈语（Nakanai）中（Bybee、Perkins & Pagliuca，1994：66），行为动词加上完整体词缀-ti，暗示事件被完整地（entirely）或毫无例外地完成（unexpectedly accomplished），或者事件是以一种受事被完全消耗的方式完成（completed in a way which involved the total consummation of its effect upon the patient），如 ali-ti-a "ate it all up"（吃光它）。

在特鲁克斯语［Trukese，澳洲密克罗尼西亚联邦（Federated States of Micronesia）的特鲁克 Truk 岛］中，宾语是全部受影响还是部分受影响，不是通过动词的不同词缀来体现，而是通过动词自身来体现的（Sugita，1973：397；Hopper & Thompson，1980：263）。句子的谓语动词是不及物动词，暗示宾语是部分受影响；谓语动词如果是及物动词，暗示宾语是完全受影响。以下例（13）a 句中的 wún 是不及物动词，宾语是部分受影响，即 "喝掉水的一部分" 或 "喝一些水"；b 句中的 wúnúmi 是及物动词，宾语是完全受影响，即 "把水喝光" 或 "喝光所有的水"。

（13）a. Wúpwe　wún　ewe　kóknik.

我　将　喝　限定　水

I will drink some of the water. 我将喝一些水。

b. Wúpwe　wúnúmi ewe　kkónik.

我　将　喝-它　限定　水

I will drink up the water. 我将把水喝光。

跟特鲁克斯语类似，在西高加索语（West Circassian）中（Comrie，1978），句子的谓语动词是不及物动词，暗示宾语是部分受影响，如例（14）a 句；谓语动词如果是及物动词，暗示宾语是完全受影响，如例（14）b 句。

（14）a. Pisasa-m　chəy-əm　yada.

女孩-作格　图案-处所　3 单-缝-不及物

The girl is sewing at the cherkesska. 女孩正在缝制那个图案。

b. Pisasa-r　chəy-ər　yadə.

女孩-通格　图案-通格　3 单-缝-及物

The girl sew the cherkesska. 女孩缝制了那个图案。

在汤加语（Tongan，南太平洋汤加的一种波利尼亚语）中动词带不带及物性（transitive）标记 -i，也会影响到宾语的受影响程度（Hopper & Thompson，1980）。以下例（15）b 句的动词带了及物性标记，暗示宾语是完全受影响的，即"那条鱼被吃完了"，并且还可看成完成体标记，即动作已经结束。与 b 句相对，例（15）a 句的动词没有带及物性标记，表示"那条鱼被吃了一部分"。

（15）a. Na'e　kai'a　e　tangata 'i　he　ika.

过去时　吃-通格　限定　男人 处所　限定　鱼

The man ate（some of）the fish.

那个男人吃了那条鱼的一部分。

b. Na'e　kai-i　'a　he　ika 'a　he　tangata.

过去时　吃-及物性标记　通格　限定　鱼 作格　限定 男人

The man ate the fish. 那个男人吃了那条鱼。

总之，从以上分析可以看出，有些语言利用完整体前缀来标记宾语是完全受影响的，如俄语的 za-，匈牙利语的 meg-、el-，捷克语的 vy-、s-，塞尔维亚-克罗地亚语的 po-，保加利亚的 iz-，纳卡奈语中的 ti-；动词不带完整体前缀，则表示宾语是完全受影响的。还有通过动词后缀来标记，如塔里亚娜语中致使动词带后缀-ta，表示宾语是完全受影响；动词不带后缀，表示宾语是部分受影响。有些语言既有标记宾语完全受影响的前缀，也有标记宾语部分受影响的前缀，如捷克语中的全称量前缀 vy-与部分量前缀 u-，沃皮利语中的全称量化词前缀 muku-与部分量化词前缀 puta-，玛雅利语中标记全部的 wernh-与标记部分的 woh-。

三　作格与逆被动态

上面两节分别用格标记这一形态手段和动词词缀这一句法手段，来表示宾语是部分受影响还是完全受影响。以下是形态手段（作格）和句法手段（逆被动态）相结合来表达宾语的部分/完全受影响。

一般来说，部分格宾语通常与不及物动词相联系，或者至少与低及物动词相联系。也就是说，低及物动词可以用来表示部分格意义，如上节所分析的特鲁克斯语、西高加索语中的不及物动词。这在作格（ergative）语言中相当普遍，因为作格语言中的逆被动态（anti-passive）携带部分语义。逆被动态是语法中用来描述作格语言的一类态，在功能上类似于非作格语言的被动态。逆被动态的形式比对应的作格形式复杂，动词带有一个派生的词缀标记。

在 Greenlandic 的爱斯基摩语（Eskimo）中，有施事带作格表示完全义，逆被动态表部分的用法，如例（1）（Langacker, 1991：394）。爱斯基摩语的一般及物句中，施事带作格，受事带通格，如 a 句；在逆被动态中原来的施事标记为通格，原来的受事标记为工具格，动词还要带上逆被动态后缀-nnig，如 b 句。

（1）a. Arna-p　　　niqi　　　　niri-vaa.
　　　　妇女-作格　　肉-通格　　　吃-直陈式
　　　　The woman ate the meat. 那位妇女吃了那些肉。

　　　b. Arnaq　　　　niqi-mik　　　niri-nnig-puq.
　　　　妇女-通格　　肉-工具格　　　吃-逆被动态-直陈式
　　　　The woman ate（some of）the meat. 那位妇女吃了肉中的一些。

在查莫洛语（Chamorro）中，宾语带通格表示完全受动作影响，动词带逆被动态表示部分受影响（Shopen, 1985：435）。例（2）中宾语带通格的 a 句，表示狗全身都被踢了；动词带逆被动态的 b 句，表示狗身上一部分被踢了。

（2）a. Un-patek　　　　i　　　ga'laga.
　　　　2 单-作格-踢　　限定　狗-通格
　　　　You kicked the dog. 你踢了狗。

　　　b. Man-（p）atek　hao　　　　　gi　　　ga'laga.

逆被动态-踢　　2单-通格　旁格　狗
You kicked at the dog. 你向狗踢去。

卡巴尔达语中句子是不是使用逆被动态，会影响对宾语的解读（Hopper & Thompson，1980：268）。以下两句英文翻译都是 "The dog is biting the bone"（狗正在咬骨头），但是在卡巴尔达语使用了不同的句子：例（3）中 a 句是作格句，b 句是逆被动态。两句在语义上也有差异：a 句的作格结构暗含狗把骨头咬到了骨髓（marrow），即 "The dog bites the bone through to the marrow"；b 句的逆被动态只说狗正在啃（gnawing）骨头，即 "The dog is gnawing the bone"，并没有说明啃到了什么程度。也就是说两句由于使用了不同的格标记，宾语所受的影响程度也不一样。作格句子宾语受影响程度高，使用逆被动态的句子宾语受影响程度低。

（3）a. He-m　　q'ipshe-r　　je-dzaq'e.
　　　　狗-作格　骨头-主格　咬

　　　b. He-r　　q'ipshe-m　　je-w-dzaq'e.
　　　　狗-主格　骨头-作格　咬-逆被动态

在汤加语（Tongan）中当句子是作格时，动词带完全（total）宾语，如例（4）中 a 句；当句子是逆被动态时，动词带部分（partial）宾语，如例（4）中 b 句（Clack，1973：600；Hopper & Thompson，1980：263）。例（4）中 b 句是逆被动态，动词 "吃" 的及物标记 "-i" 脱落了，施事 "男孩" 被标记为通格 "'a"，宾语 "鱼" 采用旁格标记 "'i"，整个句子含有部分宾语的意思。

（4）a. Na'e　　kai-i　　'a　　e　ika　'e　　he　tamasi'i.
　　　　过去时 吃-及物　通格 那鱼　作格　那 男孩
　　　　The boy ate the fish. 那个男孩把那条鱼吃了。

　　　b. Na'e kai　'a　　e　tamasi'I　'i　he　ika.
　　　　过去时 吃　通格 那男孩　　旁格　那　鱼
　　　　The boy ate some of the fish. 那个男孩吃了一些鱼。

在俄国境内的东北高加索语（Northeast Causasia）中，也有跟上面几种语言相似的体现（Kulikov，2006：316）。以下例（5）a、b 两句中施事和受事都完全相同，字面意思都是 He has sold the house，不同的是 b 句的施事带了作格标记-nal。两句的语义差异表现在：a 句只是表示卖房子；b 句暗示施事受动作的影响很强烈，动作对施事当前的精神状态产生影响，如无家可归，或由于卖房子而获得一大笔钱。

(5) a. Ga qata bax-le-ej u-r.
　　 b. Ga-nal qata bax-l-ej bu-r.

四　量化副词、构式

除了以上三种编码方式，还有量化副词、"意欲构式"或"处所介词脱离交替"、英语 there 存在构式等。

英语中宾语是完全受影响还是部分受影响，可以通过量化副词（adverb of quantification）来实现。例（1）中 a 句是全称量化（universal quantification）副词，b 句和 c 句是部分量化（partitive quantification）副词。

(1) a. John has completely/totally/wholly/eaten the cake.
　　　 约翰已经把蛋糕全部吃完了。
　　 b. John has partly/partially eaten the cake.
　　　 约翰已经吃了一部分蛋糕。
　　 c. John has eaten the cake partway/ halfway.
　　　 约翰已经吃了一部分蛋糕。

在德语中也存在量化副词（Moltmann，1997：194-195），ganzb 是全称量化副词，如例（2）a 句；halb 是部分量化副词，如 b 句。

(2) a. Franz hat den Apfel ganzb aufgegessen.
　　　 Franz has eaten the apple completely.
　　　 Franz 把那个苹果全部吃完了。
　　 b. Der Baum ist halb vertrocknet.
　　　 The tree is half dried out. 那棵树干了一半。

有意思的是，在乌兹别克语（系属阿尔泰语系突厥语族）中，也存在相似的现象。乌兹别克语中的计量副词 qIsman 表示"部分地"，计量副词 bytynla 则表示"完全地"（孙宏开，2007：1710）。在汉语普通话中，表示范围的名词"全部""部分"也可以放在动词前直接做状语，如"这些问题全部/部分获得解决"，这正好分别跟例（1）英语状语位置上的量化副词"completely/totally/wholly/fully/entirely""partly/partially"等相对应。

此外，完全受影响也可以叫作"整体解读（holistic interpretation）"，部分受影响叫作"部分解读（partial interpretation）"，这在如下的例（3）对比中体现得更加明显（Blake，1999：201）。例（3）a 句是"整体解读"，即受事宾语

"那本书"都被读完了;b 句是"部分解读",即那本书的一部分内容被读了。

(3) a. He read the book. 他读完了那本书。

b. He read from the book. 他读了那本书的一部分。

例(4)中两句的差别是受事宾语"三明治(sandwich)"受动作影响有无"全局性(totality)"(Beavers,2005):a 句是"三明治"直接作动词宾语,意思是"约翰吃完了三明治";b 句是"三明治"作介词宾语,句子只能理解为"约翰吃了三明治,但没有吃完"。

(4) a. John ate the sandwich.

b. John ate at the sandwich.

由此可见,英语动词后面带不带介词,会对受事宾语产生影响。一般来说,介词后的间接宾语是部分受影响的,动词后的直接宾语是完全受影响的。类似这种现象,Tenny(1994:45)叫作"意欲构式(the conative construc-tions)",即内部论元(internal argument)可以在直接论元位置(direct argument position)和间接论元位置(indirect argument position)交替(alter-nate)。比如,He ate an apple 与 He ate at an apple 相比,前句宾语 an apple 完全受到动作的影响;后句是动词的"意欲"用法,介词 at 后的宾语 an apple 不完全受到动作的影响,动作被理解为尝试,如只是尝了几口。

Kearns(2011:231)则称之为"处所介词脱离交替(locative preposition drop alternation)",如下面例(5)中 a 句中直接宾语位置跟"整体效应(holism effect)"相联系,即 Wim 和 Kees 滑完了整个滑道的长度;而 b 句带介词的变体形式,不可能表达处所的"全部参与(total involvement)",即只表示 Wim 和 Kees 在滑道上滑行。这种交替现象发生在很多移动方式动词上,如 climb(up)the mountain, cross(over)the paddock, travel(around)the region 等。

(5) a. Wim and Kees skated the canals.

b. Wim and Kees skated along the canals.

根据 Kim(1997)的研究,英语存在构式 there 句和非 there 句之间也有整体解读(whole reading)和部分解读(partitive reading)的语义差异。下面例(6)a 句只能作整体解读,即在当前论域(universe of discourse)中只有这 26 只大黄蜂。b 句只能作部分解读,即在当前论域中一定不止 26 只大黄蜂,所以 b 句的上下文一定交代了其他的大黄蜂在那儿干什么。若离开上下文的陪衬,b 句的可接受度就很差。

（6）a. There are twenty-six hornets busy collecting honey in the garden.

有 26 只大黄蜂在园子里忙着采蜜。

b. ? Tweenty-six hornets are busy collecting honey in the garden.

26 只大黄蜂在园子里忙着采蜜。

总之，以上讨论了格标记、动词词缀及词性、作格与逆被动态、量化副词与构式这四种编码方式，共计 29 种语言如表 4-3 所示。重复的语言（捷克语、匈牙利语、俄语、汤加语、卡巴尔达语）只按一次计算；表 4-3 中语言以及下文语系对应的外文，详见"语言索引"。

表 4-3　　　　29 种语言"完全受影响""部分受影响"编码方式汇总

编码方式	语种数量	具体语言
格标记	14 种	芬兰语、捷克语、匈牙利语、爱沙尼亚语、俄语、波兰语、拉丁语、上古德语、迪加普语、土耳其语、卡巴尔达语、卡拉恰伊-巴尔卡尔语、车臣语、韩语
动词词缀及词性	12 种	俄语、匈牙利语、捷克语、塞尔维亚-克罗地亚语、保加利亚语、沃皮利语、玛雅利语、塔里亚娜语、纳卡奈语、特鲁克斯语、西高加索语、汤加语
作格与逆被动态	5 种	爱斯基摩语、查莫洛语、卡巴尔达语、汤加语、东北高加索语
量化副词、构式	3 种	英语、德语、乌兹别克语

这 29 种语言分属世界范围内 9 大不同的语系：印欧语系（9 种：捷克语、俄语、波兰语、拉丁语、上古德语、塞尔维亚-克罗地亚语、保加利亚语、英语、德语），阿尔泰语系（4 种：土耳其语、卡拉恰伊-巴尔卡尔语、韩语、乌兹别克语），乌拉尔语系（3 种：芬兰语、匈牙利语、爱沙尼亚语），南岛语系（3 种：纳卡奈语、汤加语、查莫洛语），澳洲语系（2 种：迪加普语、沃皮利语），高加索语系（4 种：卡巴尔达语、车臣语、西高加索语、东北高加索语），马来-波利尼西亚语系（特鲁克斯语），阿拉瓦克语系（塔里亚娜语），爱斯基摩-阿留申语系（爱斯基摩语）。另外，还有语系不明的玛雅利语。

第五章

"处所转换构式"的语序类型学研究

近年来构式语法和语言类型学逐渐成为研究热点，但是据我们的调查，已有的构式语法研究大都是基于单一语言，很少有跨语言比较的。比如，在Goldberg（1995）、Croft（2001）、Goldberg（2006）等影响力较大的构式语法专著中，虽然也会出现一些英语以外的其他语言，但是对某一具体构式进行大规模跨语言考察的并不多。Fried（2004）虽然书名为《构式语法的跨语言视角》，但是也没有对构式语法现象进行跨语言的研究，做的只是三种语言三个语法现象的个案研究：捷克语的格标记研究、日语情态条件句构式研究和法语right-detached comme-N 构式研究，因而根本算不上是对构式的跨语言类型学研究。虽然 Croft（2001：283-361）对"语态构式（voice construction）"进行了跨语言的比较，但也只限于少数几种语言语态内部一些次范畴的比较，如主动态、被动态、倒置式等，这从书名中使用的是"类型学视角（typological perspective）"也可以看出。

构式语法很难与语言类型学相结合，这可能与构式的民族性有关，即构式具有"语言专属性（language-specific）"。但是本章的研究则认为构式是可以进行跨语言研究的，也就是说存在跨语言的构式，即存在"构式共性（universal constructions）"。构式语法的开创者 Goldberg（1995：110）指出，很可能存在一个把形式和意义相连的普遍的论元结构构式库，而特定的语言只是该构式库的一个子集。当代语言类型学家、激进构式语法倡导者 Croft（2001：283）就明确指出，虽然构式具有语言专属性，但同时也是可以从意义功能的角度进行跨语言比较的，如他对语态构式（voice construction）就进行了跨语言的比较。

处所转换（locative alternation）指的是包含同一动词及其参与者（含处所论元）的两种构式之间的近义转换，即 Pinker（1989）所说的论元结构"X moves Y into/onto Z"和"X causes Y to change its state by means of moving Z to Y"，即 Goldberg（1995）所说的"致使—移动构式"和"带 with 附加语的使役构式"之间的转换。考虑到处所转换有自身的特点：在句法结构上，绝大部分语言中都有跟 on 和 with 相对应的介词这一句法上的标志；在语义功能上，处所名词在 on 句式中担任旁接宾语是部分受影响，在 with 句式中担任直接宾语是完全受影响。并且转换前后处所名词在语义指称上都是定指的，因而我们下文把它称为"处所转换构式（locative alternation construction）"，它是个上位母构式，还包含两个下位子构式：on 句式和 with 句式。处所转换是直接宾语与旁接（oblique）宾语之间转换的一种，是"表层直接宾语（surface direct object）"在受事论元和处所论元之间的转换。类似的转换还发生在双宾结构（give O_1 O_2）和与格结构（give O_2 to O_1）之间，又称"论元转换（argument alternation）"；发生在单及物动词的受事论元作直接宾语（shoot O）与间接宾语（shoot at O）的句式之间，又称"处所介词脱离交替（locative preposition drop alternation）"。

处所转换的构式义之一，即 with 句式中暗含处所论元的"整体效应（holistic effect）"，这是最近几十年句法—语义界面研究中最受关注的现象之一，成果非常丰富，但多集中在对英语的探讨，跨语言的研究则相对薄弱。基于以上原因，本书尝试把构式语法与语言类型学相结合，从人类语言共性的角度，对欧、亚、非三大洲 8 大语系 30 种语言的处所转换构式进行宏观的归纳和分析。此外，为了便于进行跨语言的考察，摆脱上面所说的构式具有"语言专属性"的制约，本书主要是从语义功能上来定义处所转换构式。

第一节　处所转换构式的跨语言考察

一　英语处所转换构式

Anderson（1971）、Dik（1980）、Goldberg（1995、2006）、Iwata（2008）等都讨论了英语中以下的一种语义改变现象。

(1) a. John smeared paint on the wall. 约翰往墙上涂油漆。

　　b. John smeared the wall with paint. 约翰把墙壁涂满了油漆。

(2) a. John planted trees in the garden. 约翰往花园里种树。

　　b. John planted the garden with trees. 约翰把花园种满了树。

从表面上看例（1）、例（2）的每一对句子似乎表达相同的意思，但精确地来说，a、b 两句的表义还是有差别的，这种差别是通过每对成员的语义蕴含来体现。例（1）b 句暗含"整体效应（holistic effect）"，即整个墙壁都涂上了油漆，而（1）a 则没有这种蕴含。（1）a 句只有在指仅有一滴油漆喷到墙上，并且墙面的其他地方都没有受到漆的影响时，才是正确的（Anderson，

1971）。但是我们认为与（1）b 相对比，（1）a 含有部分墙壁被涂上油漆的这种语义，即墙壁是"部分受影响的（partially affected）"。Hopper & Thompson（1980：262）也持相同的观点，他们认为（1）b 句暗含宾语墙壁是完全受影响，而（1）a 句则表明只有部分的墙壁受影响。同理，例（2）b 暗含由于"种树"这一行为导致整个花园都是树木，即花园里种满了树；（2）a 则没有这一蕴含，可以理解为花园的部分地方被种上了树。

当然例（1）a 如果要表示把所有的油漆都涂到墙壁上，即完全受影响的是"油漆"，也可以，那就需要在 paint 前加定冠词 the，即"John smeared the paint on the wall"。我们的这一观点在以下匈牙利语中有明显的体现（Ackerman，1990），例（3）中 a、b 两句完全受影响的都是直接宾语，分别是"干草"和"马车"，因为它们前面都受定冠词的修饰。

（3）a. A paraszt（rá＝）rakta   a széát   a szkérre.
　　　 这 农民（onto）装–3 单–限定 那 干草–宾格 那 马车–主格
　　　 The peasant loaded the hay onto the wagon.
　　　 农民把干草装上了马车。

　　 b. A paraszt meg-rakta   a szekeret   szénával.
　　　 这 农民　完整体–装–3 单–限定 那 马车–宾格 干草–工具格
　　　 The peasant loaded the wagon with hay.
　　　 农民把马车装满了干草。

Anderson（1971）最早注意到 with 句式暗含有"整体效应（holistic effect）"，但是从 Verkuyl（1972）开始，一些学者（尤其是影响较大的 Dowty 1991）注意到"整体效应"受到"体（aspect）"因素的限制，与"界限性（telicity）"以及句子中的"渐成客体（incremental theme）"有关。自 Tenny（1987）以来已为人所知的一个道理，即渐成客体可以决定句子的体，Dowty（1991）进一步指出，在处所转换中只有直接宾语才是这种渐成客体的位置。

由于处所转换中的两个论元"受事"和"处所"，可以在直接宾语和旁接（oblique）宾语之间交替，因而两者都有可能是渐成客体，仅当它们作直接宾语时。也就是说，无论是"受事"还是"处所"，它们在转换前后的格式中若是作直接宾语而且是定指，且谓语是有界的（telic），则都会有完全受影响的解读（即"整体效应"）。那么上面例（3）a 匈牙利语中的受事直接宾语"干草"完全受影响也就不难理解了。

定指直接宾语是完全受影响，旁接宾语是部分受影响，在如下例句对比中体现得更为明显。例（4）两句都不成立，说明了直接宾语 the hay 和 the truck 都是完全受影响的，即"装完所有干草"和"装满整辆卡车"，那么再说干草

"还剩下六包"，卡车里"还有空间"就明显矛盾了。例（5）两句都成立，说明旁接宾语 the truck 和 the hay 都是部分受影响的，a 句是把所有干草都装到卡车上但卡车还没装满，b 句是把整辆卡车都装满，但干草还有剩余。例（6）、例（7）的分析也相似，这里从略。

（4）a. * John loaded the hay onto the truck and there were six bales left.

约翰把干草装上了卡车，还剩下六包。

b. * John loaded the truck with the hay and there was still room inside.

约翰把卡车装满了干草，车里还有空间。

（5）a. John loaded the hay onto the truck and there was still room inside.

约翰把干草装上了卡车，车里还有空间。

b. John loaded the truck with the hay and there were six bales left.

约翰把卡车装满了干草，还剩下六包。

（6）a. * Mary sprayed the paint on the wall and there was half a can left over.

玛丽把油漆喷到墙上，那儿还剩下半罐。

b. * Mary sprayed the wall with the paint and there were still bare bricks visible.

玛丽把墙上喷满了油漆，还能看见裸露的砖头。

（7）a. Mary sprayed the paint on the wall and there were still bare bricks visible.

玛丽把油漆喷到墙上，还能看见裸露的砖头。

b. Mary sprayed the wall with the paint and there was half a can left over.

玛丽把墙壁喷满了油漆，那儿还剩下半罐。

跟上面我们的分析类似，Kearns（2011：218-219）认为 load/spray 论元转换（argument alternation）的一个显著特征，就是两句的直接宾语具有"整体效应（holistic effect）"：在事件中直接宾语被理解为是完全地（totally）或整体地（holistically）参与，或被完全消耗（used up）。如：

（8）a. Jones loaded [the hay] onto the truck ...

! ... and put the left-over hay in the barn.

... and there was still room for the piano.

b. Jones loaded [the truck] with hay ...

! ... and there was still room for the piano.

... and put the left-over hay in the barn.

以上例（8）a 句中 the hay 是直接宾语，被理解为完全参与（completely involved）到事件中。换言之，Jones 把所有的干草（all of the hay）都放到卡车上，因此接着说装剩下的干草（left-over hay）就很奇怪（例句中用"!"

表示奇怪)。由于 a 句中的卡车不一定理解为装满(fully loaded),所以继续说还有空间装钢琴是可以的。

相反,以上例(8) b 句中直接宾语是 the truck,被理解为全部参与(fully involved)到装载事件中,即装满干草(full of hay),所以接着说还有空间装钢琴就很奇怪。b 句中的干草不被理解为是全部参与,所以接着说装剩下的干草是可以的。

通过上面的分析可以看出,标记为直接宾语的处所成分受到动作的最大程度的影响,即是完全受影响;而标记为状语的处所成分则是部分受影响的(Moravcsik,1978:255)。需要强调的是,with 句式中的处所直接宾语暗含完全受影响义,这是相对于 on 句式中的旁接处所宾语暗含非完全受影响来说的,即这两种句式是相对立而存在的。至此我们提出如下观点:在一般情况下,当处所是部分受影响时用 on 构式,当处所是完全受影响时用 with 构式,处所转换前后的两个构式都有自己的构式义,都有自己特有的功能,这是它们得以存在下来的动因所在。这可能就是 Goldberg(1995:3)所强调的"句法形式的不同总是意味着意义的不同"或"语法形式无同义原则"。也就是说,每个句法形式本身都表示某种独立的意义,不同的句法形式总有不同的句式语义。

以上对英语中的处所转换构式的语义差异作了分析,并从语法上找到了形式验证,下面来看英语处所转换构式的动词分类。英语中有 6 类严格定义的动词可以在处所转换构式中出现(Pinker,1989:126),以下所附例句是笔者摘选自 Goldberg(1995)。

1. slather 类:强力接触与一个物体向一个物体表面移动两者同时发生。如 slather(涂抹)、smear(抹)、brush(刷)、rub(擦)、spread(敷)等。

(9) a. Sam slathered shaving cream onto his face. 山姆往脸上抹刮胡泡。

b. Sam slathered his face with shaving cream. 山姆把脸抹满了刮胡泡。

2. heap 类:一个水平面上的垂直排列。如 heap(堆起)、pile(堆积)、stack(堆放)等。

(10) a. Pat heaped mash potatoes onto her plate. 帕特往盘子里堆土豆泥。

b. Pat heaped her plate with mash potatoes. 帕特把盘子堆满了土豆泥。

3. spray 类:作用力被施加于一个大块物体,并且造成物体沿着一个轨道向一个特定空间散布的抛物线运动。如 spray(喷)、spatter(洒)、splash(泼)、splatter(溅)、sprinkle(撒)、squirt(射)等。

（11）a. He sprayed paint onto the statue. 他往雕像上喷油漆。

　　　b. He sprayed the statue with paint. 他把雕像喷满了油漆。

4. cram 类：大块物体被强挤进一个容器，使容器达到容积的限度。如 cram（把……塞进）、pack（装）、crowd（挤满）、jam（把……塞满）等。

（12）a. He crammed the pennies into the jar. 他把硬币塞进了罐子。

　　　b. He crammed the jar with the pennies. 他把罐子塞满了硬币。

5. load 类：有意使用一个容器，把确定大小、形状的物体放进该容器，使其能实现自己的功能。如 load（装）、pack［装（箱子）］、stock［供应（货架）］等。

（13）a. She loaded the hay onto the truck. 她把干草装上卡车。

　　　b. She loaded the truck with the hay. 她把卡车装满了干草。

6. bestrew 类：大块物体被致使向四周、四处或不确定的方向移动。如 bestrew（撒）、scatter（散）、sow（播种）、strew（散播）等。

（14）a. The farmer sowed wheat in the field. 农民往田里种小麦。

　　　b. The farmer sowed the field with wheat. 农民把田里种满了小麦。

　　上面我们对可以进行处所转换的英语动词作了分析，下面来看不能进行处所转换的动词 fill。由于动词 fill 凸显的主要是容器，而不涉及容器通过何种方式变满的，所以不能转换。与之相反，动词 pour 凸显的主要是内容，用某种方式让内容进入容器，容器最终是否变满并不是 pour 表达的主要意义，这就是下面两例呈现互补趋势的动因所在。

（15）a. * Bill filled wine into the bottle.

　　　b. Bill filled the bottle with wine. 比尔把瓶子装满了白酒。

（16）a. He poured wine into the bottle. 他往瓶子里灌白酒。

　　　b. * He poured the bottle with wine.

　　这就出现了一个有趣的现象：英语的 wine 和 bottle 两个匹配项之间，fill 只能选择带有渐成性的受事成分 bottle 作直接宾语；而汉语则不同，表达"瓶子变满"这一事实既可以说"把白酒装满了瓶子"，也可以说"把瓶子装满了白酒"，即"白酒"和"瓶子"之间可以互换位置，都能担任动词的直接宾语。由此可见，对于英语的 fill 来说，wine 和 bottle 的受事性完全不同，bottle 是渐成客体，wine 则不是；而对于汉语的"装满"来说，"白酒"和"瓶子"

的受事性则相差无几，所以两者可以互换。

当然，大部分语言都是跟英语一样，fill 类动词是不能进行处所转换的。根据 Kim、Landau & Phillips（1998）的调查，在西班牙语、土耳其语、韩语和日语中，fill 类动词句也不能进行处所转换。西班牙语的例句如：

（17）a. Juan   llenó   el   vaso   con   agua.
       John   装   那   杯子   用   水
       John filled the glass with water. John 把杯子装满水。

    b. * Juan   llenó   agua   en   el   vaso.
       John   装   水   进入   那   杯子
       * John filled water into the glass.

那么上面所讨论的处所转换构式，哪一种是基础句式，哪一种是派生句式呢？也就是说，两个句式哪一个是在另外一个基础上通过变换而来的呢？这主要有两种观点。一种观点认为，与 with 句式相比，on 句式更为基本，即认为 with 句式是从 on 句式推导转换而来的，持这种观点的有 Partee（1965）、Channon（1980）、Perlmutter & Postal（1983）（参看 Goldberg，1995）。另一种观点认为两种句式的地位是平等的，如 Goldberg（1995）就认为，如果看句子是不是基本的或无标记的，on 句式和 with 句式地位是平等的，两者之间不存在哪个是基础句式，哪个是派生句式。任鹰（2005）认为，像汉语中的"我往卡车上装草/我用草装卡车"，以及英语中的"I loaded hay onto the truck / I loaded the truck with hay"等，都是无常式句和变式句的区别，两者都是自足的语言结构体，是在不同语言视点的作用下构建的反映同一客观场景、语义相关但不同的语言结构。日本学者池上嘉彦（1991）也持相似的观点，他说英汉语言中同一个动词以不同的事物为直接宾语的两种语言结构，分别有着不同的底层结构，也有着不同的焦点指向，无论哪种结构都很难被确认为是通过"移位"等变换步骤生成的派生句式，两者之间根本不存在"基础"与"派生"或"常序"与"变序"的关系（参看任鹰，2005：233）。

我们非常赞同以上第二种观点，也认为处所转换构式中的两种句式，具有不同的表达功用：当处所是部分受影响时用 on 构式，当处所是完全受影响时用 with 构式。处所转换前后的两个构式都有自己的构式义，都有自己特有的功能，这是它们得以存在的动因所在，两者之间不存在基础句和派生句的关系。

此外，可以从认知视角的不同，对处所转换中的两种句式，进行功能上的解释，我们可以把处所看成容器，把往处所移动的物体看成所容物。那么当凸显所容物时，就用 on 句式；当凸显容器时，就用 with 句式。这跟 20 世纪 50

年代汉语主宾语大讨论相似，如"台上坐着主席团"和"主席团坐在台上"这一"处所倒转（locative inversion）"，这两个句子也可以从认知上的凸显度不同获得解释：当凸显处所时，使用"台上坐着主席团"；当凸显人物时，使用"主席团坐在台上"。

二　汉语处所转换构式

汉语"把"字句的宾语有"完全受影响"义（Dai，1984；Sun，1996；张伯江，2000），所以上一节处所宾语完全受影响的 with 句，我们都用汉语的"把"字句来翻译，从而能更好地体现直接处所宾语的"整体效应（holistic effect）"。下面例（1）a 的 on 句式动词后宾语"干草"是不定指的，不是完全受影响的，所以不能翻译为"把"字句，而是翻译成"往"字句。例（1）b 的 with 句式动词后宾语"卡车"是定指的，又暗含"完全受影响"义，因而能用"把"字句来翻译。

> （1）a. He loaded hay onto the truck. 他往卡车上装干草。
> 　　　b. He loaded the truck with hay. 他把卡车装满干草。

如果 on 句式中直接宾语也是定指，我们就不能再翻译成"往"句式，而是翻译成"把 +定指受事+V+处所"，如：

> （2）She sprayed the paint onto the wall. 她把油漆喷到墙壁上。

至此，我们把英语处所转换构式的汉语翻译归纳如下。on 句式分两种情况：受事直接宾语是不定指的，翻译为 a 句式；受事直接宾语是定指的，翻译为 b 句式。with 句式都翻译为"把+处所+V 满+受事"。

> on 句式：a. 往+处所+V +不定受事
> 　　　　　b. 把+定指受事+V+处所
> with 句式：把+处所+V 满+受事

"把"字句是汉语语法研究的热点，已有的研究文献非常多，但是据我们的广泛调查，下面例（3）、例（4）中的"把+处所+V 满+受事"这种特殊把字句，研究的还非常少，只有马真（1999）略有涉及，但也只谈到下面前两点中的部分内容，我们将在她的基础上展开进一步的分析。

> （3）他把墙壁贴满了油画。
> （4）她把脸颊涂满了面膜。

第一，这里的"把"都可以换成"在"，同时在表处所的名词后面加上方位词"上"。使用"把"字更突出动作行为是有目的的、有意义的，而用"在"字则不含有这层意思。

  （5）他把墙壁贴满了油画。→他在墙壁上贴满了油画。
  （6）她把脸颊涂满了面膜。→她在脸颊上涂满了面膜。

以上（5）、（6）两例，变换前后句子中都有补语"满"，所以句子意思基本相同。如果把"满"去掉，句子意思就会发生变化，这在跟相应的"把"字句对比中体现得更明显。

  （7）a. 我在墙壁上贴油画。
    b. 我把墙壁贴了油画。

我们认为，例（7）a、b 两句的语义差别表现在：b 句说明墙壁除了油画外没有别的东西，即整个墙壁都被油画所覆盖，墙壁是完全受影响的；而 a 句说明墙壁上除了油画外还可以贴有别的东西，也可以说墙壁是部分受影响，体现在油画只贴了墙壁的一部分。

  第二，这种"把"字句的动词 V 都具有"添加""附着"的语义特征，因此句中补语"满"都可以换成"上"，但为了保留"满"的意思，换用"上"时动词前必须加上副词"都"。

  （8）他把墙壁都贴上了油画。
  （9）她把脸颊都涂上了面膜。

  第三，可以把处所名词与受事名词进行位置互换，即从"把+处所+V 满+受事"变为"把+受事+V 满+处所"。如：

  （10）他把墙壁贴满了油画。→他把油画贴满了墙壁。
  （11）她把脸颊涂满了面膜。→她把面膜涂满了脸颊。

以上例（10）、例（11）变换前后表义大致相同，不同的是处置对象发生了变化：变换前直接受处置的对象是处所"墙壁"和"脸颊"，变换后直接受处置的对象是受事"油画"和"面膜"。

  第四，这类"把"字句的动后宾语，很难受表量的指示代词、数量短语和约数词的修饰。

  （12）a. 我把汽车装满了干草。
    b. 我把汽车装了这些干草。
    c. *我把汽车装满了这些干草。（指示代词）

（13）a. 我把篮子装满了鸡蛋。

　　　b. 我把篮子装了 20 个鸡蛋。

　　　c.？我把篮子装满了 20 个鸡蛋。（数量短语）

（14）a. 我把院子种满了树。

　　　b. 我把院子种了许多树。

　　　c.＊我把院子种满了许多树。（约数词）

上面例（13）c 比较特殊，在一定的语境条件下也是成立的，如篮子的最大容量是装 20 个鸡蛋，而要求正好是每个篮子装 20 个鸡蛋。例（12）c 也有反例，那就是表类指的指示代词可以修饰动后宾语，如例（15）、例（16）c、例（19）d。

（15）我把汽车装满了这/那种干草。

此外，动后宾语也不能为单个事物，因为一个事物数量太少很难达到"满"这个状态，如例（16）b、例（18）b。

（16）a. 她把桌子放满了许多苹果。

　　　b.＊她把桌子放满了那个苹果。

　　　c. 她把桌子放满了那种苹果。

（17）a. 我把地上撒满了落叶。

　　　b.＊我把地上铺满了地毯。

（18）a. 他把纸上按满了手印。

　　　b.＊他把纸上按满了一个手印。

　　　c. 他把纸上按满了一个个手印。

（19）a. 他把篮子装满了苹果。

　　　b.＊他把篮子装满了一个苹果。

　　　c. 他把篮子装满了一个个又红又大的苹果。

　　　d. 他把篮子装满了这种苹果。

（20）a.＊她把阳台摆满了一盆鲜花。

　　　b. 她把阳台摆满了一盆盆鲜花。

上面例（17）a"落叶"的面积小于"地"，因此需要许多"落叶"才可以达到使地上"满了落叶"的状态；而例（17）b 由于"地毯"与"地"的面积等同，所以说"满"也就不合适了。从这两例可以看出"满"强调的是数量多，而不是面积大。例（16）a 许多苹果当然可以把桌子放满，而一个苹果永远不可能把桌子放满，所以例（16）b 句不成立，同理例（18）b、例（19）b、例（20）a 也都是不能说的。但是当把有些量词变为重叠形式时，则句子又成立，如例（18）c、例（19）c、例（20）b。

动后宾语为什么不能受表量成分的修饰，但是却又可以受量词重叠形式的修饰呢？一方面是由补语"满"的语义决定的，"满"强调"周遍性"，这与具体数量是相排斥的。另一方面是由人类认知上的完型心理和模糊性思维决定的。人们在感知客观事物时，往往从整体上去把握，而忽视个体的具体情况。人们的这种心理又与模糊性思维密切相关，模糊性思维强调对事物进行模糊分析和整体抽象。在重视整体而忽略个体的模糊识别心理的推动下，人们关注的往往是处所的整个状态，只要其中群体的数量能达到主观上、整体上的"满"，便不会去计较其中个体的数量，因此这种深层的认知决定了表层句法上名词不能受表量成分的修饰。量词重叠形式一方面表达的是模糊量，另一方面也可以表达"周遍性"的意思，这正好与"满"的语义相符合，所以动后宾语可以受量词重叠形式的修饰。

上面第三点说到，"把+处所+V 满+受事"可以变换为"把+受事+V 满+处所"，那么汉语中这两种结构哪种是基础句式，哪种是派生句式呢？这个问题看似很容易回答，因为或许我们可以从格式产生的早晚来回答。据我们对北京大学 CCL 语料库的检索，发现了这样一个规律。

在古代汉语语料库所检索到的 17 例"把……V 满……"句子中，"把+处所+V 满+受事"句式有 15 例，而"把+受事+V 满+处所"句式只有 2 例，两者之比为 15：2。但是这里又出现了一个问题，那就是在这 17 个"把……V 满……"句子中，最早用例不是使用频率较高的"把+处所+V 满+受事"句式，而是使用频率极低的"把+受事+V 满+处所"句式，其产生于明代，如例（21）。这也是所检索到的 17 个用例中唯一一个明代的用例，其余 14 个例句出自清朝，如例（22）、例（23），只有 2 个例句出自民国时期，如例（24）、例（25）。这就形成了句式产生早晚和使用频率之间的矛盾。因为一般来说，产生早的句式，其使用频率可能会越来越高。那么上面两种句式哪个是基础句式就很难确定了。

（21）取下背上的葫芦，把海里的水灌满了。(明《三宝太监西洋记》)

（22）读到十四岁上，已把古今史册和许多名人典籍，装满了一肚子。(清《八仙得道》)

（23）服侍太公睡下，盖好了被，他便把省里带来的一个大铁灯盏装满了油。(清《儒林外史》)

（24）那身躯已足有五丈见方，比刚才竟大了几十倍，把一个庭中几乎要塞满了。(民国《上古秘史》)

（25）早已预备了柴薪，运着土袋，把苇塘顷刻填满。(民国《宋代宫闱史》)

　　但是到了现代汉语情况又发生了变化，在检索到的 13 个例句中，"把+受事+V 满+处所"句式有 9 例，如例（26）、例（27）；而"把+处所+V 满+受事"句式只有 4 例，如例（28）、例（29）。这与上面古汉语两种句式所占比例正好相反。从对古汉语和现代汉语例句的统计分析可以看出，"把+处所+V 满+受事"和"把+受事+V 满+处所"的使用频率在古代汉语和现代汉语中是不一样的，在古汉语中前者使用频率较高，而现代汉语则变为后者的使用频率较高，至于其中的动因有待进一步研究。

　　（26）李江云把口红涂满嘴唇，照照镜子，又问我，"怎么样?"（王朔《玩儿的就是心跳》）

　　（27）今年在把这类充满诱惑的广告贴满大街小巷的同时，还到居民区上门去拉订户。（《报刊精选》1994 年）

　　（28）在巧珍把他的两只手涂满药水以后，他便以无比惬意的心情，在土地上躺了下来。（路遥《人生》）

　　（29）他们把整个水云间贴满了大红的"喜"字。（琼瑶《水云间》）

　　总之，汉语中的"把+处所+V 满+受事"和"把+受事+V 满+处所"两种可供选择的语序，我们很难确定哪一种语序是基本语序，哪一种语序是派生语序。这与前面所讨论的英语中的处所转换构式面临着同样的问题。跟前面的分析相似，我们认为这两种句式也是由于不同的凸显视角而采用的不同表达手段。当凸显所容物（受事）时，就用"把+受事+V 满+处所"构式；当凸显容器（处所）时，就用"把+处所+V 满+受事"构式。Goldberg（1995）在讨论构式之间的联接（on linking）时，对利用转换的方法来判定两个构式哪个是基础构式哪个是派生构式，进行了批评，她的观点之一就是从两个构式习得的时间大致相同来进行反驳。联系到本节的研究，我们作了一个新的尝试，从历时语法化的角度，即通过构式产生时间早晚来确定哪个构式更为基本。

三　其他语言处所转换构式

　　以上英语"完全""部分"的语义改变是通过语序手段来实现的，如处所成分在 on 句式中作旁接宾语时是部分受影响的，在 with 句式中作直接宾语时是完全受影响的。据我们的跨语言调查发现，在印欧语系日耳曼语族（Germanic languages）的荷兰语、瑞典语、德语，斯拉夫语族的俄语、保加利亚语（Bulgarian）、塞尔维亚 - 克罗地亚语（Serbo - Croatian）和捷克语（Czech），以及乌拉尔（Uralic）语系芬兰-乌戈尔（Finno-Ugric）语族的匈牙利语中，除了采用语序手段之外，动词前还要加上动词前缀。

　　在荷兰语中表处所直接宾语完全受影响的处所转换构式，动词必须加表示

"完全、全部"义的动词前缀"be-",如例（1）b。跟荷兰语相似，瑞典语、德语和匈牙利语动词也要加前缀"be-"，如例（2）—例（4）的 b 句。俄语、保加利亚语、塞尔维亚-克罗地亚语和捷克语的处所转换构式，除了语序之外，动词前则要加前缀"za-""na-"或"po-"，如例（5）—例（8）的 b 句。其中动词 nagruzili、tovario 都表示"装载"的意思，prŭsna、malova 都表示"涂抹"的意思；带动词前缀的 za-gruzili、na-tovario 都表示"装满"，而 na-prŭska、po-maloval 则表示"涂满"的意思。

（1）荷兰语（Dik，1980：34）：

a. Jan　　smeerde verf　　op de　muur.
　　约翰　　涂抹　　油漆　　on 那　墙壁
　　John smeared paint on the wall. 约翰往墙上涂油漆。

b. Jan　　be-smeerde de　　muur　　met　verf.
　　约翰　　涂抹　　　那　墙壁　　with　油漆
　　John smeared the wall with paint. 约翰把墙壁涂满了油漆。

（2）瑞典语（Gronemeyer，1995）：

a. Mälarna stryker　　färg　　pä　huset.
　　油漆工　刷　　油漆　onto 房间
　　The painters brushed paint onto the house. 油漆工往墙上刷油漆。

b. Mälarna be-stryker huset　　med　färg.
　　油漆工　刷　　　房间　with　油漆
　　The painters brushed the house with paint. 油漆工把墙壁刷满油漆。

（3）德语（Damonte，2005）：

a. Adam　　　　schmierte farbe　　an　die　wand.
　　Adam-主格　涂抹　　油漆-宾格 on 那　墙上-宾格
　　Adam smeared paint on the wall. Adam 往墙上涂油漆。

b. Adam　　　　be-schmierte　die　　wound　　with　farbe.
　　Adam-主格　涂抹　　　　那　　墙上-宾格 with　油漆
　　Adam smeared the wall with paint. Adam 把墙壁涂满了油漆。

（4）匈牙利语（Moravcsik，1978：257）：

a. Janos　elutette　　　　fakat　　　a　kertben.
　　约翰　away-种-他-他们 树-宾格　那　花园-in
　　John planted the trees in the garden. 约翰把树栽在花园里。

b. Janos　be-utette　　　a　kertet　　fakkal.
　　约翰　in-种-他-它 那　花园-宾格　树-with

John planted the garden with trees. 约翰把花园栽满了树。

（5）俄语（Spencer & Zwicky，2001：262）：

　　a. Krest'jany　nagruzili　seno　　　na　telegu.
　　　 农民-主格　 装　　　　干草-宾格 on　推车-宾格
　　　 The peasants loaded hay on the cart. 农夫往推车上装干草。

　　b. Krest'jany　　za-gruzili　telegu　　　senom.
　　　 农民-主格　　 装　　　　推车-宾格　 干草-工具格
　　　 The peasants loaded the cart with hay. 农夫把推车装满了干草。

（6）保加利亚语（Dimitrova，1999：79）：

　　a. Toj　　prŭsna　boja　　po　stenate.
　　　 他　　喷　　油漆　on　墙壁
　　　 He sprayed paint on the wall. 他往墙上喷油漆。

　　b. Toj　　na-prŭska　stenate　　s　　boja.
　　　 他　　喷　　　　墙壁　　 with　油漆
　　　 He sprayed the wall with paint. 他把墙壁喷满了油漆。

（7）塞尔维亚-克罗地亚语（Dezsö，1982：77）：

　　a. Radnik je　tovario　kamenje　　na　kamion.
　　　 工人　　装　　石头-宾格　onto　货车-宾格
　　　 The worker loaded stones onto the lorry. 工人往货车上装石头。

　　b. Radnik je　na-tovario　kamion　　　kamenjem.
　　　 工人　　装　　　　货车-宾格　 石头-工具格
　　　 The worker loaded the lorry with stones. 工人把货车装满了石头。

（8）捷克语（Filip，1999：237）：

　　a. Maloval　　hesla　　　　　na　stěnu.
　　　 涂-过去时　标语-复数-宾格　 on　墙壁
　　　 He painted slogans on the wall. 他往墙上涂标语。

　　b. Po-maloval　　　stěnu　　　　　hesly.
　　　 前缀-涂-过去时　墙壁-单数-宾格　标语-工具格
　　　 He painted the wall with slogans. 他把墙壁涂满了标语。

　　从上面的例句可以看出，跟英语不同的是，这8种语言的处所转换构式动词都带有前缀（这是就现代英语来说的，古英语中的前缀"ge-"也可以表示完成体，详细情况可参看 Brinton，1988：202），除了荷兰语前缀"be-"是表"完全、全部"义，其他7种语言的动词前缀表示的都是动作的完成体。这里就牵涉动作的体对宾语受影响程度产生影响，完成体中的处所宾语完全受影响也很好理解：当谓语动词是完成体时，动作全部传递给了宾语，也就意味着宾语是完全受影响的。也就是说这 8 种语言中"完全受影响"这一构式义具有部分可推导性，这在英语中也有所体现，如"John loaded the wagon full with hay"中直接宾语 the wagon 的完全意义是通过 full 来体现的，或者通过增加修饰词来体现，如"John loaded the whole wagon with hay"。当然从上文可以看出英语的处所转换构式加"full"的是极少数，一般情况都不要加。跟英语相反，汉语"把+处所+V 满+受事"构式中凸显处所是完全受影响的补语"满"一般都是必须有的，很少有省略的情况。

构式语法认为，构式义是不能从构式的组成成分中完全推导出来的，即构式是不具有透明度的，但是通过本节的研究和第四节对构式义的解释，可以看出构式义虽然不能从组成成分中完全推导出来，但并不排斥从组成成分中部分推导出来，要不然也就无法对构式进行解释。因而我们认为构式内部也不是一刀切的，在透明度方面存在着差异，除了完全不透明构式之外，还有低透明构式的存在。也就是说，虽然我们不能对构式义进行完全的解释（"强预测"），但是若能从组成成分出发，利用"还原主义（reductionism）"方法探寻出构式义的部分理据，即做到"弱预测"（沈家煊，2004），也同样是非常有意义的。

至此我们已经分析了英语、汉语以及带动词前缀的荷兰语、瑞典语、德语、匈牙利语、俄语、保加利亚语、塞尔维亚-克罗地亚语、捷克语中的处所转换构式。当然，处所转换构式不是只存在于以上这 10 种语言中，就我们所能搜集到的语言材料来看，它在以下这 20 种语言中也存在，也就是说处所转换构式具有跨语言的普遍性。

(9) 波兰语（Siewierska, 1988：111）：

  a. Robotnicy zaladowali siano na wóz.
    工人 装 干草-宾格 on 马车
    The workers loaded the hay onto the wagon. 工人们把干草装上马车。

  b. Robotnicy zaladowali wóz sianem.
    工人 装 马车-宾格 干草-工具格
    The workers loaded the wagon with the hay. 工人们把马车装满了干草。

(10) 挪威语（Dimitrova, 1999：86）：

  a. sprøyte maling pä veggen
    喷 油漆 on 墙壁
    spray paint on the wall 往墙上喷油漆

  b. sprøyte veggen med maling

喷　　　墙壁　　　with　　油漆

spray the wall with paint 把墙壁喷满油漆

(11) 法语（Spencer & Zwicky, 2001：261）：

a. Jean　achargé　des　　　briques　dans　le　camion.

John　装　　部分冠词　砖头　　in　那　卡车

John loaded some bricks in the truck. John 往卡车里装了一些砖头。

b. Jean　achargé　le　camion　de　　briques.

John　装　　那　卡车　　with　砖头

John loaded the truck with bricks. John 把卡车装满了砖头。

(12) 西班牙语（Mateu, 2002）：

a. Juan　cargo　heno　en　el　carro.

Juan　装　　干草　on　那　小车

Juan loaded hay on the cart. Juan 往小车上装干草。

b. Juan　cart　el　carro　con　heno.

Juan　装　那　小车　with　干草

Juan loaded the cart with hay. Juan 把小车装满了干草。

(13) 意大利语（Damonte, 2005）：

a. Ho　　　caricato　la　sabbia　sul camion.

完成-1单　装　　那　沙子　on-那卡车

I have loaded the sand on the truck. 我已经把沙子装上卡车。

b. Ho　　　caricato il camion　con　la　sabbia.

完成-1单　装　　　那　卡车　with　那　沙子

I have loaded the truck with the sand. 我已经把卡车装满了沙子。

(14) 现代希腊语（Kordoni, 1999）：

a. O　georgos　fortose　　　to ahiro　　sto karo.

那　农民-N　装-过去时-3单 那干草-A　onto-那马车

The farmer loaded the hay onto the wagon. 农民把干草装上马车。

b. O　georgos　fortose　　　to karo　　me　ahiro.

那 农民-N　装-过去时-3单 那马车-A　　with 干草

The farmer loaded the wagon with hay. 农民把马车装满了干草。

(15) 切其旺语（Goldberg, 1995：236）：

a. A-na-pachira　mchenga　m'ngolo.

他-过去时-装　3-沙子　in-9-小车

He loaded the sand in the cart. 他把沙子装进小车。

b. A-na-pachira　　ngolo　ndi　mchenga.

他-过去时-装　9-小车　　with　　沙子

He loaded the cart with sand. 他把小车装满了沙子。

（16）伊博语（Nwachukwu，1987）：

　　a. I'ke　kwára　ivu　nà　mótò.
　　　Ike　装　物品　into　汽车

　　　Ike packed loads into the car. Ike 往汽车里装物品。

　　b. I'ke　kwára　mótò　ívu.
　　　Ike　装　汽车　物品

　　　Ike packed the car with loads. Ike 把汽车装满物品。

（17）希伯来语（Spencer & Zwicky，2001：262）：

　　a. Hu　he'emis　xatzir　al　ha-agala.
　　　他　装　干草　on　那马车

　　　He loaded hay on the wagon. 他往马车上装干草。

　　b. Hu　he'emis　et　ha-agala　be-xatzir.
　　　他　装　宾格　那马车　with-干草

　　　He loaded the wagon with hay. 他把马车装满了干草。

（18）阿拉伯语（Mahmoud，1999）：

　　a. Hammala　ahmad-u　l-qass-a　Ɂala-l-arabat-i.
　　　装　　Ahmad-主格　那-干草-宾格　on那-小车-属格

　　　Ahmad loaded the hay on the truck. Ahmad 把干草装上小车。

　　b. Hammala　ahmad-u　l- Ɂarabat-a　bi-l-qass-i.
　　　装　　Ahmad-主格　那-小车-宾格　with-那-干草-属格

　　　Ahmad loaded the truck with the hay. Ahmad 把小车装满了干草。

（19）柏柏尔语（Guerssel，1986）：

　　a. Y-ufs　wyraz　taduft　ggw-urfad.
　　　3单-填　男人　羊毛　in-枕头

　　　The man stuffed the wool in the pillow. 男人把羊毛装进枕头。

　　b. Y-ufs　wyraz　urfad　s-taduft.
　　　3单-填　男人　枕头　with-羊毛

　　　The man stuffed the pillow with wool. 男人把枕头装满了羊毛。

（20）杜顺语（Kroeger，1996）：

　　a. ø-po-suwang　okuh　sada　sid pata'an.
　　　行动态-po-进入　1单-主格　宾格-鱼　处所格-篮子

　　　I fill fish in the basket. 我往篮子里装鱼。

　　b. Monuwang　okuh　do pata'an　do sada.

行动态-poN-进入   1单-主格   宾格-篮子   宾格-鱼

I fill the basket with fish. 我把篮子装满鱼。

（21）马尔加什语（Paul，2000：33）：

   a. Namafy   voa   ny tany   Rasoa.

     过去时-播种   种子   限定-土地   Rasoa

     Rasoa sowed seeds in the land. Rasoa 往田里播种子。

   b. Namafy   ny   tany tamin'ny   voa   Rasoa.

     过去时-播种   限定-土地-过去时-限定   种子   Rasoa

     Rasoa sowed the land with seeds. Rasoa 把田里播满了种子。

（22）拉丁语（Siewierska，1988：112）：

   a. aquam   mensage   aspergere

     水-宾格   桌子-与格   酒

     sprinkle the water onto the table 把水洒到桌子上

   b. mensam   aquā   aspergere

     桌子-宾格   水-离格   酒

     sprinkle the table with water 把桌子洒满水

（23）印度孟加拉语（Khan，1994）：

   a. Jack   dewal-e   rong   chitalo.

     Jack   墙壁-on   油漆   喷

     Jack sprayed paint on the wall. Jack 往墙上喷油漆。

   b. Jack   rong-diye   dewal   chitalo.

     Jack   油-with   墙壁   喷

     Jack sprayed the wall with paint. Jack 把墙壁喷满了油漆。

（24）印度卡纳达语（Bhat，1977）：

   a. Ra:ju   pustakagalannu trakkinalli   tumbisida.

     Raju-主格   书-宾格   卡车-处所格   装

     Raju filled the books in the truck. Raju 把书装进卡车里。

   b. Ra:ju   trakkannu   pustakagalinda   tumbisida.

     Raju-主格   卡车-宾格   书-工具格   装

     Raju filled the truck with books. Raju 把卡车装满了书。

（25）日语（Spencer & Zwicky，2001：261）：

   a. kabe-ni   penki-o   nuru

     墙壁-on   油漆-宾格   涂抹

     smear paint on the wall 往墙上涂油漆

   b. kabe-o   penki-de   nuru

墙壁-宾格 油漆-with 涂抹

smear the wall with paint 把墙壁涂满油漆

（26）韩语（Kim、Landau & Phillips，1998）：

    a. Yumi-ka kirul-ul pyek-e chilha-ess-ta.

    Yum-主格 油-宾格 墙壁-处所格 涂-过去时-变格

    Yumi painted the oil onto the wall. Yumi 把油涂到了墙壁上。

    b. Yumi-ka pyek-ul kirul-elo chilha-ess-ta.

    Yum-主格 墙壁-宾格 油-with 涂-过去时-变格

    Yumi painted the wall with the oil. Yumi 把墙壁涂了满油。

（27）哈萨克语（李玲，2009）：

    a. Ol sudə qumərara toldərdə. 我把水灌进瓶子。

    我 水-宾格 瓶子-助格 灌

    b. Ol quməranə sumen toldərdə. 我把瓶子灌满了水。

    我 瓶子-宾格 水-向格 灌

（28）维吾尔语（力提甫，2012）：

    a. Tursun suni idis-qa tosquzdi. 土尔逊把水灌进水缸。

    土尔逊 水-宾格 水缸-向格 灌

    b. Tursun idis-ni suya tosquzdi. 土尔逊把水缸灌满了水。

    土尔逊 水缸-宾格 水 灌

第二节 处所转换构式的类型学特征

一 地区、语系及语种分布

通过上面对处所转换构式作的跨语言考察，我们发现这是人类语言的共性现象，在世界不同地区的 30 种语言中都存在，如表 5-1 所示：

表 5-1 处所转换构式的地区分布

地区分布	语种数量	语言名称
欧洲	16	英语、荷兰语、瑞典语、德语、法语、西班牙语、意大利语、俄语、保加利亚语、塞尔维亚-克罗地亚语、捷克语、波兰语、拉丁语、挪威语、现代希腊语、匈牙利语
亚洲	10	希伯来语、阿拉伯语、日语、韩语、卡纳达语、孟加拉语、杜顺语、现代汉语、哈萨克语、维吾尔语
非洲	4	切其旺语、马尔加什语、伊博语、柏柏尔语

　　处所转换构式不仅在地理上分布广泛（涵盖了欧、亚、非三大洲），而且在语系分布上也非常广泛，这 30 种语言共涉及 8 大语系：

表 5-2　　　　　　　　　　　　处所转换构式的语系分布

语系类别	语种数量	语言名称
印欧语系	16	英语、荷兰语、瑞典语、德语、法语、西班牙语、意大利语、俄语、保加利亚语、塞尔维亚-克罗地亚语、捷克语、波兰语、拉丁语、挪威语、现代希腊语、孟加拉语
阿尔泰语系	4	日语、韩语、哈萨克语、维吾尔语
尼日尔-刚果语系	2	切其旺语、伊博语
亚-非语系	3	希伯来语、阿拉伯语、柏柏尔语
南岛语系	2	马尔加什语、杜顺语
乌拉尔语系	1	匈牙利语
达罗毗荼语系	1	卡纳达语
汉藏语系	1	现代汉语

　　并且在语种类型上，处所转换构式包括了"SVO、SOV、VSO、VOS"四大主要语序类型：

表 5-3　　　　　　　　　　　　处所转换构式的语种类型分布

语序类型	语种数量	语言名称
SVO	19	英语、荷兰语、瑞典语、德语、法语、西班牙语、意大利语、俄语、保加利亚语、塞尔维亚-克罗地亚语、捷克语、波兰语、挪威语、现代希腊语、匈牙利语、希伯来语、现代汉语、切其旺语、伊博语
SOV	7	拉丁语、孟加拉语、卡纳达语、日语、韩语、哈萨克语、维吾尔语
VSO	3	阿拉伯语、柏柏尔语、杜顺语
VOS	1	马尔加什语

　　虽然调查材料中没有 OVS、OSV 语序的语言，但由于这两种语序的语言非常少，所以基本上不会影响到我们结论的可靠性。据《世界语言结构地图集》（The World Atlas of Language Structure）（2005）对世界上 1228 种语言的统计，除去 171 种被认为是基本语序不明确的，SOV 语言有 497 种、SVO 语言有 436 种、VSO 语言有 85 种、VOS 语言 26 种，四种语言总数多达 1044 种；而 OVS 语言只有 9 种、OSV 语言只有 4 种，两种语言总数才 13 种。而开创当代语序类型学的经典之作 Greenberg（1963），对欧洲、非洲、亚洲、大洋洲和美洲五大洲 30 种语言的考察，只考察了 SVO、SOV、VSO 三大主要语序语言，也没有考察 OVS、OSV 这两种语序的语言。

　　语言类型学的研究要求建立大规模的语种库（language sample），因为广泛语言的数据对于确定语言共性是绝对必要的。而语种库的建立又必须防止语系偏向（genetic bias）和地区偏向（areal bias），即必须防止抽样的语言是来自同一语系或语族，也必须防止从同一地理区域选择大量而没有代表性的语言。因为属于同一语系的成员所具有的共性，可能是从原始母语那里继承而来的，并不是真正的语言共性；而同一地区内所说的语言往往随着时间推移而互相影响，通过借用或共变具有了一些共同特征，这些特征不一定就是语言共性。此外，理想的语言取样还要防止语种类型偏向（typological bias），如必须防止取样的语言都是同一种语序（如 SVO）的语言。从上面的分析可以看出，我们建立的 30 种语言语种库，既避免了取样的语系偏向（有 8 个语系的语言）和地区偏向（涵盖欧、亚、非三大洲），同时也避免了取样的语种类型偏向（包括了 SVO、SOV、VSO、VOS 四大主要语序类型），因而所得出的共性语法现象是非常可靠的。

　　表 5-4 是我们对上文 30 种语言的语系分布、语序类型、直接宾语和旁接宾语是否定指等方面进行的分类整理。语言排列顺序主要是按照语序：SVO、VSO、VOS、SOV，同时兼顾洲际分布：欧洲、非洲、亚洲，再按语系和语族。其中最后两列中的 V 表示谓语动词，P 表示受事，L 表示处所，每列 P 和 L 下面对应的符号表示是定指的还是不定指的，其中"+"表示定指，"-"表示不定指。语序 ［V-P-L］／［P-L-V］ 基本上代表了 on 句式中受事和处所的语序，而语序［V-L-P］／［L-P-V］ 基本上代表了 with 句式中处所和受事的语序。例外的是，汉语 on 句式有 ［L-V-P］ 和 ［P-V-L］ 两种语序，with 句式是 ［L-V-P］ 语序；孟加拉语 on 句式是 ［L-P-V］ 语序，with 句式是 ［P-L-V］ 语序；日语两种句式都是 ［L-P-V］。

表 5-4　　　　　　　　30 种语言处所转换构式类型参项汇总

语言	汉译	语系/语族	基本语序	V-P-L/ P-L-V	V-L-P/ L-P-V
English	英语	印欧/日耳曼	SVO	− +	+ −
Dutch	荷兰语	印欧/日耳曼	SVO	− +	+ −
Swedish	瑞典语	印欧/日耳曼	SVO	− +	+ −
German	德语	印欧/日耳曼	SVO	− +	+ −
Norwegian	挪威语	印欧/日耳曼	SVO	− +	+ −
French	法语	印欧/罗曼	SVO	− +	+ −
Spanish	西班牙语	印欧/罗曼	SVO	− +	+ −
Italian	意大利语	印欧/罗曼	SVO	+ +	+ +

续表

语言	汉译	语系/语族	基本语序	V-P-L/ P-L-V	V-L-P/ L-P-V
Russian	俄语	印欧/斯拉夫	SVO	− +	+ −
Bulgarian	保加利亚语	印欧/斯拉夫	SVO	− +	+ −
Serbo-Croatian	塞尔维亚	印欧/斯拉夫	SVO	− +	+ −
Czech	捷克语	印欧/斯拉夫	SVO	− +	+ −
Polish	波兰语	印欧/斯拉夫	SVO	+ +	+ −
Modern Greek	现代希腊语	印欧/希腊	SVO	+ +	+ −
Hungarian	匈牙利语	乌拉尔/芬兰-乌戈尔	SVO	+ +	+ −
Chichewa	切其旺语	尼日尔-刚果语系	SVO	+ +	+ −
Igbo	伊博语	尼日尔-刚果语系	SVO	− +	+ −
Chinese	现代汉语	汉藏语系	SVO	− +	+ −
Hebrew	希伯来语	亚-非语系	SVO	− +	+ −
Arabic	阿拉伯语	亚-非语系	VSO	+ +	+ +
Berber	柏柏尔语	亚-非语系	VSO	+ +	+ +
Dusun	杜顺语	南岛语系	VSO	− +	+ −
Malagasy	马尔加什语	南岛语系	VOS	− +	+ −
Latin	拉丁语	印欧/意大利	SOV	+ +	+ −
Bangla	孟加拉语	印欧/印度-伊朗	SOV	− +	+ −
Kannada	卡纳达语	达罗毗荼语系	SOV	+ +	+ −
Japanese	日语	阿尔泰语系	SOV	− +	+ −
Korean	韩语	阿尔泰语系	SOV	+ +	+ +
Kazak	哈萨克语	阿尔泰语系	SOV	+ +	+ −
Uighur	维吾尔语	阿尔泰语系	SOV	+ +	+ −

二　七大主要类型学特征

综合以上表5-4对30种语言处所转换构式的考察，从人类语言共性的角度，我们可以归纳出以下7大主要语序特征：其中前三点主要讨论形态问题，跟传统形态类型学有关；后四点主要讨论语序问题，跟当代语序类型学密切相关。

第一，除了现代汉语之外，其他29种世界语言的处所转换构式中，on构式和with构式的区分都相当一致，且相当清楚。用相关手段，如语序、介词、格标记等，将受事论元编码为直接宾语，处所论元编码为旁接宾语的格式是on构式；将处所论元编码为直接宾语，受事论元编码为旁接宾语的格式是

with 构式。荷兰语、瑞典语、德语、匈牙利语、俄语、保加利亚语、塞尔维亚-克罗地亚语、捷克语这 8 种语言的处所转换构式，处所直接宾语完全受影响的动词必须带前缀 be-、za-、na-或 po-，而汉语是动词后必须带补语"满"。

第二，这 30 种语言中，有 18 种语言的处所转换构式都有跟 on 和 with 功能相对应的介词，以下这 12 种语言有些特殊。首先，俄语、塞尔维亚-克罗地亚语、捷克语、波兰语、伊博语这 5 种语言的处所转换构式，只有介词 on 构式，没有介词 with 构式。俄语、塞尔维亚-克罗地亚语、捷克语、波兰语的旁接宾语靠带工具格来弥补，而伊博语则没有格标记来弥补。其次，韩语跟上面 5 种语言相反，有介词 with 句式，没有介词 on 句式，旁接宾语靠带处所格来弥补。再次，印度卡纳达语、哈萨克语的处所转换构式没有介词，是把俄语和韩语的弥补手段相结合：没有 on 句式，像韩语那样旁接宾语靠带处所格或助格来弥补；没有 with 句式，像俄语那样旁接宾语靠带工具格或向格来弥补。然后，拉丁语比较特殊，没有 on 句式，旁接宾语靠带与格（dative）来弥补；没有 with 句式，旁接宾语靠带离格（ablative）来弥补。最后，马尔加什语、杜顺语、维吾尔语的处所转换既没有介词，也没有格标记来补救，主要是靠语序来区分。

以上这几种语言用格标记来弥补介词的功能也很好解释，因为格标记和介词在功能上有相同之处：它们都是人类语言介引名词短语使之成为谓词的状语（间接题元）的基本手段，都可以看作题元标记（刘丹青，2008：80）。从历时来源上说，格标记是从介词语法化而来，区别在于两者的虚化度和黏着度不同。此外，Tsunoda、Sumie & Yoshiaki（1995）对 130 种语言中的 19 种"无介词"语言的调查发现，这些语言由于没有介词，间接题元是用格助词或格标记来表示。

第三，语序为 SOV 的拉丁语、孟加拉语、卡纳达语、日语、韩语、哈萨克语、维吾尔语这 7 种语言中，或者使用后置词，如孟加拉语的-e、-diye，日语的-ni、-de，韩语的-elo；或者使用后置格标记，如拉丁语的与格-e、离格-ā，卡纳达语的处所格-inalli、工具格-inda，韩语的处所格-e，哈萨克语的宾格-ə、助格-a、向格-n，维吾尔语的宾格-ni、向格-qa。这都符合 Greenberg（1963）语言共性（4）："采用 SOV 为常规语序的语言，在远远超过随机频率的情况下，使用后置词"，即后置词 Pos 与 OV 语序相"和谐"。

语序为 VSO 的柏柏尔语和杜顺语都使用前置词，如柏柏尔语的前置词 ggw-、s-，杜顺语的前置处所格标记 sid-、前置宾格标记 do-。这也符合 Greenberg（1963）语言共性（3）："优势语序为 VSO 的语言，总是使用前置词"，即前置词 Pre 与 VO 语序相"和谐"。而语序为 SVO 的 19 种语言中，除了极少数没有介词或者使用格标记的，所有使用介词的语言都是使用前置词 Pre。

第四，在这 30 种语言中，语序为 SOV 的 7 种 OV 型语言，介词状语（PP）都在谓语动词之前，即都是"PP-V"语序，这符合 Greenberg（1963）语言共性（7）："在以 SOV 为优势语序的语言中……动词所带的一切状语都处于动词之前"，即 OV 与"PP-V"语序相"和谐"。语序为 SVO、VSO、VOS 这 23 种 VO 型语言的处所转换，除了汉语外，其他 22 种语言的 PP 状语都是位于谓语动词之后，即是"V-PP"语序。可见 VO 与"V-PP"是相"和谐"的。

汉语 PP 前置这一例外不仅是本书研究中的例外，也是 Dryer（1992）统计中的唯一例外。Dryer 基于大规模语种库的考察发现，介词短语修饰动词在语序上跟动宾结构存在严格的对应：VO 型语言使用 V-PP 语序；OV 型语言使用 PP-V 语序。在 Dryer 统计的 60 种 VO 型语言中，59 种语言都是"V-PP"语序，只有汉语是"PP-V"语序。最后，结合上面的分析我们可以看出："VO，Pre，V-PP"是互相"和谐"的一组；"OV，Pos，PP-V"是互相"和谐"的一组。我们认为这两组和谐，都是"联系项居中原则"起作用的结果，因为只有前置词跟 V-PP 相配，后置词跟 PP-V 相配，才能分别保持介词的中介位置。

第五，据陆丙甫（Lu，1998）的跨语言调查发现，人类语言具有明显的语序变动左右不对称性。联系到本书的处所转换构式，我们也发现了类似的情况。语序为 SVO、VSO、VOS 的 22 种 VO 型语言（汉语除外），处在谓语动词右边的"受事""处所"的语序都较为固定，on 句式都是 [V-P-L] 语序，with 句式都是 [V-L-P] 语序。而语序为 SOV 的 7 种 OV 型语言，处在谓语动词左边的"受事""处所"的语序极不稳定，既有 [L-P-V] 语序，又有 [P-L-V] 语序。以 on 句式为例，拉丁语、卡纳达语、韩语、哈萨克语、维吾尔语是 [P-L-V] 语序；而孟加拉语、日语则是 [L-P-V] 语序。

第六，在这 30 种语言中，除了汉语、日语、孟加拉语 3 种语言，其他 27 种语言受事 P、处所 L 相对于谓语动词 V 的语序都具有规律性：在 SVO、VSO、VOS 这些 VO 型语言中，on 句式都是 [V-P-L] 语序，with 句式都是 [V-L-P] 语序；在 SOV 的 OV 型语言中，on 句式都是 [P-L-V] 语序，with 句式都是 [L-P-V] 语序。现代汉语 on 句式有 [L-V-P] 和 [P-V-L] 两种语序，with 句式是 [L-V-P] 语序。日语处所转换前后都是 [L-P-V] 语序；孟加拉语中相当于 on 句式的是 [L-P-V]，相当于 with 句式的是 [P-L-V]，这跟其他 SOV 语序语言正好相反。至于汉语相当于 on 句式为什么是 [L-V-P] 语序，见下面"第七"汉语介词短语从后置到前置的分析。

汉语相当于 with 句式中，为什么定指的、完全受影响的处所宾语，不是像其他 20 多种世界语言那样作直接宾语，而是作旁接宾语呢？我们认为这主要是"把"字结构所致。汉语表层直接宾语有较强的"无定效应"，并且直接宾语位置所能容纳的论元种类也多于其他很多语言。由于"定指论元"倾向于被强烈地吸引到"把"字结构宾语的位置，而留在表层宾语位置的又倾向于非有定，因此世界不少语言里相当一致的 on 句式与 with 句式之间的转换，在汉语里很难找到严格的对应形式，这是可以想见的。

此外，其他 29 种世界语言里处所转换的一致特性，即"定指直接宾语是完全受影响，旁接宾语是部分受影响"，或 Dowty（1991）所说的只有"表层直接宾语（surface direct object）"才是渐成客体的位置分布规律，居然都不适用于汉语，这是一个非常值得重视的现象。如果不将汉语视为反例，则必须视"把"字宾语为直接宾语，而非旁接宾语［比如张伯江（2014）认为，"把"字不是标记旁语的介词，"把"在汉语里有更重要的句法功能，它是使完全受影响的成分得到语法编码的一种手段。我们认为这一观点值得引起关注］，这就为传统的"把"字句"提宾说"提供了新的跨语言证据。

第七，这 30 种语言中，其他 27 种语言的处所转换都是由"受事—处所"语序变为"处所—受事"语序，孟加拉语、日语和现代汉语这 3 种语言比较特殊。孟加拉语的处所转换是由"处所—受事"变为"受事—处所"。日语转换前后"受事""处所"的位置保持不变，即都是"处所—受事"。由于日语语序较为自由灵活，"受事"和"处所"也可以互换位置，变为"受事—处所"。现代汉语比较复杂，既可以从"受事—处所"（把干草装上卡车）变为"处所—受事"（把卡车装满干草），也可以跟日语一样，转换前后"受事""处所"的位置保持不变，即都是"处所—受事"，如从"往墙壁涂油漆"变为"把墙壁涂满油漆"。

但是如果从人类语言的共性来看，汉语也可以看成"受事"和"处所"的位置发生了变化。世界上绝大部分 SVO 语言的状语都在谓语动词后，而汉语的介词短语状语"PP"则经历了从古代汉语的后置（"V-PP"）到现代汉语的前置（"PP-V"）这一蜕变过程，这一历史性的转变开始于两汉，完成于元明（张赪，2002）。汉语的"往墙壁涂油漆"，虽然表层上是状语"往墙壁"前置于谓语动词"涂"，但可以看成从底层"涂油漆于墙壁"中后置状语"于墙壁"前移的结果，因为古汉语中就有状语后置的"涂漆于桓"。同理，汉语的"把油漆涂满墙壁"，表层上是状语"把油漆"前置于谓语动词"涂"，但是也可以看成从底层"涂墙壁以油漆"中后置状语"以油漆"前移的结果，因为古汉语中就有状语后置的"涂桓以漆"。总之，如果从历时角度来看，汉语跟其他 29 种语言一样，处所转换前后"受事"和"处所"语序也都发生了变化，即从"受事—处所"变为"处所—受事"。

需要特别说明的是，由于当代语言类型学所强调的经验（empirical）研究的通例是只看表层形式，那么现代汉语和古代汉语就只能看成两个根本不同的语言样本。虽然古代汉语的"涂漆于桓"和"涂桓以漆"，跟世界其他29种语言样本基本一致：on 句式是受事论元"油漆"作表层直接宾语，处所论元"桓"作表层旁接宾语；with 句式是处所论元"桓"作表层直接宾语，受事论元"油漆"作表层旁接宾语。但是古汉语的"涂桓以漆"中的"桓"是不是完全受影响，很难判断。也就是说，古汉语虽然在表层形式上符合国外语言的处所转换，但是不一定具有"完全受影响"这一构式义。加之前文主要讨论的是现代汉语，因而汉语处所转换构式的语言样本，本书取的是现代汉语，而不是古代汉语。

第三节　处所转换构式的语序动因

从当代语序类型学的角度，我们可以用制约人类语言语序变动的两大基本动因"可别度领前原理"和"语义靠近原理"（Lu，1998；陆丙甫，2005），来对这30种语言处所转换构式中受事 P、处所 L 相对于谓语动词 V 的语序远近作出统一的解释。

一　两大竞争动因

语序为 SVO 的18种语言，语序为 VSO 的柏柏尔语、阿拉伯语、杜顺语，以及语序为 VOS 的马尔加什语，这22种 VO 型语言，处所转换构式的语序具有规律性：with 句式都是［V-L-P］语序；on 句式都是［V-P-L］语序。唯一例外的是汉语，with 句式是［L-V-P］，on 句式是［L-V-P］和［P-V-L］。

这22种 VO 型语言，在遵循"语义靠近原理"和"可别度领前原理"两大动因方面，也具有规律性：with 句式是两个原理都符合；on 句式可以明显分为两种，15种语言是违背"可别度领前原理"但符合"语义靠近原理"，剩下的7种语言是两个原理都符合。下面是具体的分析。

这22种 VO 型语言，处所转换构式中的 with 句式都是［V-L-P］语序。其中表处所的直接宾语都是定指的、完全受动作影响；而表受事的旁接宾语有的语言是定指的，有的语言是不定指的，都是非完全受影响的。由于定指的、完全受影响的处所直接宾语，比不定指的或定指的、非完全受影响的旁接宾语的可别度要高，因而符合"可别度领前原理"。同时，这些语言中表示处所的直接宾语比表示受事的旁接宾语离动词更近，即"直接受影响的论元离动词更近"，因而又符合"语义靠近原理"。由于［V-L-P］语序两个动因都符合，所以比较稳定，是"优势"语序，使用的语言也比较多。

汉语 with 句式是［L-V-P］语序，"把"字后的处所宾语是定指的、完全受影响的，动词后面的直接宾语是不定指的，符合"可别度领前原理"。由于原来完全受影响的处所直接宾语，被"把"字提前变为旁接宾语，因此违背了"语义靠近原理"。

这 22 种 VO 型语言中 on 句式都是［V-P-L］语序，其中英语、荷兰语、瑞典语、德语、俄语、保加利亚语、塞尔维亚-克罗地亚语、捷克语、挪威语、法语、西班牙语、伊博语、希伯来语、杜顺语和马尔加什语这 15 种语言，由于受事直接宾语都是不定指的，而处所旁接宾语都是定指的，因而违背"可别度领前原理"。但由于直接受影响的受事宾语紧跟动词之后，所以符合"语义靠近原理"。

意大利语、现代希腊语、匈牙利语、波兰语、阿拉伯语、切其旺语、柏柏尔语这 7 种语言，受事直接宾语都是定指的，处所旁接宾语虽然也是定指的，但由于受事宾语是完全受影响的，处所宾语是部分受影响的，因而受事宾语的可别度高于处所宾语，所以符合"可别度领前原理"。同时，由于直接受影响的受事宾语紧跟动词之后，所以又符合"语义靠近原理"。

汉语 on 句式有［L-V-P］和［P-V-L］两种语序。［L-V-P］中处所 L 比受事 P 定指度要大，所以符合"可别度领前原理"；由于直接受影响的受事宾语紧跟动词之后，又符合"语义靠近原理"。［P-V-L］中动词前的受事 P（"把"的宾语）比动词后处所 L 定指度要大，符合"可别度领前原理"；直接受影响的受事宾语被"把"提前变为旁接宾语，违背了"语义靠近原理"。

语序为 SOV 的拉丁语、孟加拉语、卡纳达语、日语、韩语、哈萨克语、维吾尔语这 7 种 OV 型语言，跟上面 22 种 VO 型语言（汉语除外）有所不同。这 7 种语言的"受事""处所"相对于谓语动词的语序比较混乱，不像上面分析的 22 种 VO 型语言那样有规律性：with 句式都是［V-L-P］语序；on 句式都是［V-P-L］语序。以 with 句式为例，7 种语言中，孟加拉语是［P-L-V］语序，拉丁语、卡纳达语、日语、韩语、哈萨克语、维吾尔语这 6 种语言都是［L-P-V］语序，可见是以后者为"优势"语序。

并且这 7 种语言在遵循"语义靠近原理"和"可别度领前原理"两大动因方面也缺少规律，不像上面 22 种 VO 型语言那样有规律：with 句式是两个原理都符合；on 句式可以明显分为两种，15 种语言是违背"可别度领前原理"但符合"语义靠近原理"，剩下的 7 种语言是两个原理都符合。以 with 句为例：孟加拉语的处所直接宾语是定指的、完全受动作影响的，而表受事的旁接宾语是不定指的、非完全受动作影响的，由于其是［P-L-V］语序，因此违背"可别度领前原理"。同时，由于直接受影响的处所宾语离动词较近，所以符合"语义靠近原理"。拉丁语、卡纳达语、日语、韩语、哈萨克语、维吾尔语这 6 种语言，处所直接宾语是定指的、完全受动作影响的，而表受事的旁接宾语是不定指的、非完全受动作影响的，由于其是［L-P-V］语序，因此符合"可别度领前原理"。同时，由于直接受影响的处所宾语，比非直接受影响的受事旁接宾语，离动词距离更远，因而违背"语义靠近原理"。

二　动因竞争形成的四分表

在下面我们绘制的两个轨层结构图中，不但前面第一节所讨论的 30 种语言中，受事 P、处所 L、谓语动词 V 三者之间的语序及距离远近，能很形象地展示出来，而且这 30 种语言的 60 个句子中 P、L、V 三者的语序排列，也都能够得到体现。此外，我们还可以再加入受事 P 和处所 L 的语义指称这一参项：定指的用下标 1 表示，不定指的用下标 2 表示。30 种语言的具体情况，可参看前面的"类型参项汇总"。

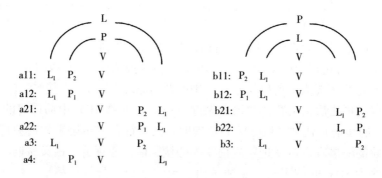

a11:	L_1	P_2	V			b11:	P_2	L_1	V	
a12:	L_1	P_1	V			b12:	P_1	L_1	V	
a21:			V	P_2	L_1	b21:			V	L_1 P_2
a22:			V	P_1	L_1	b22:			V	L_1 P_1
a3:	L_1		V	P_2		b3:	L_1		V	P_2
a4:	P_1		V		L_1					

图 5-1　处所转换构式的轨层结构图

下面来看具体语言的分布情况，a1、b1 是 OV 型语言的语序结构模式，a2、b2 是 VO 型语言的语序结构模式，a3（a4）、b3 是汉语的语序结构模式。

On 句式：

　　OV 型 7 种语言中的孟加拉语、日语用 a1［L-P-V］语序模式，拉丁语、卡纳达语、韩语、哈萨克语、维吾尔语用 b1［P-L-V］语序模式；
　　VO 型 22 种语言都用 a2［V-P-L］语序模式，汉语用 a3［L-V-P］和 a4［P-V-L］语序模式。

With 句式：

　　OV 型 7 种语言中的拉丁语、卡纳达语、日语、韩语、哈萨克语、维吾尔语用 a1［L-P-V］语序模式，孟加拉语用 b1［P-L-V］语序模式；
　　VO 型 22 种语言都用 b2［V-L-P］语序模式，汉语用 a3［L-V-P］

语序模式。

上面我们根据"可别度领前原理"和"语义靠近原理"这两大基本动因，对处所转换构式中的受事 P、处所 L 相对于谓语动词 V 的语序远近，作出了统一的解释。可以看出，其中牵涉"可别度领前原理"和"语义靠近原理"两大竞争动因（competing motivations）。动因竞争是人类语言语序变异的深层次因素，这一因素激发产生了语法结构而且又互相竞争，许多跨语言变异都是动因竞争的结果（Croft，2003：64-86）。动因竞争的作用在于可以说明类型中变异的存在，描述普遍类型规则或动因之间的交互作用。动因竞争对语言类型学的价值是，它们能说明语言类型的变异和世界语言类型的频率。因此，竞争动因对类型学变异及变异的限制条件提供了一个重要解释。一般来说，非空的（non-vacuous）动因竞争的模式特征，可以被描述为：

（1）同时满足两个动因的类型在逻辑上是不可能的（因此在两种动因之间竞争）；（满足两个动因）

（2）某些逻辑上可能的类型归于一个动因作用的结果；（满足一个动因）

（3）另一些逻辑上可能的类型可归于另一个动因作用的结果；（满足另一个动因）

（4）那些逻辑上可能出现而事实上不能出现的类型之所以被禁止，是因为它们对两个动因的要求都不能满足。（两个动因都不满足）

一个解释是否可靠，可以由某些客观的标准去验证，基于动因竞争的解释大都能经得起这种考验，因而是可靠的。作为蕴含命题分析表达方式的四分表（tetrachoric table），在语言类型学研究中有两种用途：一是表述蕴含共性（implicational universal）；二是以四缺一的方式，论证基于两种竞争动因的解释为非空解释（non-vacuous explanation）（Haiman，1985；Croft，2003）。两者不同的是，因目的不是呈现蕴含关系，而是要论证是非空解释，那么四缺一中要排除的一项，一般是同时违背两种动因的情况（上面所说的没有满足任何动因 4）。就本书而言，如果"可别度领前原理"和"语义靠近原理"这两大动因是处所转换构式的非空解释，那么下面表 5-5 的四分表中前三项必须得到跨语言的验证，而最后一项则没有语言验证。

表 5-5   **动因竞争形成的四分表**

（i）+可别度领前，+语义靠近	（ii）-可别度领前，+语义靠近
（iii）+可别度领前，-语义靠近	* （iv）-可别度领前，-语义靠近

下面结合轨层图和前面的"类型参项汇总"，来跨语言验证上面"可别度

领前原理"和"语义靠近原理"这两大动因竞争所形成的四分表。

7 种 OV 型语言可验证的形式：

On 句式：

a11 "L_1–P_2–V"：+可别度领前，+语义靠近（孟加拉语、日语）

b12 "P_1–L_1–V"：+可别度领前，−语义靠近（卡纳达语等 5 种语言）

With 句式：

a11 "L_1–P_2–V"：+可别度领前，−语义靠近（拉丁语等 5 种语言）

a12 "L_1–P_1–V"：+可别度领前，−语义靠近（韩语）

b11 "P_2–L_1–V"：−可别度领前，+语义靠近（孟加拉语）

23 种 VO 型语言可验证的形式：

On 句式：

a21 "V–P_2–L_1"：−可别度领前，+语义靠近（英语等 15 种语言）

a22 "V–P_1–L_1"：+可别度领前，+语义靠近（意大利语等 7 种语言）

a3 "L_1–V–P_2"：+可别度领前，+语义靠近（汉语）

a4 "P_1–V–L_1"：+可别度领前，−语义靠近（汉语）

With 句式：

b21 "V–L_1–P_2"：+可别度领前，+语义靠近（英语等 20 种语言）

b22 "V–L_1–P_1"：+可别度领前，+语义靠近（意大利语、阿拉伯语）

b3 "L_1–V–P_2"：+可别度领前，−语义靠近（汉语）

从上面的跨语言验证可以看出，四分表的前三项都有语言验证，是成立的；四分表的最后一项是两个动因都违背的"−可别度领前，−语义靠近"，没有语言验证，是不成立的。因而上面的四分表是完全合理的，我们基于"可别度领前原理"和"语义靠近原理"两大竞争动因对处所转换构式的解释是科学的，是非空解释。

第四节　处所转换构式"完全/部分"构式义的解释

那么处所转换构式中为什么会有宾语"完全/部分"受影响的语义差别呢？即构式义的差别是从哪儿来的呢？因为构式语法认为构式义是不能从组成成分中完全推导出来的，那么我们又该如何对构式义进行解释呢？

Goldberg（1995）对此已作了回答，她认为简单句构式与反映人类经验的基本情景的语义结构直接相连。Croft（2001）也多处指出，人们关于语言的知识就是关于世界的知识；语法描写所面临的种种构式，就是语言中对这些知识的不同程度范畴化方式。可见他们都认为对于构式义的由来可以结合人类生活经验，从认知功能的角度进行解释。下面我们就结合已有的相关研究，也尝试从认知功能的角度进行解释，并指出已有解释中存在的问题，最后从宾语定指性这个角度来作出新的解释。

一 "内容主导"与"容器主导"解释

Pinker（1989：207）把带介词 on 的形式称为"内容主导（content-oriented）"，如 a 句；把带介词 with 的形式称为"容器主导（container-oriented）"，如 b 句。

> （1）a. John smeared paint on the wall. 约翰往墙上涂油漆。
>
> b. John smeared the wall with piant. 约翰把墙壁涂满油漆。

Pinker 认为，"内容主导"和"容器主导"所对应的意义并不完全相同。"容器主导"要求容器"the wall"的状态，必须是全部被客体"paint"覆盖或者是填满。而"内容主导"则没有类似语义上的要求，即不要求客体"paint"被全部涂到容器之上。

用"内容主导"和"容器主导"之间的对立，也可以解释如下一组英语对立句子的语义差异（Fillmore，1968，附注49）。例（2）中 a 句表示花园中只有部分地方有蜜蜂，b 句暗示整个花园到处都是蜜蜂。其原因是使用了介词 with 的"容器主导"要求容器 the garden 是完全被覆盖，或被"整体解读（holistic interpretation）"，这就产生了整个花园都是蜜蜂这一意义。

> （2）a. Bees are swarming in the garden. 蜜蜂在花园里成群地飞。
>
> b. The garden is swarming with bees. 花园到处飞满了蜜蜂。

"容器主导"的这种语义要求，被 Pinker（1989）称为"整体效应（holistic effect）"。如果动词所指的事件，不可能达到"整体效应"所要求的"整体"效果，那么从"内容主导"到"容器主导"的转换就不能进行。Pinker 认为这就是动词 throw 和 push 不能进行处所转换的原因。例如：

> （3）a. John threw the toy into the room.
>
> 约翰把玩具扔到了房间里。
>
> b. *John threw the room with the toy.
>
> *约翰把房间扔满了那个玩具。
>
> （4）a. John pushed the car onto the road.

约翰把汽车推上了公路。

b. *John pushed the road with the car.

*约翰把公路推满了那辆汽车。

我们认为 throw 和 push 之所以不能进行处所转换，是因为两句中的"内容" the toy 和 the car 都是单数。根据常识可知，一个玩具不可能把一个房间装满，一辆汽车也不可能挤满整条公路，这就是以上两例中 b 句不成立的原因。假如把例（3）、例（4）中 b 句的 the toy 和 the car 都改为复数形式的 toys 和 cars，那么 throw（扔）和 push（推）就有可能进行处所转换，从而实现 Pinker 的从"内容主导"到"容器主导"的转换。例如：

（5）John threw the room with toys. 约翰把房间扔满了玩具。

（6）John pushed the road with cars. 约翰把公路推满了汽车。

在 Pinker（1989）的"内容主导"和"容器主导"基础之上，按照"内容"和"容器"空间形状的不同，是平面的还是立体的，我们对带 with 的"容器主导"进行下位分类。

第一，"内容"和"容器"都是平面的。以下例（7）、例（8）中的"内容"是"油漆""水"，"容器"是"墙壁""地板"。例句中"容器"看成平面状是比较容易理解的，而对于"内容"的物理形状，必须进入句式以后才能判断，如墙壁是平面的，那么覆盖墙壁表层的油漆也是平面的。

（7）John smeared the wall with piant. 约翰把墙壁涂满了油漆。

（8）Chris splashed the floor with water. 克里斯把地板泼满了水。

第二，"内容"和"容器"都是立体的。以下例（9）、例（10）中的"马车""罐子"是立体的"容器"，"干草""硬币"是"内容"，入句以后其整体形状也都是立体的。

（9）She loaded the wagon with hay. 她把马车装满了干草。

（10）He crammed the jar with pennies. 他把罐子塞满了硬币。

第三，"内容"是立体的，"容器"是平面的。例（11）中"盘子"是"容器"，其物理形状是平面的，"土豆泥"是"内容"，由于是"堆满"，所以其物理形状则是立体的。

（11）Pat heaped her plate with mash potatoes.

帕特把她的盘子堆满了土豆泥。

从逻辑上来说，除了上面所分析的三种情况之外，应该还有第四种："内容"是平面的，"容器"是立体的，但这种情况没有找到实际的语料来验证。为什么此种情况不存在呢？因为这一模式违背了上面 Pinker 提出的"容器主导"要求，即容器的状态必须是全部被客体覆盖或者是填满。由于"内容"是平面的，"容器"是立体的，无法满足这一条件，即"内容"不能装满"容器"，所以第四种模式不成立。

从上面的分析可以看出，严格来说，Pinker（1989）的"内容主导"与"容器主导"算不上真正的解释，其实只是一种说法，是一个硬性规定，即规定"容器主导"的容器必须全部被覆盖，而"内容主导"则没有这样的要求。

二 格语法"透视域"解释

构式语法在很大程度上来源于格语法发展后期的"框架语义学"（Goldberg，1995），这就启发我们从格语法角度来对处所转换构式进行解释。Fillmore 在其后期的框架语义学（Fillmore，1977a、b）中，对前期理论作了许多修正，其中比较突出的就是"透视域（perspective）"概念的提出。

格语法认为句子描述的是场景（scene），场景中的各参与者承担角色，构成句子的底层结构。底层结构选择一部分参与者进入透视域，成为句子的核心（nucleus）成分，如直接宾语；没有进入透视域的成分，不一定出现在句子中，即使出现的话也只是作为句子的外围（periphery）部分，外围成分通常由介词短语、各种状语或从句引入。一个成分能否进入"透视域"，充当句子的核心成分（直接宾语）的条件，主要是由参与者的"显要性等级（saliency hierachy）"决定的，而显要性等级又是由"生命性""变化性""有定性""整体性（totality）"和"个体性（individuation）"等因素决定的（参照 Fillmore，1977a、b）。

当场景中除了施事，还有客体（object）和目标（goal）时，如果目标没有什么特别值得陈述的地方，那么通常是客体进入核心充当直接宾语，如例（1）、例（2）中 a 句的 hay 和 mud。如果对目标采取的行为动作具有一种"完全（complete）"的整体意义，即具有"整体性（totality）"，这就会使得终点实体显得突出，有利于它进入核心充当直接宾语，如例（1）、例（2）中 b 句的 the truck 和 the wall。

（1）a. I loaded hay onto the truck. 我往卡车上装干草。

　　 b. I loaded the truck with hay. 我把卡车装满了干草。

（2）a. I smeared mud on the wall. 我往墙壁上抹泥。

　　 b. I smeared the wall with mud. 我把墙壁抹满了泥。

例（1）、例（2）的 b 句都是目标进入核心成为直接宾语，句中的目标成分 the truck 和 the wall 都具有整体的完整义，即"完全受影响"。因此两句分别翻译为"我把卡车装满了干草""我把墙壁抹满了泥"，句中的客体成分"hay""mud"则成为要靠介词引入的外围成分。而两例 a 句都是客体 hay 和 mud 进入核心，并没有完全的整体义。

Fillmore（1977b）认为如果对目标采取的行动具有一种"完全的（complete）"意义，那么目标名词就获得了显要性进入核心。于是，对于 loaded the truck with hay 最自然的理解是把卡车"装满"干草；而对于 smeared the wall with mud 最自然的理解是把墙壁"抹满"泥，这就是 Anderson（1971）所说的"整体性（holistic）"意义。

三　"距离象似动因"解释

熊仲儒（2004：216）指出，以下每个实现为直接宾语的论元，都受到了动作的"完全影响"。比如，例（1）a 表示被喷的油漆全部都在墙上，但墙可能只是少数的几个地方有油漆。例（1）b 则正好相反，墙壁全部涂上了油漆，而油漆可能没用完。

（1）a. Mary sprayed paint on the wall.

　　　b. Mary sprayed the wall with paint.

张伯江（2000）也分析了类似的句子，他认为以下例（2）、例（3）分别含有"全部油漆"和"全部干草"的意思。

（2）We sprayed paint on the wall. 我们把油漆喷在墙上。

（3）I loaded the hay onto the truck. 我把干草装在卡车上。

对上面熊、张两位先生的分析，我们并不完全赞同。例（1）a、例（2）中光杆直接宾语 paint 在语义指称上都是不定指的，不具有个体性，也无法计量，因而根本不存在是完全受影响还是部分受影响。张伯江把例（3）翻译成"把"字句没问题，因为直接宾语 the hay 是定指的，但是不能把例（2）中的光杆不定指宾语 paint 也翻译成汉语介词"把"的宾语，因为介词"把"后带的光杆宾语倾向是定指的。此外，on 句式中光杆直接宾语，也不是完全受影响的，这可以通过添加修饰词 some 来说明（Jackendoff 1990：172），如：

（4）a. Felix loaded books on the truck.

→　　b. Felix loaded some books on the truck.

由此可见，on 句式直接宾语可以是光杆的，如例（1）a；也可以是定指的，如例（3）；还可以是带修饰词 some 的，如例（4）b。

如果要表达把所有的油漆都涂到墙壁上，即完全受影响的是"油漆"也可以，那就是在 paint 前加定冠词 the，例（5）匈牙利语的例子就是很好的说明（Moravcsik，1978：257）。

（5）Janos　ramazolta　　　　a　festeket　　　a　falra.
　　 约翰　 onto-涂-他-它　那　油漆-宾格　　那　墙壁-onto
　　 John smeared the paint on the wall.
　　 约翰把油漆涂到墙壁上。

这在汉语中也有类似的体现，如张伯江（2001）就认为，跟例（6）a 句的"主动宾"句相比，b 的"把"字句和 c 句的"被"字句，所表达的"受影响"语义更彻底。这体现在 a 句的行为不是必须带有"完全喝掉了酒"的意思，而 b、c 两句则一定是完全喝掉了特定量的酒（如某一杯、一瓶、一坛）的意思。b、c 两句之所以会产生这样的语义，我们认为与宾语"酒"的语义指称有很大关系，因为 b 句把字句的光杆宾语"酒"和 c 句句首的光杆名词"酒"都是定指的，所以可以是完全受影响的，而 a 句的"酒"是不定指的，不可能是完全受影响的。

（6）a. 他喝了酒了。
　　 b. 他把酒喝了。
　　 c. 酒被他喝了。

由于汉语形态不发达，所以我们的这一分析体现得还不是很明显，如果把上面三句翻译成英语则会体现得更明显，如例（7）。汉语介词"把"字后面的光杆宾语是有定的，由于"宾语的有定的性质，在英文里头常在前头加上一个有定冠词 the"（吕叔湘，1948），如 b、c 两句 wine 前面都加了定冠词 the。

（7）a. He has drunk some wine.
　　 b. He has drunk the wine.
　　 c. The wine has been drunk by him.

以上的翻译也可以间接说明，我们上面认为 Mary sprayed paint on the wall 中 paint 不是完全受影响的合理性，因为 paint 前面没有定冠词 the。此外，通过第二节对前文 30 种语言处所转换构式的统计发现，由介词 on 引导的句子直接宾语是定指的语言有 10 种。因而我们认为直接宾语的定指性会影响其受影响的程度：定指直接宾语个体化程度高，易于完全受动作的影响；而不定指直接宾语个体化程度低，不易完全受动作的影响（Hopper & Thompson，1980）。

也就是说，我们这一观点是合理的，是有跨语言材料支撑的。

那么英语处所转换构式的"完全受影响"义，是从哪儿来的呢？熊仲儒（2004：217）用"距离象似动因"作了解释，即成分之间的语言距离，反映了由这些成分表达的概念之间的距离。在概念距离的定义中，"相互影响"的两个概念在概念上距离很近，这就要求它们在语言距离上也很近。熊仲儒认为，通过对比很明显例（1）a 中 sprayed 与 paint 的语言距离，比例（1）b 中相应的距离更近，所以概念距离更近，因此例（1）a 中的 paint 有完全受影响义。例（1）b 中的 sprayed 与 the wall 的语言距离，比例（1）a 中相应的距离更近，所以概念距离更近，因此例（1）b 中的 the wall 有完全受影响义。

张伯江（2000）也用"距离象似动因"，对直接宾语完全受影响作出了解释。他认为动词距离宾语越近，就越容易实现对宾语的影响，也就越容易使宾语完全受影响，这就是 Lakoff 所说的"临近便是影响力的加强"的原理。受动事物贴在动词前面出现，一方面满足"在行为之前确定目标的要求"，另一方面也是让事物贴近动词的最佳策略——因为动词后最有竞争力的首先是"体"等成分，宾语的竞争力并不强。这样动词前的受动事物，就具有了比动词后更强的被影响力。

以上熊、张两位先生利用"距离象似动因"，对处所转换前后进行了对称性的解释：无论是受事还是处所，只要它们担任直接宾语，由于离动词比较近，那么它们都是完全受影响的。可见他们都没注意到，宾语的语义指称会对其是否受影响以及受影响程度大小，产生重要影响。用"距离象似动因"可以解释带定冠词 the 的宾语（即定指宾语）为什么会完全受影响，如例（1）b、例（3）。不定指宾语根本就不具有个体性，也就不存在受到动作影响程度的大小问题，那么他们认为光杆形式的不定指直接宾语也会完全受影响，就显得不合适了，如例（1）a 和例（2）。

虽然例（1）a 和例（2）中的光杆不定指直接宾语 paint，不是完全受影响，Beavers（2008）将其视为独立于整体效应的一个"直交因素（orthogonal factor）"，但是其在受影响的确定性上，要高于句中的旁接宾语 the wall。因为根据 Beavers 的研究（2008、2011），包括处所在内的各种"直接宾语/旁接宾语"转换都有一个共同点，即动词所代表的动作对"直接宾语/旁接宾语"影响程度上的差异，都可以归结为"单一确定性（monotonic specifity）"上的区别：直接宾语所受的影响是"确定的（specific）"，旁接宾语所受的影响是"不确定的（under-specified）"。这在以下三组例句的对比中体现得更明显。

    （8）a. John ate the sandwich.（sandwich necessarily totally affected）

          b. John ate at the sandwich.（sandwich not necessarily totally affected）

    （9）a. John mailed Mary a letter.（Mary necessarily intended possession）

          b. John mailed a letter to Mary.（Mary not necessarily intended possession）

（10）　a. Mary sprayed paint on the wall，but the wall remained intact.

　　　　b. * Mary sprayed paint on the wall，but not a single drop was used.

四　处所转换的类型模式及功能解释

上一节讨论了直接宾语的定指性对其是否完全受影响产生影响，本节就专门从宾语（既包括直接宾语，也包括旁接宾语）是否定指来讨论处所转换构式的类型模式。语言类型学在研究方法上的特点之一，就是先列出逻辑上的所有可能性，然后拿各种逻辑上的可能性到大量语言中去验证，得到语言验证的符合语言共性，得不到语言验证的就违背某种语言共性（刘丹青，2003：26）。

下文的研究思路是：我们先从逻辑上推导出处所转换构式的所有类型模式，然后利用上文的 30 种语言语料，对类型模式进行跨语言的验证，最后从认知功能上解释为什么有的模式成立，即有跨语言的验证，而有的模式却不成立，即没有跨语言的验证。

我们把受事宾语用 P 表示，处所宾语用 L 表示，那么从逻辑上来说就有四种模式：1. P 定指，L 不定指；2. P 不定指，L 定指；3. P 和 L 都定指；4. P 和 L 都不定指。用下标的"1"表示定指，下标的"2"表示不定指，那么就可以形成如下一个四分表（tetrachoric table）：

表 5-6　　　　　　　　　　**处所转换构式的类型模式**

*1.　P_1，　L_2	2.　P_2，　L_1
3.　P_1，　L_1	*4.　P_2，　L_2

下面结合上文的 30 种世界语言，对表中的四种模式进行跨语言的验证。先看没有语言验证的模式 1 和模式 4，再看有语言验证的模式 3 和模式 2。

模式 1 是 P 定指，L 不定指，上文调查得到的 30 种语言语料中没有这种模式。在我们所能搜集到的大量相关文献里（包括专门讨论处所转换的专著 Iwata，2008），只有 Dowty（1991）提到了 P 定指，L 不定指的例句，如：

（1）　a. John sprayed this（whole）can of paint onto subway cars in an hour.
　　　　约翰一个小时就把这整罐油漆喷到地铁车上。

　　　　b. John sprayed subway cars with this（whole）can of paint for an hour.
　　　　约翰往地铁车上喷油漆喷了一个小时。

例（1）b 跟我们讨论的处所转换构式不同，句末增加了表时间的词语，这会影响句子的语义解读。因为包含不定指的处所直接宾语的"John sprayed subway cars with this（whole）can of paint"，这句话单独是不能说的，句末增加时间词语 for an hour 后，即 b 句，句子的体貌发生了变化，谓语由"有界（telic）"变为"无界（atelic）"，不定指处所直接宾语 subway cars 不再具有完全受影响义或"整体效应"。比如，例（1）两句句末分别更换时间词语后，句子则又都不能说了，如（Dowty，1991）：

(2) a. * John sprayed this (whole) can of paint onto subway cars for an hour.
　　b. * John sprayed subway cars with this (whole) can of paint in an hour.

也就是说，句子谓语的"界限性（telicity）"会影响句中直接宾语的受影响程度。如果谓语是"无界（atelic）"的，体现在句末"介词 for + 时间词语"，直接宾语（无论是"受事"还是"处所"）都不是完全受影响，或不具有"整体效应"，如（Jackendoff，1996：346）：

(3) Bill sprayed the wall with paint (for ten minutes), but it still wasn't covered.
比尔往墙上喷油漆（喷了十分钟），但墙壁还没有喷好。

模式 4 是 P 和 L 都不定指，上文调查得到的 30 种语言语料中没有这种模式。在我们所能搜集到的大量相关文献里，只有 Pinker（1989）、Gleitman & Landau（2012）提到了 P 和 L 都不定指的处所转换例句。

Pinker（1989：80）指出，在处所转换 you load a wagon with hay 中 a wagon 一定是满的，但是在 you load hay onto the wagon 中 the wagon 则不是满的。Pinker（1989：94）认为，在 loading hay into a wagon 中是 hay 受到了影响，在 loading a wagon with hay 中则是 a wagon 受到影响。以上都是 Pinker（1989）正文分析中为了说明问题随文所举的例句，跟其文中标序号的正式例句明显不同，并且整本书中处所转换的例句很多，只有这两处出现的处所 L 是不定指的，因而其成句能力很值得怀疑。至于 you load a wagon with hay 和 you load hay onto the wagon，我们认为可能是作者的笔误，应把前一句改为 you load the wagon with hay。至于 loading hay into a wagon 和 loading a wagon with hay，只是为了说明受事 hay 和处所 a wagon，无论哪个受到动作的影响，都并未牵涉到完全受影响或整体效应的问题，因而都用了不定指的 a wagon 而不是定指的 the wagon。

Gleitman & Landau（2012：97）列举了下面例（4）这个受事 P 和处所 L 都是不定指的处所转换构式，文中标注例句是引自 Fillmore（1968）。但是我们仔细核查后发现，Fillmore（1968）正文及脚注中虽然提到了处所转换，也有几个例句，但是并没有动词 loaded 的例句。倒是在 Fillmore（1977a：69）一文中出现了 loaded 的例句，即例（5），但是跟例（4）不一样。因而我们可以断定，例（4）是 Gleitman & Landau（2012）转引时出错的不合格例句。

（4）a. John loaded hay into a wagon.

b. John loaded a wagon with hay.

（5）a. I loaded hay onto the truck.

b. I loaded the truck with hay.

模式 3 是 P 定指，L 定指，上文 30 种语言中，on 句式采用此种模式的有 12 种（意大利语、现代希腊语、匈牙利语、波兰语、阿拉伯语、切其旺语、柏柏尔语、拉丁语、卡纳达语、韩语、哈萨克语、维吾尔语）；with 句式采用此种模式的有 3 种（意大利语、阿拉伯语、韩语）。在 on 句式中以 "The farmer loaded the hay on the wagon" 为例，马车和干草都是有定的，句子可以理解为农民把那堆干草装到那辆马车上；在 with 句式中以 "The farmer loaded the wagon with the hay" 为例，马车和干草也都是有定的，句子可以理解为农民把那辆马车装满了干草。用 on 和 with 的差别在于：前一句中完全受影响的是干草，即把所有干草都装到马车上，马车能不能装满没有要求；后一句中完全受影响的是马车，即马车装满了干草，由于干草也是有定的，那么干草和马车之间就形成了一种比例或配比关系，即 "干草的数量正好装满马车，干草和马车都没有剩余"（Dowty，1991），也就是说那堆干草正好装满那辆马车，这跟汉语中表示数量供应关系的数目可逆句，"一锅饭吃十个人／十个人吃一锅饭""一条板凳坐三个人／三个人坐一条板凳"等相似。此外，当干草的数量超过马车的容量时，则用动词 overload，如 "The farmer overloaded the wagon with hay"。

模式 2 是 P 不定指，L 定指，上文 30 种语言中，on 句式采用此种模式的是除了模式 3 的其他 18 种语言；with 句式采用此种模式的是除了模式 3 的其他 27 种语言。模式 2 是 P 不定指，L 定指；而模式 1 是 P 定指，L 不定指，这两种模式是对立的。我们可以利用 Pinker（1989）的"容器"和"内容"进行解释。从本节"容器主导"的下位分类所举的例句可以看出，其中"容器"（即"处所"）都是定指的，大部分都受定冠词 the 的修饰，有的是受人称代词的修饰；而"内容"（即"受事"）则都是不定指的，表现为都是光杆名词。这也很好解释，因为"容器"一般是单个的定指个体，而"内容"则一般都是复数的个体，而究竟多少个个体可以装满容器，则很难计算，所以一般表示内容的都是不定指的光杆名词。我们不禁要提出疑问，模式 2 中 with 句中的 P，除了以上讨论的光杆名词，量化名词短语行不行呢？答案是否定的。比如，Jackendoff（1990：172）就明确提到例（6）这句的接受度很低。

（6）*Felix loaded the truck with some books.

跟英语相对应，其实汉语处所转换构式"把+处所+V 满+受事"中的句末受事 P，也有类似的限制，表现在很难受表量的指示代词、数量短语和约数词的修饰，具体见本章第一节第二部分的例（12）—例（14）。

王立弟（2003：115）为了证明处所直接宾语不一定是完全受影响的，举了以下两例。他指出：例（7）的卡车可以不是完全受影响的，句子也能成立，只有当卡车的容量正好是装五箱子书的时候，卡车才是完全受影响的；例（8）的婴儿也可以是没喂饱，只有当婴儿的饭量正好是半瓶奶时，婴儿才吃饱了。我们认为处所转换是一种构式，不能按照常规的方式来造句和理解，毕竟英语不是我们的母语。

> （7）John loaded the truck with fives of books.
> （8）John fed the baby with half a bottle of milk.

最后，对比成立的模式 2 和模式 3，我们发现一个有趣的现象：担任直接宾语的受事可以是定指的，也可以是不定指的；担任直接宾语的处所，都必须是定指的，不可以是不定指的。这一现象也很好解释，我们可以把受事编码为直接宾语（即 on 句式），看作无标记的基本语序，因为是无标记的，所以前面的论元是否具有"整体效应"这一点上是自由的，也是无标记的，是 unspecified 的。所以才出现了 on 句式受事直接宾语 18 种语言是不定指的，12 种语言是定指的，这一两可的情况。我们可以把处所编码为直接宾语的语序（即 with 句式）看成派生语序，其动因是处所有"整体效应"，因此需要前移（这跟汉语"把"字句的"提宾说"有些类似，汉语表层直接宾语有较强的"无定效应"，那么动词后面的定指直接宾语倾向于被强烈地吸引到"把"字结构宾语的位置）。要达到"整体效应"，那么发生移位的处所肯定必须是定指的，因为只有定指宾语才能更易完全受影响（Hopper & Thompson，1980），才能符合"整体效应"的条件。

此外，汉语中无标记的"主-动-宾"（我吃了苹果），由于光杆受事宾语从动词后移到动词前，就形成有标记的把字句（我把苹果吃了）、被字句（苹果被我吃了）和话题句（苹果我吃了）等。与此同时，光杆受事成分的语义指称也发生了变化，从宾语位置的不定指变为动前位置的定指，由动词后面前移而来的受事成分，也有了"整体效应"的语义蕴含。

第六章

"整体—部分"语序的分裂移位

第一节 "整体—部分"研究概况及研究对象

一 "整体—部分"研究概况

关于汉语句法层面从"整体"到"部分"的这种"整体—部分"语序，早已引起了方家们的关注，如黎天睦（Light，1979）、戴浩一（1990、2002）、董秀芳（2009）、陆丙甫（2012），等等。

黎天睦（Light，1979）基于汉语"整体—部分"名词短语的语序模式是严格固定的，提出了"整体先于部分（whole before part）"的原则。这一原则决定了在名词词组里若有"整体"与"部分"关系存在时，表"整体"的词一定出现在表"部分"的词之前。如：

(1) a. 书多少钱一本？
    b. 书一本多少钱？

戴浩一（1990）认为汉语是通过"整体—部分"的图式来讨论空间关系的，如"那本书在桌子的上头"。"桌子的上头"表示"整体—部分"关系，跟"我的书"完全一样。而在"桌子的上面有一本书"这句话里，"整体—部分"的关系首先存在于"桌子"和"上面"之间，然后存在于作为"整体"的"桌子的上面"和作为"部分"的"一本书"之间。此外，戴先生还对"整体"先于"部分"的原则在汉语句法里的体现，作了举例说明，如例(2)、例(3)。如果把语序颠倒一下，"部分"出现在"整体"前面，那么以下两例就不能成立。可见，"整体—部分"关系不仅存在于现实世界，而且也存在于我们的观念世界。

(2) a. 我剥了桔子的皮。
    b. 我把桔子剥了皮。
    c. 桔子被我剥了皮。

（3）a. 五个桔子我吃了三个。
　　　b. 我把五个桔子吃了三个。
　　　c. 五个桔子被我吃了三个。

　　戴浩一（2002）进一步指出，汉语的一个概念化原则是"整体"与"部分"。只有"整体"才能成为主题（topic），才能作为"把"字句的受词，如（4）a；被字句的主词，如（5）a。那么说汉语的人为什么先提"整体"后提"部分"呢？这是因为说汉语的人在时间上先感知"整体"然后再感知"部分"，还是他们只不过先讲"整体"后讲"部分"呢？选择后者等于认为词序是纯粹的约定，选择前者可能是一种猜测。

　　（4）a. 我把五个苹果吃了三个。
　　　b. *我把三个苹果吃了五个。
　　（5）a. 五个苹果被我吃了三个。
　　　b. *三个苹果被我吃了五个。

　　董秀芳（2009）也顺便探讨了整体部分关系在汉语句法中的反映，具体探讨了三种句式：一是分裂移位式，如例（6）；二是主谓谓语句，如例（7）；三是描写性名词谓语句，如例（8）。

　　（6）那把椅子折了一条腿。
　　（7）这棵树，叶子大。
　　（8）那个人，黄头发。

　　跟上面这几篇文章只是简单提及汉语语法中"整体—部分"语序不同，陆丙甫（2012）则专文探讨人类语言中的共性语序规律，即人类语言"整体—部分、多量—少量"优势顺序的普遍性。比如，英语、法语、西班牙语、意大利语、俄语、德语、日语等，在表达"去年他五月出国三次"中"去年"和"五月"尽管分开了，但仍然维持原来的相对顺序，即都符合"整体—部分"语序。

　　从上面的分析可以看出，已有研究中的"整体—部分"语序，有的是对事物描述的顺序，是先说整体，然后再说部分；虽然有的也已经涉及句法，即同一个句子之内"整体"与"部分"的语序关系，但也只是略微涉及，并没有展开分析。而本章及第七、第八两章就专门讨论句法层面（更精确地说是同一个句子之内）的"整体—部分"语序关系。

二　研究对象的界定

　　本章及第七章、第八章主要研究以下四种含有部分量的"整体—部分"

语序：领主属宾句、论元分裂式话题句、偏称宾语处置式、偏称宾语被动句。其中后三种句式可以看成一类，因为它们都是由一般的主动宾句"我吃了三个苹果"，通过宾语的中心语前移变换而来的。

(1) 王奶奶瞎了一只眼。（领主属宾句）
　　整体+V+部分（语义结构）
(2) 苹果我吃了三个。（论元分裂式话题句）
　　整体+施事+V+部分（语义结构）
(3) 我把苹果吃了三个。（偏称宾语处置式）
　　施事+把+整体+V+部分（语义结构）
(4) 苹果被我吃了三个。（偏称宾语被动句）
　　整体+被+施事+V+部分（语义结构）

上面例（1）跟后三种句式的不同主要体现在动词上，"瞎"是不及物动词或非宾格动词，"吃"是及物动词。根据李占娘（1987）、郭继懋（1990）的研究，像例（1）这种领主属宾句的宾语主要是由表示确量（如"农场死了两头牛""教室里少了一把椅子"）和不定量（如"他脱了很多头发""他丢了几百块钱"）的数量短语构成。

以上四类句式有一个共同特点，那就是在同一个句子之内，表示整体的成分在动词之前，表示整体中的一部分的数量词语放在动词之后的句末。那么为什么要把数量词语放在句末呢？我们认为主要是为了强调，后三类都是从"我吃了三个苹果"通过移位变换而来的，都是把"三个苹果"中的核心成分"苹果"前移，那么原来是修饰成分的定语"三个"就留在句末成为宾语，也成为核心成分，其句法地位获得了提升。上面例（1）可以看成是从深层结构"瞎了王奶奶的一只眼"移位而来的，而句末又是句子自然焦点的常规位置。

由于焦点是强调的常用手段，所以我们认为句末的数量词语有强调的作用，强调受事是部分受影响，或宾语表达的是"部分量"。也就是说，四类句子末尾数量词语都是自然焦点，跟一般主动宾句相比，这四类句子都有个焦点化的过程。此外，这四种句式从"整体"到"部分"的语序，还符合从整体到部分认知顺序的格式塔心理学（Gestalt Psychology）的完型原则，即人们认识事物习惯从整体开始，然后再去琢磨事物的细节。

第二节　分裂移位的类型及动因

最近几年，国内语法学界很多学者都从不同角度，以"王冕死了父亲"这一不及物动词"死"带宾语的句子为例，探讨汉语中由于领有名词组提升移位而产生的"部分格"：从现代汉语角度探讨的，主要有徐杰（1999），韩景泉（2000），沈家煊（2006），潘海华、韩景泉（2008），胡建华（2008），刘探宙（2009）等；从古代汉语角度探讨此句式衍生过程的，主要有石毓智（2007），帅志嵩（2008），俞理明、吕建军（2011）等。此外，储泽祥（2010），陆丙甫（2012）都涉及汉语表示整体的成分倾向前置，表示部分的成分倾向于后置，整体和部分在一个句子中共现时，总是表整体的在前、表部分在后的"整体—部分"语序，而不是相反。跟已有众多研究不同的是，我们将换一种研究思路，从探讨汉语主语和宾语位置上的修饰语或中心语的分裂移位（前移或后移），从而形成"整体—部分"语序，这一新的研究视角为切入口，来尝试探讨"部分格"的实质。

移位可以分为非分裂移位和分裂移位两大类（陆俭明、沈阳 2005）。所谓非分裂移位是指主语或宾语位置的体词性短语，由于某种原因发生整块移位的现象。这又包含两种情况：一种情况是，宾语的整块前移，如：

(1) 塌了工厂的一堵围墙。→ 工厂的一堵围墙塌了。

(2) 烂了白菜的心儿。→ 白菜的心儿烂了。

另一种情况是，主语整块后移，如：

(3) 一只小鸟落树上了。→ 落树上了一只小鸟。

(4) 许多人病倒了。→ 病倒了许多人。

所谓分裂移位是指主语或宾语位置的体词性短语 NP，由于某种原因，其中的修饰语或中心语发生了前移或后移的现象。当然这里的前移或后移是相对于谓语动词来说的，具体情况下面还将详细分析。

此外，需要强调的是，有些句子貌似由分裂移位而产生，如包含数量词语"五个"的例（5），以及包含指示词"这"的例（6）。虽然句子中也有"整体—部分"关系，但是由于分开的两部分不能合并为一个短语，因此不能看成分裂移位。

(5) 我五个苹果吃了三个。→ *我吃了三个五个苹果。

(6) 我这本书看了十页。→ *我看了十页这本书。

一　分裂移位的类型

汉语"整体—部分"分裂移位类型主要包括以下三种：宾语位置上表"整体"成分的分裂前移；主语位置上表"部分"成分的分裂后移；兼语句中表"整体"成分的分裂前移。

（一）宾语表"整体"的分裂前移

汉语表"整体"成分的前移，大都发生在宾语的位置上，这又分为两种情况：

1) 宾语的修饰语分裂前移。从以下两句可以看到，句中的修饰语"那些参考书""《红楼梦》"和中心语"一部分""前80回"之间是整体与部分关系。宾语的修饰语分裂前移后，位于动词后句尾的数量短语"一部分""前80回"，表达的都是"部分量"。

（1）我看过那些参考书的一部分。

→ 那些参考书$_{(整体)}$我看过一部分$_{(部分)}$。

（2）我只读过《红楼梦》前80回。

→《红楼梦》$_{(整体)}$我只读过前80回$_{(部分)}$。

2) 宾语的中心语分裂前移。以下两句都是宾语发生了分裂移位，宾语中心语移位到句首，宾语的修饰语留在原位置不动。移位后，句首位置的成分与宾语位置的修饰语形成"整体"和"部分"关系。例（3）、例（4）中的"几件""三个"都是从数量上，对句首表"整体"的"衣服""苹果"进行修饰限制。

（3）她洗了几件衣服。→ 衣服$_{(整体)}$她洗了几件$_{(部分)}$。

（4）他吃了三个苹果。→ 苹果$_{(整体)}$他吃了三个$_{(部分)}$。

（二）主语表"部分"的分裂后移

汉语表"部分"成分的后移，都发生在主语的位置上，都是主语的数量修饰语后移。以下两句都是主语发生了分裂移位，主语的数量修饰语移到句尾担任宾语，主语的中心语位置不变。发生分裂移位后的句子中，主语和宾语之间形成"整体"和"部分"的语义关系。例（5）中工厂的围墙一般有三堵，塌了一堵也只是整体的三分之一。例（6）奶奶瞎了一只眼，还有另一只眼没瞎。

（5）工厂的一堵围墙塌了。→ 工厂的围墙塌了一堵。

（6）奶奶的一只眼睛瞎了。→ 奶奶的眼睛瞎了一只。

上面讨论的是汉语普通话中表"部分"的主语数量修饰语后移，但是在个别方言中却不允许这种分裂移位。比如在地处安徽省西南部属于赣语的岳西话中，就不允许分裂移位（储泽祥，2006）。岳西话只能说例（7），"桌子"和"腿"分开的例（8）、例（9）都是不说的。我们认为这些例子或许说明了生命度在起作用，"桌子"换成"人"就可以这样转换，因为"人"的生命度高，单独前置的倾向较大。

（7）桌子腿让人家打断着。

桌子腿被人打断了。

（8）＊桌子让人家打断腿着。

（9）＊桌子让人家打断着腿。

前面分析了宾语的分裂移位，可以有宾语的修饰语和中心语前移两种情况，跟宾语分裂移位不同的是，主语位置的分裂移位只有主语的数量修饰语后移这一种情况，如上面例（5）、例（6）所分析的，而没有主语的非数量修饰语后移，如下面例句中主语的修饰语后移都是不成立的。

（10）工厂的一堵围墙塌了。

　→　＊一堵围墙(部分)塌了工厂(整体)。

（11）奶奶的一只眼睛瞎了。

　→　＊一只眼睛(部分)瞎了奶奶(整体)。

以上移位之所以不成立，是因为它违背了汉语的"整体—部分"语序。郭继懋（1990）指出在普通话"主—动—宾"结构中，宾语可以放到主语的前面，而且基本语义不发生变化，如例（12）。但是"领主属宾句"的宾语则不能放到主语的前面，如例（13）。

（12）他吃了那个桔子。→那个桔子他吃了。

（13）他断了一条腿。→＊一条腿他断了。

我们认为例（12）宾语之所以可以放到主语的前面，是因为主语"他"和宾语"那个桔子"之间并没有"整体"和"部分"语义关系。而例（13）则不同，主语"他"和宾语"一条腿"之间是"整体"和"部分"语义关系，宾语放到主语的前面后，形成从"部分"到"整体"的语序，违背了汉语的"整体—部分"语序，所以句子不成立。

沈阳（1996）所指出的以下现象，也是由于汉语"整体—部分"语序造成的。汉语有些带数量词的名词组，如果发生分裂移位，那么向后分裂移位的成分一定不能是其中的名词而必须是数量词，其中的名词必须要保留在原位，如例（14）；反过来，向前分裂移位的成分一定不能是数量词而必须是名词，其中的数量词必须要留在原位，如例（15）。

（14）一只苍蝇飞了。→苍蝇飞了一只。

　　　　　　　　　→＊一只飞了苍蝇。

（15）吃了一个苹果。→苹果吃了一个。

　　　　　　　　　→＊一个吃了苹果。

（三）兼语成分的分裂前移

汉语中还有一种句式中的分裂移位比较有意思，那就是兼语句中"兼语"的分裂前移。以下两例都是兼语发生了分裂前移，表"整体"的"学生"前移到句首，表"部分"的数量词"许多""一个"留在原位置不动。

（16）有许多学生出席了会议。

　→　学生$_{(整体)}$有许多$_{(部分)}$出席了会议。

（17）没有一个学生出席会议。

　→　学生$_{(整体)}$没有一个$_{(部分)}$出席会议。

兼语句中"兼语"的分裂移位，也符合上面我们讨论的表"整体"的成分倾向前移（位于动词之前），表"部分"的成分倾向后移（位于动词之后）。其实，这就是陆俭明、沈阳（2005）所说的，语义范围大的成分出现在动词之前，语义范围小的成分出现在动词之后。也就是说，对于动词之前的论元 NP，只能让语义范围小的成分分裂后移，语义范围大的成分留在原位；对于动词后的论元 NP，只能让语义范围大的成分分裂前移，语义范围小的成分留在原位。

二　分裂移位的形成动因

以上我们从动态的角度分析了句子发生分裂移位时，都是表"整体"的成分分裂前移，表"部分"的成分分裂后移，而没有相反的情况，进而可以提出汉语句子发生分裂移位时遵循的一条规则：

> 表"整体"的单位和表"部分"的单位分离时，如果分置动词两侧，必然是表"整体"的成分前置于表"部分"的成分。

无论是主语位置的名词短语发生分裂移位，还是宾语位置的名词短语发生分裂移位，抑或是兼语句的分裂移位，都是表"整体"的成分倾向前移（前置），表"部分"的成分（数量短语）倾向后移（后置），从而形成"整体—部分"语序。那么为什么不能出现先"部分"后"整体"的"部分—整体"语序呢？生成语法中已有了较为合理的解释。深层结构为"断了张三的一条腿"，其表层结构只能是例（1）"张三断了一条腿"，而不能是例（2）"一条腿张三断了"。

（1）张三断了一条腿。

（"张三"语法地位高，因而可以统制［语迹］，可以约束［语迹］）

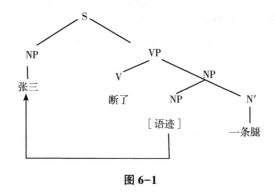

图 6-1

（2）＊一条腿张三断了。

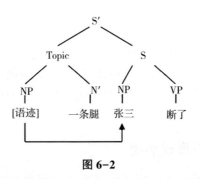

图 6-2

（"张三"语法地位低，所以不能统制［语迹］，不能约束［语迹］）

徐杰（2001：49）认为之所以例（2）不成立，是因为它违背了生成语法中约束理论（Binding Theory）针对照应成分而设定的 A 原则。A 原则要求照应成分必须在其管制域内被语法位置比自己高的某名词成分约束。上面例（1）"张三断了［语迹］一条腿"之所以能够成立，是因为"张三"的语法地位比"［语迹］"高而可以约束它，从而满足了约束理论的 A 原则。像例（2）"［语迹］一条腿张三断了"，"张三"的语法地位较低，不能统制"［语迹］"，违反了 A 原则，所以句子不能成立。

第三节　分裂移位产生的"部分格"

上面一节分析了汉语中的分裂移位现象，本节就来分析宾语修饰语分裂前移后，留在原来位置的宾语中心语所获得的"部分格"。当然，本节所讨论的分裂移位跟前面的分裂移位是有区别的，上节讨论的有些是及物动词句的分裂移位，本节讨论的则是非宾格动词句（不及物动词句）的分裂移位。

一 移位产生的"部分格"

我们先从领有名词提升移位（Possessor Raising Movement）说起。以下表层主语位置上的名词词组 NP_1 "王奶奶""行李房"，与动词之后宾语位置上的名词词组 NP_2 "一只眼""一面墙"，在深层结构中，分属于同一个更大的词组 NP_3 的两个姐妹成分所构成的"领有者 NP_1+隶属 NP_2"，即"王奶奶的一只眼""行李房的一面墙"，充当深层结构的逻辑宾语。后来在某种原因的驱动下，表示领有的名词组 NP_1 经过提升移位到了主语位置。

（1）a. 王奶奶（NP_1）瞎了一只眼（NP_2）。（表层结构）
　　　b. 瞎了王奶奶的一只眼（NP_3）。（深层结构）
（2）a. 行李房（NP_1）倒了一面墙（NP_2）。（表层结构）
　　　b. 倒了行李房的一面墙（NP_3）。（深层结构）

徐杰（1999）认为，如果分离"领有"名词词组"NP_1"与"隶属"名词词组"NP_2"，仅仅将表领有的"NP_1"提升移位到主语的位置而获得主格格位，那么保留在原宾语位置上表隶属的 NP_2 可以获得一个特别的格，而这个格又是"NP_1+NP_2"结构作为一个整体无缘享用的。这个所谓的"特别格"就是 Belletti（1988）的"部分格（partitive case）"。部分格是一种特殊的格位，它的指派受到较为严格的限制，如"非限定性"等。

下面就来看生成语法中，由于体词"移位"在格位指派的作用下产生的"部分格"。例（3）发生了领有名词移位，将"张三"移到主语位置并让它获得主格，留在动词后面的"两颗门牙"就被指派了"部分格"（徐杰，2001：51）。

（3）掉了张三的两颗门牙。（深层结构）
　　→ 张三掉了两颗门牙。（表层结构）

例（3）发生分裂移位的过程如下：

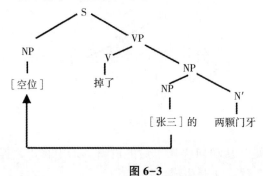

图 6-3

以上发生分裂移位后主宾语的格位指派程序如下：

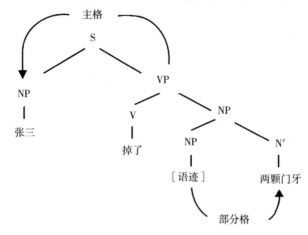

图 6-4

把"张三"前移至主语位置，并让它在那里得到主格，与此同时删略"的"字，"两颗门牙"留在动词后的原位置。留在后面的"两颗门牙"被指派一种特别格，即"部分格"。那么例（3）中深层结构为什么要发生领有名词移位呢？也就是说，其移位的动因是什么呢？例（3）中的不及物动词"掉"，在深层结构中带宾语是"非宾格假设"的基本内容，而它先天性地不能指派宾格是"Burzio 原则"的基本规定。可见例（3）发生领有名词移位，是因为动词不能指派宾格，动词后的领属成分必须前移。

二 "王冕死了父亲"的"部分格"解释

徐杰（1999）用领有名词移位来解释句子"王冕死了父亲"的生成。这一句子潜在的基础结构（深层结构）为：

（1）死了王冕的父亲。

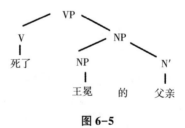

图 6-5

领有名词"王冕"从动词"死"后的逻辑宾语中移出，提升到主语的位置，同时删略"的"字，于是生成：

（2）王冕死了父亲。

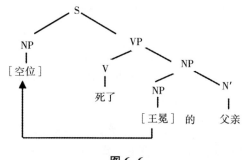

图 6-6

沈家煊（2006）指出，移位一定要有动因（motivation），这是一条原则。"王冕"移位的动因是什么呢？有一种说法是寻求赋格。按照 GB 理论，所有显性名词短语都必须具有结构格，不然就不能通过"格过滤式（Case Filter）"的筛选。徐杰（1999）认为，由于"死"是"非宾格动词"，所以它没有给自己的宾语赋格的能力；而"王冕的父亲"是个有定名词短语，这决定了它也不可能获得"部分格"（一种非赋予的固有格）。领有名词"王冕"移位一举两得：一是自身可以获得主格；二是保留下来的宾语"父亲"（不再有定）可以获得"部分格"，这样就满足了赋格要求。

仿照前面徐杰（2001）的格位指派过程，我们认为上面沈家煊认为"父亲"可以获得"部分格"的格位指派过程如下：

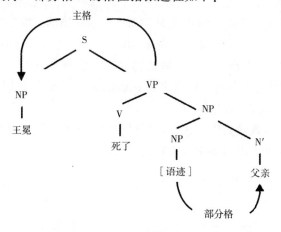

图 6-7

"王冕死了父亲"中的宾语"父亲"是一个光杆名词，前面没有数量修饰语，把它看为部分格可能有些难以理解。其实我们可以把"王冕死了父亲"看成隐含了"一个父亲"。因为社会常识告诉我们，一个人一般只有一个父亲，所以把父亲前的数量短语"一个"省略，也不会造成歧义。还可以这样理解，父亲只是王冕亲人这个集合中的一个成员，此外还有"母亲、爷爷、奶奶"等等。因为有些情况下宾语必须带数量词语，如"她死了一个孩子""非典时小李也病了一个妹妹"等。

把"王冕死了父亲"看成"父亲"前隐含了数量词语"一个"，我们这一观点是有古汉语语料支持的，因为在古汉语中就有表死亡义动词后面数量词语没有省略的例句：

（3）释法期，姓向，蜀都陴人，早丧二亲事兄如父。（北朝《高僧传》）

（4）吾宿有何缘，习行而不果获，烦悗自责，如丧二亲。（明《出曜经》）

（5）死了一个女儿会捡泡螺儿孝顺我，如今又出钻出个女儿会拣了。（明《金瓶梅》）

换句话说，非宾格动词隐含或省略数量宾语这一观点，在古代汉语中是有历史事实语料支持的，因为古汉语中表死亡义的"死、亡、丧"等非宾格动词或不及物动词后面是可以带数量宾语的，如：

（6）今军败亡二万人，臣有斧质之罪，请自归于以戮。（西汉《战国策》）

（7）秦、赵战于长平，赵不胜，亡一都尉。（西汉《史记》）

（8）然士自载不足以竟师，强者尽食畜产，赢者道死数千人。（东汉《汉书》）

（9）孔明亦自言一年死了几多人，不得不急为之意。（南宋《朱子语类》）

需要特别说明的是，"丧"的本义是"失"，是及物的，"丧二亲"是正常用法，"亡"也有"失"的意义，这两个词的"死"义都是后出的引申义。"死"本为不及物动词，"丧""亡"是及物动词，后来用法与"死"相同，有可能是受"死"发展的影响。换言之，在语法化"扩展"机制的作用下，"丧""亡"也变为不及物动词。

非宾格动词后面带数量宾语，这在现代汉语中也不是少数情况，以下就是我们在北京大学现代汉语语料库中检索到的部分语料。

（10）我们舰队的确出过一次类似的翻车事故，死了一个女兵。（王朔《我是"狼"》）

（11）敌方官兵死了一百五十多人。（老舍《火葬》）

（12）我的几只，也死了一半。（郑振铎《蝉与纺织娘》）

当死者是群体成员，即动词前表群体的 N_1 包含动词后的死者 N_2 时，那么此时 N_2 就可以是前面不带数量的光杆名词了，这或许也是现代汉语"王冕死了父亲"中隐含数量短语"一个"的动因所在，如：

（13）气难吞吴魏亡了诸葛，道不行齐梁丧了孟轲，天数难那。（《全元曲》）

（14）闻的大唐家死了秦琼，老了敬德，无甚英雄猛将。（《元曲选·薛仁贵》）

（15）是谁家死了人，要郑元和在那里啼哭？（《元曲选·曲江池》）

到了宋代以后，"王冕死了父亲"这类句式大量产生，句中主语跟动词后面的宾语具有亲属关系，如：

（16）我自小亡了父母，又无兄弟。（元《元朝秘史》）

（17）万三员外女儿万秀娘死了夫婿。（明《警世通言》）

（18）你三年前死了娘子儿。（明《金瓶梅》）

总之，从上面的历史事实可以看出："死了"的后接成分是不断发生变化的，从"死了"的后面可以加名词性的数量名词组，到最后推衍出不带数量词语的光杆带宾结构，从而最终形成了现代汉语"王冕死了父亲"这种非宾格动词后带光杆名词这一特殊句式。

三 生成语法"部分格"的实质

Burzio（1986）认为非宾格动词没有分配格的能力，但 Belletti（1988）却不这么认为，她认为动词一般可以给其所带的宾语指派两个格位，一个是结构格位，另一个是固有格位。宾格是"结构格"，部分格是"固有格"。非宾格动词虽然不具备指派"结构格"的能力，但却能给逻辑宾语指派一个她称为部分格的"固有格"。其中最有力的支持证据就是宾语 DP 表现出来的"无定效应（indefinitness effect）"，即要求 DP 为无定成分。部分格语义上表示一个实体集（a set of entities）中的某个或某些无定的实体，也就是表示实体集中的某部分而非全体，所以部分格可以指派给这样的无定名词组；而以定冠词、全称量词以及专有名词为中心词的 DP 都不能使用部分格。

用"无定效应"能够成功解释被全量成分 every 修饰的名词短语为什么不合法。下面例（1）中全量成分与存在句不相容（incompatibility），所以不合法。因为全量名词短语与部分格在内部语义上是不相容的，部分格暗含了"一个实体的一部分（part of a set）"，这与表通指的全量 NP 语义相矛盾。

（1）a. *There is every man in the room.

　　 b. *There arises every terrible storm in that area.

Belletti（1988）认为部分格（Partitive Case）是在深层结构中，由词汇项指派给名词而形成的，跟表层结构无关。芬兰语中相当于英语动词"put"后面的名词性成分的两种形态，正是"宾格"与"部分格"两种形式对立的体现。Belletti 进而认为，词形态丰富的语言所表现出来的宾格与部分格之间的对立应该具有普遍性，不应只限于形态丰富的语言，在形态变化不丰富的语言中也存在，只不过没有在语音上呈现出来。

（2）a. Hän　pani　kiriat　　　　　　　　poydälle.
　　　　他　放　（那）书–宾格–复数　　在桌子上
　　　　He put the books on the table. 他把那些书放在桌子上。

　　　b. Hän　pani　hirjola　　　　　　　　poydälle.
　　　　他　放　　（一些）书–部分格–复数 在桌子上
　　　　He put some books on the table. 他放一些书在桌子上。

　　但是，上述 Belletti 用有形态标记的芬兰语中的部分格，来说明生成语法中由于移位而产生的部分格是普遍存在的，似乎有些问题。据我们跨语言类型学的调查发现，在拥有部分格的芬兰语、匈牙利语和爱沙尼亚语这三种语言中，当句子的谓语是进行体时，定指宾语使用的不是宾格，而是部分格。以芬兰语为例（Lyons，1999；Thomas，2003）：

（3）Tyttö　　　　　lakaisi　lattiaa.
　　　女孩–主格　　擦　　地板–部分格
　　　The girl was sweeping the floor. 那个女孩正在擦地板。

（4）Sö-i-n　　　　　　noita　　　　omen-i-a.
　　　吃–过去时–1 单　那些–部分格　苹果–复数–部分格
　　　I was eating the apples. 我正在吃那些苹果。

　　以上定指宾语使用部分格，就明显违背了 Belletti（1988）设立的非宾格动词只能给无定名词组指派部分格的原则，同时也明显违背前面所说的"无定效应"。跟我们以上的论证思路相似，Gillian（1997：86-87）指出：Belletti（1988）提出的"部分格与一个限定的名词短语在本质上是不相容的"，对芬兰语来说就不恰当了，如例（5）；Belletti（1988）认为"全称量词与部分格本质上也是不相容的"，这对芬兰语来说也是有问题的，如例（6）。

（5）Anne　rakensi　taloa.
　　　Anne　建　　房子–部分格
　　　Anne was building the house. Anne 正在建那所房子。

（6）Presidentti　ampui　kaikkia　lintuja.

总统　射击　所有–部分格 鸟–部分格

The president shot at all birds. 总统向所有鸟射击。

总之，类型学中有形态标记的部分格和生成语法中表抽象格位的部分格，应该是两个不同的概念。有形态标记的"部分格"的语系分布、地理分布和句法特征，详见第九章的专文研究，这里不再赘述。但是如果我们从语言功能的共性出发，把有形态标记的部分格和表抽象格位的部分格，都看成"部分量"的编码方式或实现形式，这样就可以为两种不同的部分格找到共性。

生成语法中由于移位而产生的"部分格"也与部分量有关。领属成分移位到主语，留在原位置的隶属成分的数量短语获得了部分格。其实从语义上来说，这种部分格表达的还是一种数量关系，它是领属成分的构成成分的一部分。类型学"部分格"的使用条件是：当受事宾语是部分受动作影响时，宾语使用部分格。在我们所能搜集到的资料中，学者们在把"部分格"翻译成英语的时候，大都用 some of the NP 或 some NP，因此我们认为其表达的也是部分量，只不过 some of the NP 表达的是有定性的部分量，而 some NP 表达的是无定性的部分量。

国内汉语学界最近几年很多学者都从生成语法的角度，讨论了汉语中由于领有名词组提升移位而产生的"部分格"，国外 Belletti（1988）把有形态标记的部分格，跟生成语法中由于移位而产生的部分格相混用。这就启发我们进一步思考这两种不同的格之间有哪些共性，为什么会混在一起使用。通过以上的研究，我们发现生成语法的部分格与语言类型学中研究的有形态标记的部分格，虽然是有差别的，但是两者之间还是有共同点的，主要体现在三个方面：（1）两者在语义上表示的都是部分量，即都是某个集合中的一部分，而非全体；（2）两者都体现了无定效应，即带部分格的名词组在语义指称上大都是不定指的；（3）无论是生成语法中由于移位而产生的部分格，还是类型学中用形态标记的部分格，说的主要是宾语，而不是其他句法成分。

第四节　分裂移位产生的"论元分裂式话题"

一　句法特征描写

徐烈炯、刘丹青（1998）把位于句首位置的受事称为主话题，把位于主语之后谓语动词之前的受事称为次话题。那么宾语的修饰语和中心语分裂移位到句首，担任的都是主话题，分裂移位到主语后谓语动词前担任的是次话题。这就是袁毓林（1996）所说的话题化，即让某个本来处于句中位置的成分移至句首，成为话语平面上的主话题，如例（1），或次话题，如例（2）。

 （1）她洗了几件衣服。→衣服她洗了几件。

 （2）他吃了三个苹果。→他苹果吃了三个。

  刘丹青（2001）把类似于例（1）、例（2）这种分裂移位后的结构叫作"论元分裂式话题"。这种话题结构让一个受事类论元成分分裂成两部分，其中的光杆名词短语（不带指称、量化成分的 NP）放在动词前或句首，而指称、量化成分放在动词后宾语的位置。刘丹青认为这种位置分配是不可逆的，即话题和宾语不能互换位置。

  再把"论元分裂式话题"跟本书的论元分裂移位相比较时，我们发现，刘丹青（2001）认为论元分裂式话题在语义指称上都是类指的，这种说法不太准确。刘先生所举例句中论元确实是类指的，如例（3）中的"衬衫"、例（4）中的"黄鱼"。但是我们发现动词前的光杆名词也可以是定指的，如例（5）中的"苹果"和例（6）中的"啤酒"。这种动词前光杆名词在语义指称上的差别，主要是由谓语动词的不同造成的：具有［+消耗］语义特征的动词，其前面的光杆受事名词一般是定指的；而其他类动词，其前面的光杆受事名词一般是类指的。

 （3）他衬衫买了三件。

 （4）我黄鱼买了三条。

 （5）我苹果吃了五个。

 （6）他啤酒喝了两瓶。

  话题成分在句子中的位置，汉语学界有不同的观点。有的认为话题成分占据的位置，类似英语疑问词占据的 Spec/CP 位置；有的认为话题成分占据的是挂在主语前面的一个特殊位置；还有的认为话题成分占据的是全句大主语的位置（徐杰，1999）。假定话题成分的位置是 Spec/CP，那么"苹果我吃了三个"类论元分裂式话题的派生过程，可形式化为：

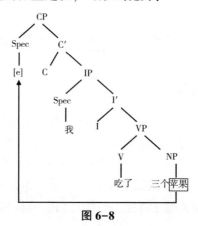

图 6-8

二 方言类型差异

论元分裂式话题在普通话用的偏少，但是在汉语方言里广泛存在，即具有跨方言的普遍性，尤其是在一些南方方言里这种结构很常见。分裂前移的成分以占据主语之后谓语动词之前的次话题位置为主，也有极少数方言分裂前移的成分占据主语之前的主话题位置。

"论元分裂式话题"在以下吴方言、闽方言、客家方言、湘方言、粤方言、北方方言6大方言区近28个方言点里都有所体现。

表 6-1　　　　　　　28 个方言点"论元分裂式话题"语料汇总

方言区	方言点	方言例句	对应的普通话	语料来源
吴方言 （11）	上海话	侬酒起码要脱三杯。	你至少要喝三杯酒。	徐烈炯（1998）
	海门话	夷唐诗背出特七八首。	他唐诗背出了七八首。	王洪钟（2009）
	常熟话	饭我吃则两碗。	我吃了两碗饭。	皇甫亿（2011）
	苏州话	俚屋里大小老婆倒有好几来浪。	他家大小老婆倒有好几个呢。	刘丹青（2001）
	绍兴话	伊信已经寄出特三封哉。	他信已经寄走了三封了。	刘丹青（2003）
	宁波话	昨么子黄鼠狼鸡偷去三只啦。	昨天黄鼠狼偷了三只鸡。	阮桂君（2010）
	丽水话	我饭吃了一碗。	我吃了一碗饭。	曹志耘（2008）
	乐清大荆话	尔还是雨伞带把去。	你还是带一把雨伞去。	刘丹青（2003）
	金华汤溪话	尔碗借两个我用。	你借我两个碗用。	曹志耘（1997）
	温州话	我饭吃爻两碗。	我吃了两碗饭。	郑张尚（1996）
	鄞州话	李明作业只做咧一半。	李明作业只做了一半。	肖萍（2014）
闽方言 （4）	福州话	我碗做破蜀只咯。	我弄破了一只碗。	陈泽平（1998）
	厦门话	碗拿两块来贮饭。	拿两个碗来盛饭。	周长楫（1998）
	泉州话	伊牛牵一只来唠。	他牛牵一头来了。	李如龙（1997）
	宁德话	饭我吃了一碗。	我吃了一碗饭。	曹志耘（2008）
客家方言 （4）	梅县客家话	正买阿个新书就看撇半过疑。	才买的新书就看完一多半了。	黄映琼（2006）
	连城客家话	饭食一碗添。	再吃一碗饭。	项梦冰（1997）
	宁化客家话	你界堆个钱使掉一百块。	你给我的钱花掉了一百块。	张桃（2004）
	上杭客家话	李明作业总做哩一半。	李明作业只做了一半。	邱锡凤（2007）

方言区	方言点	方言例句	对应的普通话	语料来源
湘方言 （5）	邵东话	菜吃个两碗哩。	吃了两碗菜了。	林素娥（2006）
	衡阳话	苹果吃咖三只。	吃了三个苹果。	林素娥（2006）
	衡山话	票我买咕三张。	我买了三张票。	林素娥（2006）
	隆回话	书我也买格炮本。	我也买了十几本书。	林素娥（2006）
	城步话	书我只买呱三本。	我买了三本书。	林素娥（2006）
粤方言 （3）	台山粤语	恁碗汤佢饮减唉。	那碗汤他喝了一口。	甘于恩（2005）
	会城话	啪碗打烂减一只啦。	碗打烂了一个了。	李慧敏（2014）
	容县白话	苹果我吃开三只。	苹果我吃了三个。	黄美新（2012）
北方方言	兴化话	这本书我看特三十页啊。	这本书看完三十页了。	王健（2014）

从表6-1可以看出，"论元分裂式话题"大部分都是在主语之后谓语动词之前的次话题位置，但也有少数方言点方言是在主语之前的主话题位置，如常熟话、厦门话、宁德话、衡山话、隆回话、城步话、台山粤语。还有方言论元分裂式话题句中存在只有话题没有主语的情况，如厦门话、梅县客家话、连城客家话、邵东话、衡阳话。此外，湘方言的论元分裂式话题不是很发达，使用该结构时带有较强的语用色彩：多出现在对比性的话语之中，强调句末动词后的数量，句子的焦点落在数量词语上；相反，如果强调受事名词则使用一般的动宾句（林素娥，2006）。

山西晋语"论元分裂式话题"还没有上面吴语、闽语里那样达到高度的语法化，并且这种句式也不是常规句式，它只出现在话轮转换的应答句中，为重复旧信息引出新信息的语用功能而采用的，如（郭校珍，2008：5）：

（1）甲：夜儿红红买佬一条裤儿，一外袄儿。

　　　　昨天，红红买了一条裤子，一件上衣。

　　乙：我裤儿佬，买佬一条，袄儿佬没提买。

　　　　我裤子呢，买了一条，上衣没有买。

跟上面例（1）山西晋语相似，在新加坡华语（是汉语在海外的变体，跟汉语方言有些类似）中"论元分裂式话题"也很少用，只是在相声脚本中偶尔使用（林素娥，2009：148）。以下例（2）、例（3）中"有"的宾语"一大筐理由""几分力气"中的"理由""力气"均被话题化了。

（2）乙：是应该劝。

甲：可是她理由有一大筐，我劝不了，就骂。（谭天《怪病》）

（3）力气我倒是有几分。（谭天《遇狼记》）

总之，"论元分裂式话题"在吴方言、闽方言、客家方言的诸多方言点中使用相对比较自由，但在有些方言点中使用很不自由，受到特定语用条件的限制：湘方言多出现在对比性话语中，山西晋语多出现在对话的话轮转换之中，新加坡华语多出现在口语性较强的相声脚本之中。

三 跨民族语言考察

以上主要调查了汉语方言中的论元分裂式话题句的分布情况，下面我们把研究视野转向中国境内的民族语言。据我们的调查，在中国境内 10 种民族语言中，都发现了论元分裂式话题句。例如：

（1）义都语（江荻，2005：162）：

ka^{33}lie^{55} ŋgoŋ^{55} ŋa^{35} ka^{33} ni^{55} ha^{33} ja^{31}.

包子　　　我　两个　吃　已行体

包子我吃了两个。

（2）扎巴语（龚群虎，2007：137）：

ll^{35} ŋa^{55}na^{55} ji^{55} kə^{55} tsl^{55} gI^{31}.

包子我　两（量）（前加）吃（助）

包子我吃了两个。

（3）拉祜语（李景红，2011）：

t^{11} ll^{33} lll^3 tie^3 khtt^3 tlal^3-o^{31}.

饭（话助）他　两碗　吃了

米饭他吃了两碗。

（4）格曼语（李大勤，2002）：

pau^{55} tsi^{55} ki^{53} kɯ^{31} jin^{53} ça^{33} ki^{35}.

包子　　我　两个　　吃（附）

包子我吃了两个。

（5）白语（赵燕珍、李云兵，2005）：

ŋv^{21} xuo^{35} pɔ^{33} tse^{44} tɯ^{44} sa^{55} tuo^{33} lɔ^{42}.

黄花　他　摘　得　三朵　了

黄色的花他摘了三朵。

（6）哈尼语（陈怡蓉，2017）：

a^{55}hɯ^{31} me^{33} ŋa^{31}le^{33} ni^{31}xm^{31} tsa^{31} pe^{33} ya^{33}.

饭　（话助）　我（助）两碗　吃　完　了

饭我吃完了两碗。

（7）纳西语（李毅，2015）：

xa^{33}　i^{33}　　thɯ^{33}　ni^{33}khua^{55}tsɯ^{33}　se^{31}.

饭（话助）他　　两碗　　　吃　（语助）

饭他吃了两碗。

（8）下坳壮语（韦茂繁，2012：198）：

li^{55}mi：n^{31}　so^{31}　ne^{31}　sl^{55}　ku^{31}　le：u^{31}　to：n^{31}　deu^{43}.

李明　　作业　只　做　完　半　　一

李明作业只做了一半。

（9）武鸣壮语（黄美新，2012 个人交流）：

piŋ^{2}ko^3　kɐu^1　　kɯ^1　　liu^4　ɬam^1　ʔɐn^1.

苹果　我　　吃　　完　三　　个

苹果我吃了三个。

（10）居都仡佬语（康忠德，2009）：

a. bja^{35}dzen^{31}　ne^{35}i^{55}　ɯ^{35}dze^{31}　tci^{33}tco^{31}　tsl^{33}bu^{33}.

钱　　　语助我　要退　　你们　　　一半

钱我要退你们一半。

b. da^{35}ma^{35}tciu^{31}　mau^{33}　tshei^{31}　ka^{31}　vu^{33}　tsl^{33}bu^{33}.

小李　　　　饭　才　吃　去　一半

小李饭只吃了一半。

以上例句虽然都属于论元分裂式话题句，但具体的类型还是有些差异：有的语言话题是处在句首位置（担任主话题），如义都语、扎巴语、格曼语、拉祜语、白语、哈尼语、纳西语、武鸣壮语；有的语言话题处在主语之后谓语动词之前（担任次话题），如下坳壮语；还有的语言话题的位置比较灵活，两者兼而有之，如居都仡佬语。

如果把话题跟语序相结合的话，数量词语相对于谓语核心动词的位置分布也富有规律性：白语、下坳壮语、武鸣壮语、居都仡佬语的基本语序是 SVO，跟汉语普通话相似，表示部分的数量词语都在动词之后的句末位置；义都语、扎巴语、拉祜语、格曼语、哈尼语、纳西语这 6 种语言的基本语序都是 SOV，所以表示部分的数量词语都是在动词之前。

论元分裂式话题句中数量词语跟句子中主要核心谓语动词的语序关系，即在动词之前还是动词之后，这在语序较为自由的德语中体现得更加明显。德语的基本语序有 SVO 和 SOV 两种，相应地：在基本语序为 SVO 的句子里，数量词语就出现在动词后面的句末位置（跟白语、下坳壮语、武鸣壮语、仡佬语四种语言一样），如例（11）；在基本语序为 SOV 的句子里，数量词语就出现在动词前面（跟义都语、扎巴语等 7 种语言一样），如例（12）。

（11）Doktor braucht der keinen mehr. 医生需要很多。

（12）Wir können das beide bezeugen. 我们可以帮助他们两个。

还有一个值得进一步研究的课题，那就是这种论元分裂式话题句的历时产生过程。在方言史方面，上海话的历史文献中已经有了此类句式。《土话指南》成书于 1908 年，是一本学习上海话（松江一带方言）的会话课本，客观地记录了当时的上海方言。在这本书中我们发现了论元分裂式话题句，如：

（13）银子先付一半，还有一半末等生活满工之，然后交清。（《土话指南》）

在汉语史方面，张赪（2012 邮件交流）指出，这种动词后带"数量宾语"应该产生于量词出现并普及后。汉魏时期量词已经产生，唐代已经普及。张赪指出这种句式在唐代已经出现了，如《敦煌变文》中的"诸家书体，粗会数股""赎香钱分减两三文，买笑银拼七八挺"等。据我们的粗略搜查，这种结构在明清时期的文学作品中已经大量使用了，如：

（14）好酒做了一百缸，全有九十九缸似滴醋，自家店小二是也。（元《醉思乡王粲登楼》）

（15）阿的们大烧饼，吃了六七个，才充了饥也。（元《刘玄德醉走黄鹤楼》）

（16）我大蒜一顿吃一二十，烧刀子一连吃五六瓶，这张嘴妙得紧。（明《浣纱记》）

（17）亮银叉丢了一只，想起方才斩熊向背后插刀时，许是掉在那里。（清《三侠剑》）

（18）昨日老太太赏的那枣泥馅的山药糕，我倒吃了两块，倒像克化的动似的。（清《红楼梦》）

（19）台上的和尚跑了三两个，拿着二十余僧。（清《侠女奇缘》）

最后，至于此种论元分裂式话题句的历时语法化衍生过程、动因及机制，还有待进一步研究。

第七章

"偏称宾语处置式" 的句法类型学研究

把字句是汉语的句式之一，有关把字句的研究文献非常多，但是据我们的调查，迄今为止讨论吕叔湘（1948）所说的把字句动词后面带"偏称宾语（partitive object）"（如"把一盏酒淹一半在阶基上""怎肯把军情泄露了一些儿"）的文献非常少。

国外研究汉语的少数学者，早已注意到此类特殊"把"字句。Thompson（1973）从及物性角度讨论汉语"把"字句的时候，注意到除了介词"把"可以带宾语之外，谓语核心动词后面也可以带"保留宾语（retained object）"，如"把"的宾语为整体，动词后的保留宾语为部分，保留宾语是大数目的一部分。司马翎（Sybesma，1992）认为"把"字后面的名词短语和动词后面的名词短语之间，必然有固定的语义关系，如不可分离的领有关系（inalienable possession）或部分与整体关系（part-whole）。这类关系多半可以用复杂名词短语的形式来表达，所以可以将这两个名词短语在初始阶段看成一个整体，作为动词的宾语。然后在转换过程中将其中一部分移到"把"字后面的位置上去，动词后面保留下来的部分仍然是宾语。在国内，我们只找到了李裕德（1995）这一篇文章，此文首次对汉语普通话中的整体—数量宾语（偏称宾语）把字句，进行了语义功能方面的描写和分析。

下文我们将转换一下研究的视角，在进一步描写此类把字句句法特点的同时，将研究的重点放在以下几个方面：（1）此类处置式在汉语处置式结构类型中的地位；（2）从语言类型学的角度对其作跨方言的考察；（3）调查其在近代汉语中产生的年代，尝试解释产生动因。在展开讨论之前，有必要限定本章的研究范围。

  （1）我把门踢了个洞。
  （2）张三把桔子剥了皮。
  （3）他把遗留的家产分作三份。
  （4）他把那筐苹果吃了八个。

（5）我把《红楼梦》读了三遍。

（6）我把这首歌唱了二十分钟。

例（1）的动词宾语"洞"表示的是动作的结果，是结果宾语。例（2）中的动词宾语"皮"跟把字宾语"桔子"之间是一种部分与整体之间的领属关系，或者说"皮"和"桔子"之间是一种构件关系，即"皮"是整个"桔子"的构成成分之一，此外还有"瓤、籽"等等。

例（3）比较特殊，把字宾语"遗留的家产"和动词宾语"三份"是等量关系，即三份之和等于全部遗留的家产。例（5）和例（6）中的动词后宾语，分别表示动量"三遍"和表时量"二十分钟"，它们虽然也处在动词后，也是数量短语，但是跟把字宾语"《红楼梦》""这首歌"没有语义关系，只跟谓语动词有关，分别表示动作发生的次数和动作持续的时间。

以上只有例（4）是我们将要讨论的，动词宾语"八个"与把字的宾语"那筐苹果"是部分与整体关系，并且"八个"表示的是部分量，是表整体"那筐苹果"中的一部分。

第一节 句法特征描写

所谓"偏称宾语处置式"，就是把字宾语是表全称的名词，动词宾语是表偏称（partitive）的数量词语的把字句。如：

（1）他把桔子吃了三个。

（2）他把眼睛闭上了一只。

例（1）、例（2）这类把字句，《现代汉语八百词》《实用现代汉语语法》中也都说道："把"的宾语"名$_1$"和动词的宾语"名$_2$"之间存在整体和部分的关系，"名$_2$"是"名$_1$"所表示事物的一部分，如：

（3）他把衣服脱了一件。（《八百词》）

（4）把杂志翻了几页。（《八百词》）

（5）把个北京城走了一多半。（《八百词》）

（6）他把眼睛闭上了一只。（《实用》）

（7）他打老婆打得厉害，有一次把她的头发揪下来一大把。（《实用》）

吕叔湘（1948）在讨论偏称宾语（partitive object）时已经说到这类把字句，只是没有给一个明确的称呼。吕先生所举的部分例句如：

　　（8）把衣服脱了一件。

　　（9）把方才的钱拿来一些。

　　（10）炸弹把教学楼炸坏了一个角。

　　（11）他随手把这本杂志翻了几页。

　　以上例句中的宾语都被分成两个部分，先是全称的名词作把字的宾语，后是偏称的数量作主要动词的宾语。把字宾语和动词宾语之间形成"全称"和"偏称"关系。数量词的作用是对把字宾语进行修饰限制。这类把字句可以形式化为：把+O_1（整体）+V+O_2（部分）。其中宾语 O_1 表示整体，在语义指称上是定指的；由数量词语充任的 O_2 表示部分，在语义指称上是不定指的，即是把字宾语所指事物的一部分。宾语 O_1 和数量 O_2 之间是"整体"与"部分"关系，O_2 是 O_1 的一个部分，数量表达的是部分量。

　　吕叔湘（1948）在讨论把字句动词带宾语时指出，把字句的动词后面可以带三类额外宾语（extra objects）：偏称宾语（partitive object）、动量宾语（quantitative object）和保留宾语（retained object），其中的偏称宾语，就是本章所说的偏称宾语把字句。

　　那么以上这些句子中表整体的 O_1 能否后移呢？这又有以下几种情况。

　　第一，O_1 能移至 O_2 后，接受 O_2 的修饰，句子表达的意思基本保持不变。即把字的宾语和动词后的偏称宾语有时可以合并为一个短语，合并后的短语可以作一般主动宾的宾语。

　　（12）他把桔子吃了三个。→他吃了三个桔子。

　　（13）他把衣服脱了一件。→他脱了一件衣服。

　　第二，O_1 不能直接移至 O_2 后，接受 O_2 的修饰。O_1 能移至 V 后，但必须在 O_2 前，并且移位的 O_1 后面须带助词"的"，O_1 跟 O_2 组成一个偏正结构，如例（14）、例（15）中 a 句，但 O_1 不能移位于 O_2 后，如 b 句。

　　（14）炸弹把教学楼炸坏了一个角。

　　→ a. 炸弹炸坏了教学楼的一个角。

　　→ b. ＊炸弹炸坏了一个角教学楼。

　　（15）他随手把这本杂志翻了几页。

　　→ a. 他随手翻了这本杂志的几页。

　　→ b. ＊他随手翻了几页这本杂志。

　　第三，O_1 能移至 O_2 后，但是句子所表达的语义有一定的差异。以下例（16）a 句是说"谈了这些经验中的许多"，b 句则是说"谈了许多的经验"。

在 b 句中也许所有的经验都谈完了，但在 a 句中则一定没有谈完。

（16）a. 接着就把她领导妇女的打柴、担水等经验谈了许多。
    b. 接着就谈了许多她领导妇女的打柴、担水等经验。

第四，当把字的宾语和动词后面的宾语是数量领属关系时，即使两个宾语都有数量词语，把字的宾语和动词后的偏称宾语也不能合并为一个短语，如例（17）a 句。但是可以在把字宾语和动词宾语之间加上修饰词"中的"，这样句子又可以成立，如例（17）b 句。

（17）我把五个苹果吃了三个。→a. ＊我吃了三个五个苹果。
                    →b. 我吃了五个苹果中的三个。

第五，动词后面的数量偏称宾语与谓语动词的关系，比与把后名词的关系更近。这可以通过话题化来进行验证，因为数量词语不能脱离动词后面的位置而进行话题化操作，如例（18）：

（18）他把桔子吃了三个。→ ＊三个，他把桔子吃了。

最后来看这种特殊把字句是如何通过移位生成的。司马翎（Sybesma，1992）认为保留宾语把字句中，把字宾语和动词宾语在初始阶段可以看成一个整体，共同作为动词的宾语。然后在转换过程中将其中一部分移到把字后面的位置上去，保留下来的就是动词宾语。Tompsom（1973）则认为这种句式是从一般主动宾句转换而来的：在深层结构中设立两个无标记的宾语位置，然后由转换规则在衍生过程中将"把"字加进去。

第二节 跨方言考察及类型学意义

带偏称宾语的处置式（把字句），就我们所能搜集到的方言例句比较有限。下面按照方言区的由北向南进行描写，在北方方言、吴方言、湘方言、赣方言、闽方言、客家方言这 6 大方言区 16 个方言点中都有所体现。

表 7-1   16 个方言点"偏称宾语处置式"语料汇总

方言区	方言点	方言例句	对应的普通话	资料来源
北方方言 （10）	户县话	把个北京城走咧多半个儿。	把北京城走了一大半。	孙立新（2003）
	西安话	我把杯子打咧一个。	我把杯子打碎了一个。	孙立新（2007）

续表

方言区	方言点	方言例句	对应的普通话	资料来源
北方方言 （10）	关中话	我把家具买咧一部分咧。	我把家具买了一部分了。	孙立新（2013）
	北京话	让我把杯子给打碎了一个。	我把杯子打破了一个。	解正明（2006）
	郯城话	他叫家里的粮食卖了一多半。	他把家里的粮食卖了一大半。	颜峰（2005）
	确山话	老李喝醉酒掉沟里叫门牙磕掉一个。	老李喝醉酒掉沟里把门牙磕掉了一个。	刘春卉（2008）
	蒙城话	他叫坏人的耳朵咬掉了一个。	他把坏人的耳朵咬掉了一个。	胡利华（2011）
	绩溪话	我把苹果吃脱了三个。	我把苹果吃了三个。	黄伯荣（1996）
	襄樊话	王老头给拖拉板拖鞋穿掉了一只。	老王把拖鞋穿丢了一只。	王丹荣（2006）
	竹山话	母猪不强，叫猪娃子压死了好几个。	母猪虚弱，把小猪崽压死了好几个。	何洪峰（2004）
吴方言 （2）	苏州话	拿衣服脱了一件。	把衣服脱了一件。	刘丹青（1997）
	上海话	侬拿凳子坐断脱一只脚。	你把凳子坐断了一个脚。	刘丹青（2003）
湘方言	洞口湘语	我把鸡蛋吃呱一个哩。	我把鸡蛋吃了一个了。	胡云晚（2010）
赣方言	南昌话	地也搦渠一半。	把地耕了一半。	黄伯荣（1996）
闽方言	汕头话	将伊脚锯掉一只。	把它的脚锯掉一个。	施其生（1997）
客家方言	梅县客家话	阿嫂同厓挽啊架上个衫洗口两件。	嫂子把我挂在衣架上的衣服洗了两件。	林立芳（1997）

　　从以上汉语六大方言区 16 个方言点的材料可以看出：（1）方言中的偏称宾语处置式跟普通话的构造模式基本一样，把字宾语是表全称的名词，动词宾语是表偏称的数量词语。（2）这 16 个方言点的处置标记词各异，如"把、叫、给、拿、将、同"等。有的处置标记词可以横跨不同方言区，如"把"横跨北方方言和湘方言。有的处置标记词则专属某一个方言区，如只用于吴语的"拿"，只用于客家方言的"同"。

　　下面来看偏称宾语把字句在汉语处置式中的类型学意义。曹茜蕾（2007）根据语序、直接成分、直接宾语跟它的标记位置，将汉语方言处置式分为以下五种类型：

　　（1）一般处置式
　　（NP$_{主语}$）—［标记$_{宾语标记}$＋NP$_{直接宾语}$］—动词短语
　　例：北方话、晋语、湘语、吴语、徽州方言、闽语、客家话、粤语、瓦乡话和广西平话等。
　　徽州祁门话：尔分门关上（你把门关上）。

南昌赣语：人家就搦糖把你人吃（人家就会把糖给你吃）。

（2）"唐代式"的处置式，动词之后有一个复指代词

（NP$_{主语}$）—［标记$_{宾语标记}$ + NP$_{直接宾语(i)}$］—动词$_1$—（动词$_2$）—代词$_{(i)}$

例：梅县客家话、广东粤语、上海话（吴语）、江淮官话（应山和巢县）以及西南官话（公安）。

上海话：拿旧书旧报侪卖脱伊（把旧书旧报纸都卖了）。

湖北英山话：把这盆水泼了它（把这盆水泼了）。

（3）宾语放在句首且宾语标记引出复指代词的处置式

NP$_{直接宾语(i)}$—［标记$_{宾语标记}$+代词$_{(i)}$］—动词短语

例：台湾、厦门、汕头、潮州和海南（闽南），福州（闽东），浙江南部的闽方言，温州（吴）和其他浙江吴方言。

台湾闽南话：门共伊关起来（把门关上）。

温州话：苹果代渠吃交（把这苹果吃掉）。

（4）"上古式"处置式，宾语放在句首但宾语标记之后是零形式

NP$_{直接宾语}$—［标记$_{宾语标记}$+ ］—动词短语

例：洞口、隆回（湘）、淮阴（江淮官话）和秀篆客家话。

洞口湘方言：衣衫担［＿］脱咖（把衣服脱了）。

隆回湘方言：眯双鞋子其担［＿］甩过哩（他把那双鞋子扔了）。

（5）有两个宾语标记的混合型处置式

（NP$_{主语}$）—［CHIONG$_{宾语标记}$—NP$_{直接宾语(i)}$］—KA$_{宾语标记}$—代词$_{(i)}$—动词短语

例：台湾话、潮州话（闽南话）。

台湾闽南语：将门共伊关起来（把门关上）。

潮州闽南语：伊将个碗甲伊扣破喽（他把一个碗打破了）。

我们认为汉语的处置式类型，除了上面曹茜蕾归纳出的五种之外，应该还有一种，那就是本章所讨论的带偏称宾语的处置式。仿照以上五种类型的表述方式，我们可以把带偏称宾语的处置式形式化为：

（6）（NP$_{主语}$）—［标记$_{宾语标记}$ + NP$_{直接宾语}$］—动词短语—NP$_{间接宾语}$

例：北方方言、吴方言、湘方言、赣语、闽方言、客家方言。

以上六种类型的处置式，目前的研究是不平衡的，其中研究最多最充分的是类型（1）一般处置式，这可能与类型（1）是汉语中最常用的处置式有关。动词之后有一个复指代词的类型（2），目前已经有跨方言的类型学研究，如石毓智、刘春卉（2008）就对汉语方言中这种代词回指现象，进行了全面的调查分析并追溯代词回指的历史渊源。类型（3）、（4）、（5）这三类处置式的专文讨论还没有见到，其原因可能跟它们都只存在于方言之中、不太常见有关。带偏称宾语的类型（6）是普通话和部分方言中的常用句式，但研究仍然还很不够。

此外，这种处置式在整个把字句型中所占的地位又是怎样的呢？下面我们将结合已有的研究，从语言习得角度来进行分析。

李向农等（1990）对70名2—5岁的儿童习得和运用"把"字句的情况进行了考察。他们从经过整理的语言材料中共获得"把"字句843句，按照句法结构的差别共分为9大类17小类。其中的类型5d"把+名$_1$+动+名$_2$（名$_2$是名$_1$的部分）"，如"把他头砍半块喽"，就是我们讨论的偏称宾语把字句。这种把字句在4.5岁组的230句把字句中只有2句，在5岁组的226句把字句中仅有1例。用例很少说明这种把字句比较特殊，在4.5岁组和5岁组的儿童才使用这种把字句，说明这种把字句习得难度较大，高龄儿童才会使用。

赵淑华等（1997）对28万字的"小学语文课本句型语料库"进行了统计分析，共搜集"把"字句702个，按照句型分为32类。作者所分析的B31"主+把+宾+动+宾（把宾的一部分）"，句义为"对事物的一部分进行处置"，如"又把他脸上的肉揪起一块"，就是我们讨论的偏称宾语把字句。这种类型的把字句只有3例，在702个例句中占比为0.427%，出现频率排在32种类型的第21位。

高小平（1999）对母语背景分别为英语、日语、韩语的留学生习得12大类18小类"把"字句进行考察，得出了留学生"把"字句客观习得顺序。其中类型11"带宾语（N$_2$是N$_1$的部分）"就是我们讨论的偏称宾语把字句，它的习得处在12类把字句的倒数第2位，习得难度较大。它在作者所调查的12类把字句中，使用频率为0.43%，排在倒数第2位，可见其使用频率非常低。

以上学龄前儿童习得、小学语文课本习得和留学生习得这三个方面的"把"字句习得研究都可以证明一点：偏称宾语把字句是一种使用频率很低、习得难度较大的把字句。

第三节　产生年代及动因

吕叔湘（1948）将"把一个南京城走了大半个"中的"大半个"称为

"偏称宾语"，蒋绍愚（2005）进一步指出，隋唐时期的 "把" 字句似乎还不带这种宾语。由于 "把" 是近代汉语里的新兴介词，在中唐出现用例，晚唐五代以后大量出现，所以我们就从 "把" 字处置式产生以后的唐末开始进行调查，看带 "偏称宾语" 的 "把" 字句大概是从什么时候开始出现的。

吕叔湘（1948）所举的带 "偏称宾语" 的把字句最早用例见于元代，明代、清代继续使用。

（1）他把我个竹眼笼的毵楼蹬折了四五根。（《元曲选》）

（2）我的姐姐，我对你说，把这等想心儿且吐了些儿罢。（明《金瓶梅》）

（3）坐在灯前，呆呆的细想，又把那果子拿了一块翻来覆去的细看。（清《红楼梦》）

我们依次对成书于唐末的《敦煌变文》（吴福祥，1996）、成书于五代十国的南唐时期的《祖堂集》（张美兰，2002）和成书于南宋时期的《朱子语类》（吴福祥，2004）进行考察，都未发现这种把字句。在南宋话本《话本选集》"简帖和尚" 一文中发现了一例，如例（4），这可能是最早的用例，比上面吕叔湘先生所说的元代更早一些。明代的用例如例（5）—例（8），清代的用例如例（9）—例（12）。

（4）皇甫松去衣架上取下一条绳来，把妮子缚了两只手。（南宋《简帖和尚》）

（5）西门庆就着钟儿里酒，把穿心盒儿内药吃了一服。（明《金瓶梅》）

（6）把昨日你姥姥捎来的新小米儿量二升，就拿两根酱瓜儿出来，与他妈妈儿吃。（明《金瓶梅》）

（7）四将与众猴将椰酒吃了几碗，安心睡觉不题。（明《西游记》）

（8）尽着那些番力，就象个地龙一颤，把座敌楼推塌了一角。（明《三宝太监西洋记》）

（9）只将汤泡饭吃了一碗，拣了两块腌鹅就不吃了。（清《红楼梦》）

（10）十七老爷把这件事托了我，我把一个南京城走了大半个。（清《儒林外史》）

（11）和尚走热了，坐在天井内把衣服脱了一件。（清《儒林外史》）

（12）宝剑儿把茶铛边冷水舀了一盏儿，放在绍闻面前。（清《歧路灯》）

需要特别强调的是，以上这类"偏称宾语"把字句的产生有没有什么类型学上的动因？汉语史上到底发生了什么变化才导致这一句式直到南宋才出现？诸如此类的问题还有待进一步研究。

在现当代汉语，这种特殊把字句的使用频率不断加大，如：

（13）她随手把这本杂志翻了几页，无意间看见了下面的几句话。（巴金《家》）

（14）徐鹏飞随手把新送来的公文拿起一件，那是情报竞赛的总结报告。（罗广斌《红岩》）

（15）只听喀嚓一声，把日本兵的胳膊给劈下来了一只。（刘流《烈火金刚》）

（16）一不小心，热度很高的防火帽前脸把鼻梁处的皮粘下来一块。（《报刊精选》1994年）

（17）只要获得殊荣，都要把光荣榜上佩带红花的相片送你一张。（《人民日报》1996年）

把字句又称处置句，所谓处置就是施事对受事施加某种影响，并造成某种结果。已有的把字句研究认为，"动词在意义上必须是能对受动物产生完全影响"（张伯江，2000）。我们认为更为精确地说把字句的处置结果应该有两种。一种是动作对受事的完全作用，即受事宾语是完全受动作影响，是完全处置，这是目前已有把字句研究中的普遍观点。还有一种就是动作对受事是部分作用的，受事是部分受动作影响的，是部分处置。偏称宾语把字句的形成动因，我们认为主要是为了表达受事宾语不是完全受处置，而是部分受处置。

汉语的焦点表达方式有很多：可以采用一些专门的句法或词法手段来表示焦点；可以使用专门的焦点标记，汉语中的"是"就可看作一个焦点标记，其后的成分是焦点；也可用一些特殊的句式来表达焦点（董秀芳，2003）。我们认为偏称宾语把字句就是表达焦点的一种特殊句式。把字句的使用就是让有定、已知的受事成分前置于动词，让句子的重要信息特别是结果成分占据句末的自然焦点的位置。根据焦点理论，语言的自然焦点跟语序有很大关系：SOV型语言中，紧接在句中动词前的位置是自然焦点所在；语序为SVO的汉语，句子末尾通常是句子的焦点所在。把字的受事通常是有定的旧信息，由动词及其补语表示的处置行为和结果才是要强调的新信息。那么偏称宾语把字句动词后面通常由数量词语担任的偏称宾语，就是新信息，如"他把苹果吃了三个"中的数量词"三个"就是自然焦点，是被强调的成分，这就是近现代汉语以及部分汉语方言中使用偏称宾语把字句的另外一个动因。

第八章

"偏称宾语被动句"的语序类型学研究

被动句是汉语中比较常见的句式之一，有关汉语被动句的研究文献非常多，但是据我们调查，迄今为止专文研究动词后面带偏称宾语的被动句还没有，虽然有些研究被动句的文献偶尔会提到此类句式，但是大都也只是一笔带过，没有作具体的分析。下面我们就对此类特殊的被动句作全面的考察研究，首先描写偏称宾语被动句的句法特点，然后对方言和民族语言中的偏称宾语被动句作类型学考察，最后分析偏称宾语被动句的产生年代及其动因。

第一节 句法特征描写

所谓偏称宾语被动句，就是句首主语是表全称的名词，动词后的宾语是表偏称的数量词语的被动句。下面例句中的宾语都被分成两个部分，先是全称的名词作主语，后是偏称的数量作主要动词的宾语，主语和动词宾语之间形成"全称"和"偏称"关系。

  （1）桔子被我吃了三个。
  （2）书被我看了三本。
  （3）庄稼被淹了一大片。（《现代汉语八百词》）
  （4）小鸡被黄鼠狼叼去了一只。（《现代汉语八百词》）
  （5）那本书被你的孩子撕了四五页。

这类被动句可以形式化为：NP$_1$（整体）+被+NP$_2$+V+NP$_3$（部分）。其中NP$_1$表示整体，在语义指称上是定指的。由数量词语充任的NP$_3$表示部分，在语义指称上是不定指的。主语和数量之间是整体与部分的关系，NP$_3$是NP$_1$的一个部分，数量表达的是部分量，是主语所指事物的一部分。

这类被动句不像典型被动句那样，把整个宾语全部从动词后位置移位到主语位置上，而是只让宾语中表示"整体"的成分前移，表示"部分"的成分保留在动词后的原来位置。像汉语这种受事成分一分为二（即"表整体的成分出现在主语位置，表部分的成分出现在宾语位置"）的被动句，在英语中是根本不存在的（Hashimoto，1988；熊学亮、王志军，2003）。

从上面可以看出，不仅上一章讨论的把字句动词后面可以带偏称宾语，被字句中也可以。我们把第七章第一节吕叔湘（1948）的偏称宾语的把字句稍加变换，就可以得到本章所讨论的偏称宾语被动句。以下"衣服、钱、教学楼、杂志"都表示整体，而数量短语"一件、一个角、几页"和部分量词"些"都表示部分。

> （6）把衣服脱了一件。
>   →衣服被脱了一件。
> （7）把方才的钱拿些来。
>   →方才的钱被拿走了些。
> （8）炸弹把教学楼炸坏了一个角。
>   →教学楼被炸弹炸坏了一个角。
> （9）他随手把这本杂志翻了几页。
>   →这本杂志被他随手翻了几页。

当然还有更为复杂的情况，那就是"把"字与"被"字的套用，构成"被……把"的结构。其中"被"前面的受事宾语和"把"后的宾语成分具有整体与部分关系，如：

> （10）全连战士被营里把一大半调走了。
> （11）张三被刀把一个手指割破了。

例（10）、例（11）中的"全连战士"和"一大半"之间，"张三"和"一个手指"之间，都是整体与部分关系。当然例（11）还可以继续发生分裂移位，从而构成更为复杂的整体与部分关系，如例（12）：

> （12）张三被刀把一个手指割破了。
>   → 张三被刀把手指割破了一个。

其中受事主语"张三"与"把"字宾语"手指"，"手指"与动词宾语"一个"之间，受事主语"张三"与动词宾语"一个"都构成整体与部分关系。例（12）这种复杂的"把"字与"被"字的套用结构，我们认为应该是在"被"字句基础上生成的，其推导过程如下。

> （13）张三被刀割破了一个手指。
>   → a. 张三被刀把一个手指割破了。

→ b. 张三被刀把手指割破了一个。

第二节 跨方言考察

以上的这类偏称宾语被动句，广泛存在于汉语的七大方言中，具有跨方言的普遍性。以下按照方言区所在地理位置，由北向南对 7 大方言区的 50 个方言点进行考察，受所搜集到语料的限制，各方言区内部方言点的语料数量不均。

表 8-1   50 个方言点 "偏称宾语被动句" 语料汇总表

方言区	方言点	方言例句	对应的普通话	语料来源
北方方言（14）	乌鲁木齐话	杯子让打碎咧一个。	杯子被打破了一个。	周磊（2002）
	西安话	教室的课桌叫抬走咧五个。	教室里的课桌被抬走了五个。	兰宾汉（2011）
	微山话	昨夜里，叫贼把俺的羊偷走了两只。	昨天夜里，我的羊被贼偷走了两只。	殷相印（2006）
	泗洪话	鱼挨小猫吃得一个。	鱼被小猫吃了一条。	黄伯荣（1996）
	罗山话	山上的树昨晚上叫谁锯走几棵。	山上的树昨晚上被谁锯走几棵。	王东（2010）
	高淳话	他讨车子压断辣一条腿。	他被汽车压断了一条腿。	石汝杰（1997）
	襄樊话	五个欢喜团儿叫哥哥吃了两个。	五个糯米团子被哥哥吃了两个。	王丹荣（2006）
	竹山话	一瓶酒叫一个人喝了一大半。	一瓶酒被他一个人喝了一大半。	何洪峰（2004）
	鄂东话	饭把猪吃了一半。	饭被猪吃了一半。	黄伯荣（1996）
	黄州话	一根甘蔗把他一个人吃了一大简。	一根甘蔗被他吃了一大截。	黄伯荣（1996）
	黄冈话	菜根把到地蚕吃了不少。	菜根被地蚕吃了不少。	何洪峰（1996）
	通山话	鸡把得贼偷走了三只。	鸡被贼偷走了三只。	范新干（2006）
	西充话	他着人家砍断了一条腿。	他被人家砍断了一条腿。	王春玲（2011）
	黔阳话	五个鸡蛋都让她打烂嘎三个咧。	五个鸡蛋被她打烂了三了。	孟玉珍（2006）
吴方言（4）	苏州话	小鸡拨黄鼠狼衔得去一只。	小鸡被黄鼠狼抓走了一只。	刘丹青（1997）
	上海话	报纸拨小困撕脱半张。	报纸被小孩儿撕了半张。	黄伯荣（1996）
	温州话	他给汽车压一只脚断爻。	他被汽车压断了一条腿。	潘悟云（1997）
	宁波话	钞票拨伊赢去交关。	钞票被他赢走很多。	阮桂君（2010）

续表

方言区	方言点	方言例句	对应的普通话	语料来源
湘方言（8）	汝城话	萝卜拿哪个掷甲一个。	萝卜被谁拔了一个。	黄伯荣（1996）
	武冈话	鸡崽崽乞猫狸咬死一只。	小鸡被狸猫咬死一只。	向柠（2005）
	洞口老湘语	其人大势讨车子轧倒呱几个。	他们大家被车子轧倒了几个。	胡云晚（2010）
	攸县话	十只碗得其打过哩五只。	十个碗被他打了五个。	伍云姬（2009）
	常德话	笼里的鸡逗黄鼠狼吃啊两只。	笼里的鸡被黄鼠狼吃了两只。	伍云姬（2009）
	益阳话	他着鞭炮炸伤哒一双眼睛。	他被鞭炮炸伤了一只眼。	伍云姬（2009）
	岳阳话	三瓶酒尽他一个人喝落哒两瓶。	三瓶酒被他一个人喝了两瓶。	伍云姬（2009）
	长沙话	田里的谷子把得麻雀子吃咖一半。	田里的谷子被麻雀吃了一半。	卢小群（2007）
赣方言（6）	岳西话	五个小猪让豹子咬死着三个。	五只猪崽被豹子咬死了三只。	储泽祥（2006）
	安义话	渠讨汽车压断的一双脚。	他被汽车压断了一条腿。	万波（1997）
	芦溪话	渠等坏人打伤哩一只脚。	他被坏人打伤了一条腿。	刘伦鑫（2008）
	阳新话	啊鞋啊把渠穿破几双。	鞋被他穿破了几双。	陈晓云（2007）
	都昌话	羊等村长打死得三只。	羊被村长打死了三只。	冯桂华（2012）
	常宁话	那本书得佢撕地一半。	那本书被他撕了一半。	姚丽娟（2011）
闽方言（3）	泉州话	茶瓯传伊拍破去两块。	茶杯叫他打破了两个。	李如龙（1997）
	厦门话	鸡仔互囝仔踏死一只。	小鸡被孩子踩死一只。	黄伯荣（1996）
	汕头话	伊分汽车压断一双胶。	他被汽车压断一条腿。	施其生（1997）
客家方言（6）	江西客家话	该本书拿别人撕了几页。	这本书被别人撕掉了几页。	刘纶鑫（2001）
	成都客家话	杯子拿给我给打烂了一个。	杯子被我打碎了一个。	郄远春（2012）
	连城客家话	佢乞炮弹炸断一双脚骨。	他被炮弹炸断了一只脚。	项梦冰（1997）
	宁化客家话	汽车畀人偷去一只轮子。	汽车被人偷走了一只车轮。	张桃（2004）
	永定客家话	菜分牛踏撇几多。	菜被牛踩烂很多。	李小华（2014）
	梅县客家话	汽车分人偷走一双轮子。	汽车被人偷走了一只车轮。	林立芳（1997）
粤方言（9）	广州话	啲杯畀我打烂咗一只。	杯子被我打碎了一只。	邓思颖（2003）
	香港话	啲杯畀我打烂咗一只。	杯子叫我给打碎了一个。	张双庆（1997）
	南宁粤语	本书捱撕去一页哂啊。	这本书被撕掉一页了。	黄阳（2012）
	福绵粤语	羊著疯佬撅死了两只。	羊被疯子打死了两只。	郭必之（2012）

续表

方言区	方言点	方言例句	对应的普通话	语料来源
粤方言 （9）	宾阳平话	张三著流氓一只脚断。	张三被流氓打断了一条腿。	覃东生（2007）
	桂南平话	羊挨村长打死三只了。	羊被村长打死了三只。	褚俊海（2007）
	广西平话	个聂羊着村长打死三只。	羊被村长打死了三只。	覃凤余（2013）
	粤西马兰话	花盆畀人搬走欸几个。	花盆被人搬走了好几个。	陈云龙（2012）
	梨市土话	花盆拿人搬走了好几个。	花盆被人搬走了好几个。	李冬香（2014）

从表 8-1 中汉语七大方言区 50 个方言点的材料可以看出：

（1）方言中的偏称宾语被动句跟普通话的构造模式基本一样，都是表示整体的名词性成分在句首作主语，表示偏称的数量短语在动词之后作宾语。

（2）在这 50 个方言点中，有 43 个方言点材料是，表示整体的光杆名词或带修饰语的名词短语在句首作主语，在语义上都是定指的。只有襄樊话、竹山话、黄州话、黔阳话、攸县话、岳阳话和岳西话这 7 种方言，句首的数量短语表示总量，动词后的数量短语表示动作的实现量，两者之间是数量领属关系。句首的数量短语在语义指称上虽然不是定指的，但至少都是特指的。

（3）这 50 个方言点的被动标记词各异，如"让、叫、给、挨、讨、把、把到、把得、乞、拿、互、分、得、着、畀"等。有的被动标记词可以横跨不同方言区，如"把"横跨北方方言、湘方言、赣方言，"着"横跨北方方言、湘方言、粤方言，"拿"横跨湘方言、客家方言、粤方言等。有的被动标记词则专属某一个方言区，这又可以分为两种情况：一是只用于某一方言区特定的方言点，如双音节的"把到"只用于北方方言的黄冈话；二是只用于某方言区，比如"叫"只用于北方方言，"拔"只用于吴方言。

（4）还有少数被动标记词只是零星地分布在两个方言区的方言点之中，这很有可能是方言接触导致的。比如，用于北方方言通山话和湘方言长沙话的"把得"，用于客家方言和粤方言的"畀"，用于闽方言和粤方言的"分"。

第三节 汉藏语系民族语言考察

偏称宾语被动句不仅在汉语普通话及方言中普遍存在，在汉藏语系的其他几个语族的语言中也存在，如藏缅语族、侗台语族和苗瑶语族三大语族共 22 个语言点的 18 种民族语言中都存在。以下语料例句除了标注出处的，其他的均选自李洁（2008）的附录一"被动句调查问卷"，我们对其按照语族的不同进行了分类整理，并利用当代语序类型学理论，尝试解释为什么表示"偏称"

的数量短语在不同语序的语言中，其位置分布会存在差异：在 OV 语序语言中，表示"偏称"的数量短语在动词之前；在 VO 语序语言中，表示"偏称"的数量短语在动词之后。

(一) 藏缅语族

(1) 羌语：

tɕy：t ʂ –la-ha　　　　　t ʂoqu-ɯu　　e-ze　　sə-dzi-k.
小鸡 (定指) (量词) 黄鼠狼 (施事) 一 (量词) (方向) 吃 (推测)
小鸡被黄鼠狼叼去了一只。

(2) 景颇语：

u³¹ khai⁵⁵la⁵⁵ŋai⁵¹ mji³³ pheʔ⁵⁵ ma³¹ lat³¹ e³¹ phai³³ ʃa⁵⁵ mat³¹ ɯa³¹ sai³³.
小鸡 一 一 (受助) 黄鼠狼 (施助) 抬 吃 (助动) (助动) (句尾)
小鸡被黄鼠狼叼去了一只。

(3) 独龙语：

ka³¹ti⁵⁵　pə³¹suŋ⁵⁵mi³¹　　ti³¹gɯ⁵⁵ ə³¹　gua：ŋ⁵⁵-lu：ŋ³¹.
小鸡　黄鼠狼 (施格) 一只　　扛 (叼) (体)
小鸡被黄鼠狼叼去了一只。

(4) 仙岛语：

sui⁵⁵　aʔ⁵⁵ᐟ³¹　kzɔʔ⁵⁵ta³¹tu⁵¹ pan³¹pɔ⁵¹.
黄鼠狼 (施助) 鸡　一只　咬了
小鸡被黄鼠狼叼去了一只。

(5) 勒期语：

kjɔʔ³¹nu⁵⁵ʃui³¹tʃo⁵⁵ŋjɛ⁵³　ta⁵³tu³³　le：i⁵⁵ʃɛ³³lo⁵⁵pjɛ³³.
小鸡　黄鼠狼 (施助) 一只　叼　　去了
小鸡被黄鼠狼叼去了一只。

(6) 哈尼语：

a. xa³³za³¹　tɕhi³¹za³¹　phu³¹du³¹dɔ³¹mi³¹ne³³ba³¹dza³¹xe⁵⁵tsa³³a⁵⁵.
小鸡　一 只 黄鼠狼 (施助) 叼 去 了
小鸡被黄鼠狼叼去了一只。

b. a³¹phe⁵⁵ çi⁵⁵ ŋa³¹　si³¹ a³¹jo³¹ne³³　sɔ⁵⁵si³¹ dza³¹a⁵⁵.
梨 这 五 个 他 (施助) 三个 吃 了
这五个梨被他吃了三个。

(7) 拉祜语：

xa⁵⁴zɛ⁵³ɛ³⁵te⁵³khɛ³³fa⁵⁴la⁵³ky³³ tɕhi⁵³qai³³çe³¹o³¹.
鸡 小 一只 黄鼠狼 叼 走 了

小鸡被黄鼠狼叼去了一只。

（8）纳西语：

a³¹dɯ³³me³³xua³¹tsv³³la³¹nɯ³³ pə³³xɯ³³.

鸡 一只 黄鼠狼（施助）叼 走

小鸡被黄鼠狼叼去了一只。

（9）白语：

se³³ki³⁵tsi⁴⁴a⁴⁴tɕo³⁵xua⁴²lɔ⁴²tshv³³a⁴⁴ta³⁵tsi²¹xɯ⁵⁵a⁴⁴tɯ²¹.

小鸡子 些 着 黄 狼 鼠 些 叼去 了一只

小鸡被黄狼鼠叼去了一只。

（10）义都语（江荻，2005：138）：

a⁵⁵he⁵⁵a⁵⁵i³tɕi⁵⁵a⁵⁵ka³³ri⁵³aŋ⁵⁵ge⁵⁵ça³³a⁵⁵deŋ⁵⁵ge³¹ri³⁵tiu⁵⁵ja³¹（h）i⁵³ba³¹.

那 孩子小 汽车 腿 一条 压 被动 已行体

那个小孩被汽车压断了一条腿。

（11）仙仁土家语（戴庆厦、田静，2005）：

za³⁵pi³⁵ɯa³³su⁵⁴le³³ ko³³ no⁵⁴ ka³⁵o⁵⁴lu³³.

小鸡 黄鼠狼 （施助）一只 叼（助）了

小鸡被黄鼠狼叼去了一只。

（12）苦聪彝语（常俊之，2009）：

zi³³ti³¹vi⁵⁵tshu³³yɯ³³khɯ³³pa³³tchi⁵⁵tshy³³kie⁵⁵ne³³ti³¹pa³³za³¹thie³³po³³=pɯ³³o³³.

那一位人 的 腿 汽车 施助 一只 压断 体助 体助

那个人被汽车撞断了一条腿。

（13）撒都语（白碧波，2012：168）：

i³³zi²¹gɛ²¹ zi⁵⁵fa³³sa³³ gɯ⁵⁵ te²¹dze⁴²khao⁵⁵ phi⁴² la³³.

他家的 烟 冰雹（施助）一些 打 掉（语助）

他家的烟被冰雹打了一些。

（14）梁河阿昌语（时建，2009）：

aŋ³¹tsaʔ⁵⁵paŋ³³tai³³xa³³ zi³¹pā³³tca³¹laʔ³³xeiʔ⁵⁵.

青菜 兔子（施助）一半 吃 去 了

青菜被兔子吃了一半。

（二）侗台语族

（15）南康壮语：

kai³³lai³³teːŋ⁵⁴tu¹¹kuk⁵⁵nou⁵⁴kaːm¹¹tu¹¹ʔdeːu⁵⁴pai⁵¹kva³³.

鸡 小 被 黄鼠狼 叼 只 一 去 了

小鸡被黄鼠狼叼去了一只。

（16）燕齐壮语（韦景云，2011）：

ki^{35} ta:ŋ^{42} kɯn^{42} ta:i^{42} ʔdo:i^{24} he^{55} kɯ^{24} po:i^{24} ʔan^{24} hu^{55} lu^{33}.
些　　糖　　上面　　桌子　　被　　他　吃　去　　个　　一（语气词）
桌上的糖果被他吃掉了一块。

（17）武鸣壮语（黄美新，2012 会议交流）：

piŋ^{2}ko^3 ŋai^2 kɐu^1 kɯ^1 liu　ɬam^1 ʔɐn^1.
苹果　挨　我　吃　完　三　个
苹果被我吃了三个。

（18）傣语：

ʔe^1 kai^5 tso^3 ma^{1}lin^6 kap^8 ka^5　to^{6}ləŋ^6.
小鸡　被　黄鼠狼　叼　去　只　一
小鸡被黄鼠狼叼去了一只。

（19）布依语（周国炎，2003）：

soŋ^{11}ta:ŋ^{24} teŋ^{33}oɯm^{31}pɯt^{35} va:i^{11} va^{33}ʔdeu^{33}lo^{42}.
窗户　　　被　　风　　吹　坏　扇　一　了
窗户被风吹坏了一扇。

（三）苗瑶语族：

（20）弥勒苗语：

nua^{13}qai^{43}t şo^{24}lo^{31}tlaŋ^{31} cu^{55}lɛ^{24}i^{43}to^{21}.
小鸡　被　黄鼠狼　　叼了一只
小鸡被黄鼠狼叼去了一只。

（21）凯里苗语：

moŋ^{22}qa^{33}tɛ^{33}qei^{33}ko^{21}tɛ^{22}la^{44}ki^{53}moŋ^{22}i^{33}tɛ^{22}zɛ^{55}.
群　小　鸡　被　狗　叼　去　一　只了
小鸡被狗叼去了一只。

（22）湘西苗语（余金枝，2009）：

a^{44}　e^{35} a^{31} n^{44} o^{22} te^{53} me^{31} n^{31} tu^{44} a^{44} naŋ^{22}te^{35}.
一　碗　肉　这着小　妹　吃　完　一　半　碗
这碗肉被小妹吃了半碗。

从以上 22 个语言点的 18 种民族语言的偏称宾语被动句，我们可以总结出如下倾向性规律：从语序上来说，侗台语族和苗瑶语族的 4 种语言都是 SVO 语序，都有表示被动的词汇标记；藏缅语族的 14 种语言都是 SOV 语序，都没有表示被动的词汇标记［例（9）的白语除外，因为白语是 SVO 语序，有被动词汇标记"着"]。那么为什么会产生这一倾向性规律呢？即 SVO 型语言的"介词型被动句"和 SOV 型语言的"助词型被动句"。这是因为 SVO 语言的动词位于宾语之前，动词容易虚化为介词；SOV 语言动词位于宾语之后，这时就很难产生介词或介词结构。SOV 语言由于主语 S 和宾语 O 都前置于动词 V 之前，那么 S 和 O 的语义关系就容易产生歧义，这时就需要对其中的一个成分进行施受关系的标记，以分化歧义，格助词正好可以起到区分施受关系的作用，从而弥补 SOV 语言缺乏介词的不足。

以上 22 个语言点的 18 种汉藏语系民族语言，虽然汉语的翻译都是表"全称"的名词在前，如"小鸡""这五个梨"和"窗户"（布依语），表示"偏称"的数量短语在动词之后，如"一只""三个"和"一扇"（布依语）。但是如果我们仔细分析会发现，在这 18 种民族语言中表示"偏称"的数量短语的位置分布很不相同，可以分为以下三种：

（1）NP 受事+NP 施事+数量+V

语言有 10 种：羌语、独龙语、仙岛语、勒期语、彝语、拉都语、阿昌语、义都语、土家语和哈尼语。

（2）NP 受事+数量+NP 施事+V

语言有 4 种：景颇语、拉祜语、纳西语和哈尼语。

（3）NP 受事+NP 施事+V+数量

语言有 5 种：壮语、傣语、布依语、苗语和白语。

上面表偏称宾语的数量短语为什么会有三种分布类型呢？这一现象背后的动因又是什么呢？我们认为可以从这些民族语言的基本语序着手来进行解释。汉藏语系的藏缅语族的基本语序都是 SOV（白语除外），这就要求句子中的体词性成分都在动词之前。这就解释了上面类型（1）和类型（2），因为这两种类型里的 13 种语言都是属于藏缅语族的。当然同是藏缅语族的语言，语序又都相同，为什么有的语言表偏称的数量短语，既可以在施事之前，也可以在施事之后，其背后的动因还有待进一步研究。侗台语族和苗瑶语族的语言基本语序都是 SVO，那么这两个语族的语言（还有语序为 SVO 的白语）把表示偏称的数量短语放在动词之后，也就很好理解了，因为这是一般宾语的常规位置。

此外，现代汉语普通话、古代汉语以及前面调查的 7 大方言区的 50 个方言点，由于其基本语序都是 SVO，所以被动句中偏称宾语也都是处在动词之后的句末位置。总之，跟汉语普通话和汉语方言一样，汉藏语系其他民族语言的偏称宾语被动句，也都是表示整体的语言成分在前，或者在句首，或者在动词前，表示部分的偏称宾语在动词之后，而没有相反的情况，即表整体的在后，表部分的在前。

下面从焦点跟语序关联性的角度，尝试分析造成上面数量词语位置分布的动因。根据焦点理论，语言的自然焦点跟语序有很大关系：SVO 型语言中，句子末尾通常是句子的焦点所在；SOV 型语言中，紧接在句中动词前的成分是自然焦点所在。比如，语序为 SOV 的匈牙利语中，焦点就有非常固定的句法位置，紧靠着动词谓语之前的句法位置，就是专放句子焦点的位置。而据 Kim（1998）对世界范围内众多语序为 SOV 语言的考察，大多数语言都遵循信息焦点紧靠动词之前这一规则，只有在少数情况下受其他规则的影响才会有所偏离（转引刘丹青，2008：231）。所以上面语序为 SOV 的羌语、独龙语、仙岛语、勒期语、土家语、哈尼语等 10 种语言中的数量词语都位于动词之前的位置。

语序为 SVO 的汉语句子末尾通常是句子的焦点所在，所以语序为 SVO 的壮语、傣语、布依语、苗语和白语 5 种语言（包括汉语普通话和上文调查的 7 大方言区 50 个方言点方言）数量词语都处在动词之后的位置。由于数量词语处在焦点位置，就正好被强调。

第四节　产生年代及动因

汉语表被动的"被"字句在汉代开始出现。据唐钰明（1988）的考察，动词带宾语的被字句唐宋时期有 253 例，约占被字句总数 1492 例的 17%。据我们的调查，带偏称宾语被动句（我们这里的被动句是广义的，只含有被动语义没有"被"字的也包括在内）在近代汉语中出现得比较晚，大概从唐代开始出现，如：

（1）昔有秦故彦是皇帝之子，当为昔鲁家斗戏，被损落一板齿，不知所在。（唐《敦煌变文集》）

在宋、元、明、清四个朝代，这种被动句继续使用，如：

（2）循虎迹，十余里溪边，奴已食讫一半。（宋《太平广记》）

（3）刚刚是老鼠被药杀了好几个，药死人的药其实再也不曾合。（元《窦娥冤》）

（4）往山东买马，买得好马三百余匹；回至沛县界首，被强寇劫去一半。（明《三国演义》）

（5）两边众人被打伤了数十个，见长老来，各自退去。（明《水浒传》）

（6）三百甲士，被杀伤了一半。（清《东周列国志》）

（7）落后一连换了十位先生，倒被他打跑了九个。（清《儿女英雄传》）

到了现当代，这种被动句的使用频率和使用范围都不断加大，如：

（8）她的衣服是像已经烘干了一部分，头发还有些湿。（曹禺《雷雨》）

（9）现在野鸡一年比一年多，我家每年的收成要被野鸡吃掉三成。（新华社 2004 年新闻稿）

（10）她班上的尖子生被人"掐"掉了一个，今年高考，能上国内一流大学的学生就少了一个。（罗伟章《奸细》）

（11）吊在脚手架上的一条狗，皮已被剥下一半儿。（梁晓声《母亲》）

（12）开工刚半年，那座庞大的巨山已被拦腰吃掉了一块。（《人民日报》1994 年）

（13）阿良饭吃不香，觉睡不好，那身幸福的膘被生生磨掉一圈。（虚可以《归妹卦》）

汉语被动句的概念语义，是表示某一参与者（通常为受事）受到另外一个参与者（通常为施事）动作的影响，而产生某种变化。受事受到动作行为的影响，存在受影响程度或范围大小的差别。大部分的被动句表示的都是受事完全受动作影响，表现为动词后带结果补语或体标记，如"苹果被我吃完了"。但是还有一种表示受事是部分受动作影响的，那就是本章讨论的偏称宾语被动句。当然表示受事是部分受影响也可以用一般的主动宾句，如"我吃了三个苹果"，但是把受事放在句首的被动句，更易凸显表达出受事遭受某种影响或处置，如"苹果被我吃了三个"。

一般认为句末是句子自然焦点的常规位置，也就是说，一句话的语义重点通常在谓语部分，如果谓语动词带宾语，宾语通常成为语义的重点，或称"自然焦点"（沈家煊，1999：228）。由于焦点是强调的常用手段，所以我们认为偏称宾语被动句句末的数量词语有强调的作用，强调句首的受事主语是部分受影响，而不是完全受影响。

第九章

"部分格"的区域类型学研究

最近几年，国内语言学界很多学者都从生成语法的角度，以"王冕死了父亲"为例，探讨汉语中由于领有名词组提升移位而产生的"部分格"。在国外，Belletti（1988）等把有形态标记的部分格，跟生成语法中由于移位而产生的部分格相混用。这就启发我们进一步思考，这两种不同的格之间究竟有没有差异？真的可以混用吗？

我们将在已有零散研究的基础之上，运用语言类型学的理论方法，尤其是区域类型学（Areal Typology）理论，对部分量的编码方式之一、标记宾语部分受影响的部分格，进行跨语言的类型学研究：整理出其语系及地理分布，通过调查其所在民族的历史形成过程和语言接触两个方面，解释部分格语系及地理分布的动因。希望我们对部分格的专门研究能够弥补这些不足，进而为后来学者的研究起到一定的铺垫作用。

第一节　部分格的语系及地理分布

在一些语言中，受事宾语根据是"完全受影响（wholly affected）"，还是"部分受影响（partly affected）"，采用不同的格标记。部分受影响的受事或者使用一种特殊的部分格（partitive case），或者使用属格（genitive case）；完全受影响的受事通常使用宾格（accusative case）。Moravcsik（1978：263）指出，这一现象见于东欧（Eastern Europe）和东北欧（Northeast Europe）的语言中，如在拉脱维亚语（Latvian）、立陶宛语（Lithuanian）、俄语（Russian）、波兰语（Polish）、芬兰语（Finnish）、爱沙尼亚语（Estonian）和匈牙利语（Hungarian）中都有，是一个区域特征（areal feature）。

据我们对世界语言谱系的调查，上面说到的语言一部分属于印欧（Indo-European）语系的波罗的（Baltic）语族，如拉脱维亚语和立陶宛语，以及斯拉夫（Slavic）语族的俄语和波兰语；还有一部分属于乌拉尔（Uralic）语系的芬兰—乌戈尔族（Finno-Ugric）的芬兰语支的芬兰语和爱沙尼亚语，以及乌戈尔语支的匈牙利语。它们在东北欧构成了一个区域相连的群体。

斯拉夫语言用属格来实现芬兰语部分格的功能。也就是说，直接宾语标记为属格的意味着"部分宾语（partial object）"，直接宾语标记为宾格的意味着"完全宾语（total object）"。那么对于斯拉夫语言学家来说，出现属格也就意味着部分格属格（Thomas，2003）。因此下文我们把属格也放到部分格中一起讨论，即我们所说的部分格包括属格。

拥有部分格的几种语言，其语系分布是怎样的呢？根据《世界语言结构地图集》，波罗的语族的内部语言构成情况比较简单，只有拉脱维亚语和立陶宛语两种语言，我们就不再列表分析。下面主要分析斯拉夫语族和芬兰—乌戈尔语族的内部语言构成情况。当然，跟波罗的语族相比，这两个语族的内部语言略为复杂一些，尤其是芬兰—乌戈尔语族。

印欧语系的斯拉夫语族分为东斯拉夫、南斯拉夫、西斯拉夫三个语支（有关三个语支的历史形成过程见本章第四节的分析），每个语支下面又有许多种语言。具体如图 9-1 所示（参照 Comrie，1988：322；Campbell，1999：191）。

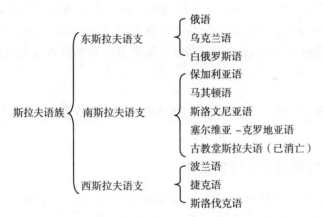

斯拉夫语族
东斯拉夫语支：俄语、乌克兰语、白俄罗斯语
南斯拉夫语支：保加利亚语、马其顿语、斯洛文尼亚语、塞尔维亚-克罗地亚语、古教堂斯拉夫语（已消亡）
西斯拉夫语支：波兰语、捷克语、斯洛伐克语

图 9-1　斯拉夫语族所包括的部分主要语言

乌拉尔（Uralic）语系主要分布在欧洲的芬兰、爱沙尼亚、匈牙利、欧亚两洲之间的乌拉尔山脉一带以及苏联极北地区。它有两个主要的语族：芬兰—乌戈尔语族和萨莫耶特（Samoyed）语族（有关这两个语族的历史形成过程详见第四节的分析）。芬兰—乌戈尔语族包括芬兰和乌戈尔两个语支。其中芬兰语支［又称波罗的—芬兰语支（Balto-Finnic）］，包括芬兰语（Finnish）、爱沙尼亚语（Estonian）、里窝尼亚语（Livonian）等。乌戈尔语支包括匈牙利语（Hungarian）、奥斯加克语（Ostyak）、沃古尔语（Vogul）。萨莫耶特语族包括恩加纳萨语（Nganasan）、塞尔库普语（Selkup）、尼奈特斯语（Nenets）、艾

奈特斯语（Enets）等（参照 Comrie，1988：322；Campbell，1999：192）。这在图 9-2 中体现得更加明显。

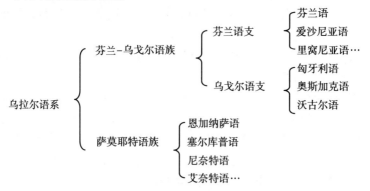

图 9-2　乌拉尔语系所包括的部分主要语言

那么拥有部分格的语言，其地理分布情况又是怎样的呢？从欧洲地图可以看出，拥有部分格的语言，除了匈牙利语之外，其他 6 种语言（芬兰语、爱沙尼亚语、俄语、拉脱维亚语、立陶宛语、波兰语）都依次有序地分布在波罗的海（Baltic Sea）沿岸，是一个"语言区域（linguistics area）"，具有明显的"区域类型学（area typology）"特征，第四节中我们将再对其进行更为详细的分析。

第二节　部分格的独特性及其类型学意义

一　一般类型学研究的要求

建立大规模的语种库（language sample）。广泛语言的数据，对于确定语言共性是绝对必要的。从 Greenberg（1963）的 30 种语言，到 Keenan & Comrie（1977）的 50 多种语言，到 Hawkins（1983）的 200 多种语言，再到 Dryer（1992）的 600 多种语言和 Dryer（1999）的 900 多种语言（刘丹青，2005）。可见研究者们所建的语种库规模越来越大，因为相对来说，在越大规模基础之上建立的语言共性，其可靠性就越大。

语种均衡性的追求。语种的抽样必须防止发生学上的语系偏向（genetic bias）和地区偏向（areal bias）。即必须防止抽样的语言是来自同一语系或语族，也必须防止从同一地理区域选择大量而没有代表性的语言。因为属于同一语系的成员所具有的共性，可能是从原始母语那里继承而来的，并不是真正的语言共性。例如，汉语和藏语来自史前的原始汉藏语，它们同出一源，是亲属语言；法语、意大利语、西班牙语和罗马尼亚语是由统一的拉丁语分化而来的；英语、荷兰语、瑞典语、丹麦语等是日耳曼语分化而来的；俄语、保加利亚语、捷克语、波兰语、塞尔维亚语是斯拉夫语分化而来的，因此这些都是亲属语言。而拉丁语、日耳曼语、古斯拉夫语、梵语则又都是来自原始印欧语，也是亲属语言。同一地区内所说的语言，往往随着时间推移而互相影响，通过借用或共变具有了一些共同特征，这些特征也不一定就是语言共性。

除了要防止语系偏向和地区偏向之外，理想的取样还要防止语言种类（类型）的取舍偏向，如所取样的语言都是 SVO 语。Greenberg（1963）的 30 种语言的抽样就非常好，充分考虑到语种、地区和类型这三个方面的平衡性。30 种语言来自欧洲、非洲、亚洲、大洋洲和美洲 5 大洲，涵盖了世界上各大主要语系，语种类型包括 VSO、SVO 和 SOV 三大主要语序。

对语言共性的追求。语言类型学在大规模均衡语种库基础之上，或者追求无例外的蕴含性共性，如 Greenberg（1963）、Hawkins（1983）关于语序的共性；或者追求严格的等级序列，如 Keenan & Comrie（1977）关于名词短语关系化的可及性等级（accessibility hierarchy）；或者追求大规模的统计共性（或倾向性），如 Dryer（1992）通过 625 种语言的调查，来确定各种句法结构与动宾结构是否和谐（刘丹青，2005）。

二 部分格研究的特点

有限的语种库。从上面部分格的语系分布可以看出，部分格只存在于印欧语系斯拉夫语族的部分语言之中——主要是俄语和波兰语，波罗的语族的拉脱维亚语和立陶宛语，以及乌拉尔语系的芬兰—乌戈尔语族的芬兰语、爱沙尼亚语和匈牙利语。至于这 7 种语言之间的历史渊源关系，详见第四节的分析。

部分格分布的语系偏向和地区偏向。部分格的分布不仅有语系偏向，而且还有语族偏向，它只存在于印欧语系的斯拉夫语族、波罗的语族和乌拉尔语系的芬兰—乌戈尔语族之中。从《世界语言结构地图集》上可以看到，斯拉夫语族、波罗的语族和芬兰—乌戈尔语族在地理上是毗邻的，都处在东北欧地区，因而其分布具有地区偏向。此外，部分格的分布还具有语种类型的偏向，因为具有部分格的这些语言都是语序为 SVO 型语言。

共性追求的有限性。正如上面所分析的，由于部分格只存在于波罗的语族和斯拉夫语族以及芬兰—乌戈尔语族的部分语言之中，即拥有这一语言现象的语言的数量是有限的。上面也说到部分格的分布不仅具有语系偏向，而且还有地区偏向，所以我们下文要建立的蕴含共性"部分格⊃VO"，也只是一种基于有限数量语言的区域共性（areal universal）。但需要强调的是，我们所建立的这一共性不是倾向共性而是绝对共性，因为这是一个区域现象，在世界其他地区的语言中都没有部分格，所以也就不存在反例。

表 9-1　　　　　　　　　　　　　　部分格研究的特点

类型学研究的要求	部分格研究的特点
大规模的语种库	有限的语种库
防止语系偏向	语系偏向
防止地区偏向	地区偏向
无例外的绝对共性	区域共性

三　部分格研究的类型学意义

从以上的对比可以看出，部分格的研究与一般的类型学研究差异很大，那么是不是说部分格的类型学研究就没有意义了呢？答案当然是否定的。正如刘丹青（2005）所说的，只要以语言共性和类型研究的已有成果为背景，只要遵循语言类型学的研究方法和技术，那么，即使是同一类型或同一谱系内的跨语言比较，甚至同一语言（如汉语）内部的跨方言或跨时代比较，也能获得富有价值的发现。由此得到的一些局部性的共性，包括蕴含共性或等级序列等，有时反映的也是人类语言的普遍性，在今后更大范围的跨语言比较中就会获得验证，有时反映的则是某一类型或谱系内部的特点，这同样具有类型学的意义。我们认为部分格的研究就属这种情况。拥有部分格的语言都是同一类型的语言，即基本语序为 SVO，它们分属两个语系的三个语族的部分语言之中，因而下文建立的蕴含共性，虽然只是区域共性，但是我们认为同样具有类型学的意义。

第三节　部分格与语序之间的蕴含共性

一　形态参项和语序参项的结合

在语言类型学的研究历史中，曾经提出过很多研究语言整体类型的参项，从历史的角度来看，其中有两种参项就显得特别重要。一是形态类型参项，这在 19 世纪末 20 世纪初曾占支配地位。二是语序类型参项，这主要是由 Greenberg（1963）提出的。类型参项的选择并不是随意的，当然也并不是事先已确定好了，因为我们"事先没有办法知道具体哪一个参项或哪一组参项将被证明对类型和共性的研究有意义，相反，参项选择的改进跟整个类型研究的进展是同时的。作为迄今为止类型研究的成果，我们对哪些参项最有可能有意义的确有所了解……但是无疑还有许多有意义的参项，它们的意义还没有被认识"
（Comrie，1989：38-39）。

正如上面 Comrie 所说的，把部分格作为参项进行类型学研究，到目前为
止还没有学者做过。也就是说，部分格这一参项的类型学意义，还没有被类型
学家们认识到。部分格这一形态参项与其他语言现象之间的相关性，如体、及
物性、语序等，以前还没有学者专门讨论过，即使有，也只限于对某个单一现
象的较为浅显的描述。

出于研究的需要，我们把形态参项和语序参项相结合，在部分格和语序之
间建立一条蕴含共性。当然，我们研究的部分格这一形态参项，与传统类型学
的形态类型参项是不同的。传统类型学按照形态变化的多少，用"整体类型
学（holistic typology）"给语言分类，把世界语言分为孤立语、黏着语、屈折语
和多式综合语等。而我们使用的部分格，则是"局部类型学（partial
typology）"，因为这一参项并不存在于所有语言，有的语言可能没有这一形态
格标记。与整体类型学相比，局部类型学是一种更现实、也更加精密的类型
学，局部类型学更有利于做跨语言的比较研究，因为从不同的角度可以选择不
同的参项，可以进行更多方面的类型学比较。当代语序类型学所建立的"蕴
含共性"以及"和谐关系"都是在局部类型学下建立的。

其实关于格范畴与语序之间的联系，Greenberg（1963）就已经注意到了，
他的共性（41）就是很好的体现：如果一种语言里动词后置于名词性主语和
宾语是优势语序，那么这种语言几乎都具有格的系统。换句话说，SOV 语言
更倾向于有格形态。

二 部分格和语序的关联

前面我们对部分格的语系分布作了考察，即部分格主要分布在印欧语系斯
拉夫语族的俄语和波兰语，以及乌拉尔语系芬兰—乌戈尔语族的芬兰语、爱沙
尼亚语和匈牙利语之中，而这几种语言的基本语序都是 SVO。那么部分格跟
SVO 语序之间存在哪些内在的关联呢？语言的不同要素之间存在着跨语言的
相关性，即具有某种特征的语言往往也会有另一种特征，这就是语言要素之间
的蕴含关系。下面我们把部分格标记的有无，跟语序相结合，建立一条蕴含共
性（implicational universal）：

> 如果一种语言为 SOV 语序，那么宾语没有部分格；相反，如果一种
> 语言为 SVO 语序，那么宾语有无部分格不明显，既可以有部分格，也可
> 以没有部分格。
> 即 O 部分格 ⊃ SVO

其实这条蕴含共性还可以换一种表述，即"部分格宾语⊃后置受事"，这又与汉语的"无定⊃后置宾语"相联系起来：宾语所代表的是无定的事物，就只能放在动词之后；要是宾语代表的是有定的事物，则既可以放在动词之前也可以放在动词之后。

以上的这条蕴含共性，可以在表9-2的四分表中更为详细地体现出来。

表9-2　　　　　　　　　　　　　　　蕴含共性的四分表

(1) SOV　O无部分格	(2) SVO　O有部分格
* (3) SOV　O有部分格	(4) SVO　O无部分格

下面就结合我们广泛的语言调查，对以上所建立的四分表进行跨语言验证。在日语、韩语、缅甸语、土耳其语等语序为 SOV 的语言中，宾语都没有专门的部分格标记，因而四分表中的（1）成立，这就意味着四分表中的（3）不成立。在英语、法语、德语、意大利语、汉语等语序为 SVO 的语言中宾语没有专门的部分格标记，那么四分表的（4）成立。在芬兰语、爱沙尼亚语、匈牙利语、拉脱维亚语、立陶宛语、俄语和波兰语等语序为 SVO 语言之中，宾语有专门的部分格（或属格）标记，因而四分表中的（2）成立。

虽然以上对四分表验证所调查的语言数量不多，但是这并不影响我们结论的可靠性。因为就目前所能见到的调查报道和研究文献来看，部分格仅存在于芬兰语、爱沙尼亚语、匈牙利语、拉脱维亚语、立陶宛语、俄语和波兰语之中，其他地区是否存在部分格目前尚无最新的调查报道。也就是说，部分格是个区域现象，有部分格的语言数量极其有限，所以就目前而言，以上建立的区域蕴含共性不是"倾向共性"，而是一条无例外的"绝对共性"。

为什么部分格宾语只出现在 SVO 语序的语言之中？语序为 SOV 的语言为什么宾语就没有部分格呢？SVO 语序和 SOV 语序的主要差别，就是宾语在动词之前还是动词之后。人类语言有一种强烈倾向，即动词之前的 O（或前置的O）是有定的，动词之后的 O（或后置的 O）是无定的。所以下面就从有定无定跟语序之间的联系入手，对我们建立的"O 部分格⊃SVO"这一蕴含共性作出解释。

语序和虚词是汉语两个非常重要的语法手段，其他语言用形态来标记的语法范畴，汉语大多是用语序和虚词来表达的。比如，语法中"有定、无定"的区别，英语主要是用定冠词 the 和不定冠词 a/an 来表示，而汉语则常常用语序来实现，如"客人来了"与"来客人了"。很多学者都认为汉语有一种强烈的倾向，主语所指的事物是有定的，宾语所指的事物是无定的（赵元任，1979；朱德熙，1982）。不仅汉语是这样，英语中的一些特殊有标记句式，如

"Y—移位句、左前置句、分裂句"等句式中，前置的宾语 O 也不能是无定的指称性成分。以下是"Y—移位句"（沈家煊，1999：206）。

(1) I don't like tomatoes; potatoes I do like. （非指称性 O）
我不喜欢吃西红柿，马铃薯倒喜欢吃。

(2) I didn't see Mary there; John I saw right away. （有定 O）
我在那儿没见到玛丽，约翰当时就见到了。

(3) ? I didn't see a horse there; one cow I did see. （指称无定 O）
我在那儿没见到一匹马，一头牛倒见到了。

汉语动词 V 后位置的宾语 O 在指称上不受限制：可以是无定的，如例 (4)；可以是非指称的，如例 (5)；还可以是有定的，如例 (6)。吕叔湘 (1948) 也认为，宾语要是代表有定的事物，可以放在动词之前或之后；宾语要是代表无定的事物，只能放在动词之后。

(4) 猫吃了一条鱼。
(5) 猫天生吃鱼。
(6) 猫吃了那条鱼。

那么，这一现象背后的动因又是什么呢？我们认为这是因为 VO 中 O 占据的是无标记的位置，它的指称变体较多；OV 中的 O 占据的是有标记的位置，它的指称变体较少。沈家煊 (1999：207) 指出，宾语 O 相对动词 V 的位置和宾语的有定无定形成一种扭曲关系，即既对应又不完全对应的关系：

O 如为有定，不一定取 OV 序；但如取 OV 序，则 O 必为有定。反之，O 如为无定，取 VO 序；但如取 VO 序，O 不一定为无定。

如果用 ⊃ 表示"单向蕴含"，那么这种扭曲关系可以用两个单向蕴含式来表示：

OV ⊃ O 有定　　　　O 无定 ⊃ VO

由沈先生得出的单向蕴含式"OV ⊃ O 有定"，以及上面的分析可知，在 OV 语序中，O 必须是定指的，而部分格所表示的意义一般是不定指的，所以部分格不能存在于 OV 语言之中。如果把 OV 语序、宾语 O 的定指性以及宾语部分格的有无相结合，可以得到一个三项蕴含共性，即：OV ⊃ O 有定 ⊃ O 无部分格。

其实这一蕴含共性也很好理解，在 OV 语序之中，如果宾语已经是有定的了，那么它肯定不可能再使用部分格，因为部分格大都是无定的。如果有定宾

语 O 要使用格标记的话，也只能使用宾格。所以上面三项蕴含共性的后项
"OV⊃O 无部分格"也是成立的。

　　Li & Thompson（1975）认为，SOV 语序一般适用于有定的宾语，SVO 语
序一般适用于无定的宾语。Steel（1978：596）指出，动词和宾语的相对语
序，会显示宾语是限定的或者是非限定的。他引述 Li & Thompson（1975：1）
的汉语例句为证，指出宾语在 OV 语序中是限定的，如例（7）中宾语"窗
户"；在 VO 语序中则是非限定的，如例（8）中宾语"（一个）窗户"。

> （7）Zhāng-sān　bǎ　chuānghu　dǎ-pò le.（SOV）
> 　　　张-三　　　把　窗户　　　打破　体
> 　　　张三打破了那个窗户。
> （8）Zhāng-sān　dǎ-pò　chuānghu　le.（SVO）
> 　　　张-三　　　打-破　窗户　　　体
> 　　　张三打破（一个）窗户。

　　以上我们在已有相关研究基础上，从有定无定跟语序关联的角度，以基本
语序的变体（variations a basic word order）形式为基础，尝试解释"O 部分
格⊃VO"这一蕴含共性。当然我们的解释还是间接的、初步的，因为最直接、
最有力的解释应该是从基本语序（a basic word order）角度展开，并且还要是
跨语言的，而我们的解释主要还是局限于汉语。

第四节　部分格与区域类型学

　　在上一节中我们指出，部分格只存在于印欧语系的波罗的语族、斯拉夫语
族和乌拉尔语系的芬兰—乌戈尔语族的部分语言之中。那么这三个语族的历史
形成过程是怎样的呢？为什么部分格只存在于这三个语族的语言之中？我们在
欧洲地图上可以看到这三个语族的语言在地理区域上是相邻的，那么部分格会
不会是由于语言接触而互相借用的现象呢？本节从区域语言学和这三个语族所
在民族的迁徙历史这两个角度，尝试回答以上的问题。下面的研究参照了肯尼
思（1980）、Comrie（1988）、信德麟（1991）。

一　部分格与区域语言学

　　区域语言学（area linguistics）是关于在一个地理区域（geographical area）
之内，语言结构跨越语言边界传播的语言学。区域语言学可以帮助历史语言学
家搞清楚，那些因扩散非同源而来的特征是如何分布的。区域语言学是以
"语言区域（linguistic area）"为研究对象，语言区域指的是一些地理区域，在

这些区域中的语言通过借用而获得了相似的结构、音系、构词和句法特征。Thomason（2001：99）认为，语言区域一般包含三个以上的语言并共享一些结构特征，这些特征不是一种偶然现象或是共同祖语的遗留，而是由语言接触造成的。研究语言区域的目的，是研究语言接触和语言借用尤其是语言借用到底是如何发生并扩散的。与区域语言学相关的一个概念是"区域特征（area features）"，如桥本万太郎（1985）认为亚洲东南部有一个"区域特征"，即汉语（粤语或客家话）、台语和临高语等不同语言里，否定词都有完全相同的成音节鼻音［m］。

区域语言学和语言类型学的理论方法结合起来，就形成了"区域类型学（areal typology）"。区域类型学关注的是类型上有价值的语言特征的区域分布，而不是特定语言区域的特征。跟区域语言学只关注区域语言的相似性不同，区域类型学将区域语言的差异性和相似性视为同等重要，区域类型学关注的是类型学特征的区域模式（areal patterns），而不管这些特征是否可以按照语言区域来描写。

Campbell（1999：331 - 338）就介绍了巴尔干（The Balkans）、南亚（South Asia）、中美洲（Mesoamerica）、北美西北岸（The Northwest Coast of North America）、波罗的（The Baltic）和埃塞俄比亚（Ethiopia）6大语言区域（Linguistic Areas）。其中巴尔干和波罗的虽都处在欧洲，但是这两个语言区域内部的语言构成情况很不一样。巴尔干语言区域的所有语言都属印欧语系，只不过是属于印欧语系的不同语支罢了。而波罗的语言区域内的语言分属印欧语系和乌拉尔语系，在两个不同语系的内部语言之间能找出共同特征，这确实是很少见的。

波罗的语言区域主要由芬兰语、爱沙尼亚语、立陶宛语、拉脱维亚语、俄语、波兰语6种语言构成（所在国家在我们所附的地图上都用方框作了标记），它们有一些共有的区域特征（several shared area features），共计9条（Campbell，1999：337）：

(1) 第一音节重读（first-syllable stress）；

(2) 颚辅音化（palatalization of consonants）；

(3) 声调对比（tonal contrasts）；

(4) 部分格（partitive case）/部分构式（partitive constructions）；

(5) 在大量缺乏主语的结构里使用主格宾语；

(6) 证据情态（evidential mood）；

(7) 前置动词（prepositional verbs）；

(8) 主-动-宾（SVO）基本语序；

（9）形容词跟其所修饰的名词保持数的一致性。

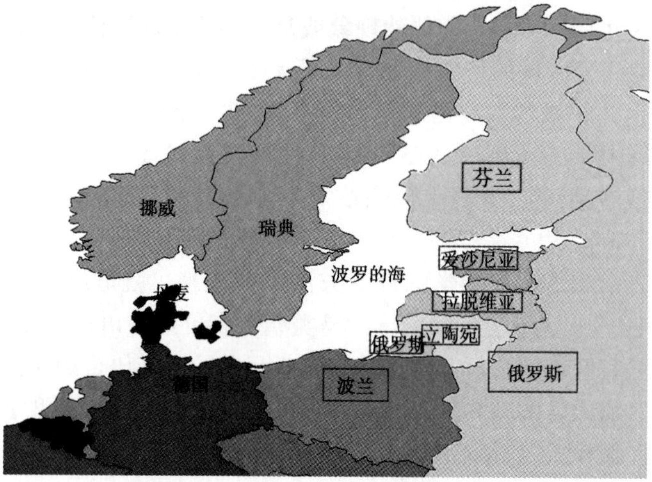

图9-3　波罗的语言区域的地理分布

以上这9个区域特征中，就包括（4）这些语言都有部分格或部分构式，以及（8）这些语言的基本语序都是主-动-宾 SVO。在前面我们指出，部分格只存在于波罗的、斯拉夫和芬兰—乌戈尔这三个语族的部分语言之中，那么部分格这一区域语言现象，是两大语系三个不同语族内部语言由于语言内部因素驱动的平行发展，还是由于地理毗邻因语言接触而导致的区域现象呢？由于这一现象出现在两个语系内的一些没有发生学关系的语言之中，唯一可能的解释就是由于语言接触而导致的区域扩散造成的，下面是一些材料证明。

Harris & Campbell（1995：142）指出，波罗的—芬兰语（Balto-Finnic）和斯拉夫语言之间，存在互相借用句法结构的现象。首先体现在波罗的语跟芬兰语之间，波罗的语族中的立陶宛语和拉脱维亚语，跟爱沙尼亚语和里窝尼亚语（Livonian），在句法上共有所谓的"modus obliquus"动词体，即一种间接的话语标记，它是在波罗的—芬兰语的影响之下，被波罗的语言获得的。其次体现在斯拉夫语跟芬兰语之间，在跟西芬兰语的接触过程中，北部俄语、立陶宛语和拉脱维亚方言发生了句法借用现象，发展出了主格宾语［按：上面的特征（5），这在芬兰语中经常出现］。由于俄语与西芬兰语地理区域相连（geographical contiguity），句法结构及其使用的相似性，支持了上面句法借用分析的合理性。另外 Comrie（1989）指出俄语中的部分构式（partitive construction），即第二属格（second genitive），也是受芬兰语的影响而产生的。

以上主要从句法和形态两方面，说明了由于接触而导致的借用现象，下面来看语音方面的证据。萨皮尔（1980：178）指出，俄语和别的斯拉夫语在语音上的某些个别方面，跟没有语言谱系关系的伏尔加地区的乌拉尔—芬兰语特别相似。例如，俄语所谓 yeri 那种特别的干涩元音，在乌拉尔—芬兰语里有同类的语音，但是在和斯拉夫语最近的印度—伊朗语里却完全没有这个音。萨皮尔设想，斯拉夫语的这个元音和乌拉尔—芬兰语的平行现象，在历史上不是没有关系的，可能有接触的过程。

根据语言接触理论，语言接触主要体现在语言成分的借用上，而语言成分的借用又包括语音、词汇、句法和形态四个部分，下面是这四个部分借用的难易程度排的等级序列（吴福祥，2007）：

词汇成分 > 句法成分/音系成分 > 形态成分

借用成分的种类和等级，跟语言接触的强度密切相关。上面从左向右借用的难度越来越大，借用的强度越来越高，这说明语言接触的等级是不断提高的。波罗的—芬兰语跟斯拉夫语，由于接触而发生的借用现象，不仅包括句法成分（如动词的体），还包括了形态成分（如主格宾语和第二属格），因而其语言接触的等级是非常高的。

假如我们把波罗的语言区域的区域特征，尤其是部分格，看成由于语言接触而导致的区域扩散的产物，那么这种扩散过程的模式语或扩散源是哪种语言呢？我们认为是芬兰语，因为上面无论是波罗的语跟芬兰语之间，还是斯拉夫语跟芬兰语之间，都是波罗的语和斯拉夫语受芬兰语的影响，而不是芬兰语受波罗的语和斯拉夫语的影响。

以上的分析显示出人类语言区域上的类似性，桥本万太郎（2008：20）举了一个非常有趣的例子。他说如果从瑞典，经挪威、丹麦、荷兰、德意志，到瑞士北部，或从法国、西班牙，到葡萄牙去旅行，实地听一听当地人的话，即使不是专家也会切实感觉到这点。汉语中也有类似的情况，赵元任博士说过，如果要考察语言伴随地域变化，从上海逆长江而上，经南京、汉口、沙市，到重庆，会体验到从低地德语区到高地德语区的变迁。

二 部分格与民族迁徙

（一）波罗的语族和斯拉夫语族

波罗的语族的语言目前只有立陶宛语和拉脱维亚语两种，其他几种语言在几百年以前就已经消亡了。在印欧语系中斯拉夫语族跟波罗的语族关系最近，这两个语族在语音、词汇和语法方面都有很多共同特征。因此有学者认为，在原始印欧语解体后，有过波罗的—斯拉夫母语时期，后来才分化为原始的波罗的语族和斯拉夫语族。

斯拉夫语族语言构成了印欧语系的另一个主要分支，通行于苏联、波兰、捷克斯洛伐克、南斯拉夫、保加利亚以及东德的一小部分。斯拉夫民族的来源不明，多数学者认为斯拉夫人的发源地，在维斯杜河和第聂伯河之间，也就是现在的波兰和俄国之间。当时他们操的是原始斯拉夫语，这种语言起初是原始印欧语的一种地域方言。他们能确定为独立的种族集团的时间，可能是在公元前7世纪。

在以后的几百年中，他们逐渐开始向四面八方缓慢迁移。由于长期迁徙扩张，各部落联盟间的联系逐渐减弱乃至断绝，所以在公元前2世纪至公元2世纪，统一的原始斯拉夫语分化为东部方言和西部方言（西斯拉夫语的前身）。后来东部方言进一步分化，形成了东部次方言（东斯拉夫语的前身）和中部次方言（南斯拉夫语的前身）。

此后数百年间，方言分歧越来越大，最终形成了三个讲明显不同的现代斯拉夫语的集团（有关斯拉夫语族内部的语言构成情况见本章第一节的分析）；西支斯拉夫人（波兰人、捷克人和斯洛伐克人的祖先），迁移到波兰的奥得河流域和德国的易北河流域；南支斯拉夫人（南斯拉夫人和保加利亚人的祖先），迁入巴尔干半岛；东支斯拉夫人进入俄国。

（二）芬兰—乌戈尔语族

欧洲的几种非印欧语系语言，大多数属于乌拉尔语系。在大约二千万操乌拉尔语系语言的人中，除了三万名萨莫耶德人之外，其余的人都操芬兰—乌戈尔语言（有关乌拉尔语系内部的语言构成见本章第一节）。在大约6000年以前，乌拉尔民族的祖先居住在俄国至中欧的广阔地带。

在公元前3000年，他们开始向四面八方迁移，最后在离他们家乡很远的地方定居下来。有一些向西北方向迁移，远达爱沙尼亚和芬兰；另一些向北迁移；还有一些向北、向东迁移，到达西伯利亚西部。他们后来的历史可以分为：芬兰—乌戈尔人的历史和萨莫耶德人的历史。

芬兰—乌戈尔语族进一步分为芬兰语支和乌戈尔语支。芬兰语支中最重要的语言是芬兰语，乌戈尔语支中最重要的语言是匈牙利语。那些在芬兰湾南部定居的芬兰部族中，最终产生了一种我们现在称为爱沙尼亚语的芬兰方言。

第十章

"部分格"的量化功能和历时演变

　　"部分格"的跨语言类型学研究，是近年来国际语言学界研究的前沿课题之一。2010 年 9 月 4 日至 5 日在立陶宛（Lithuania）首都的维尔纽斯（Vilnius）大学召开了部分格研讨会（Workshop on Partitives）暨第 43 届欧洲社会语言学年会（Societas Linguistica Europaea 43rd Annual Meeting，SLE43），此次会议的副标题就是部分格的跨语言视角（on partitives in cross linguistic perspective）。在召集会议论文的主题时对 partitives 的定义，既包括部分格（partitive case）、部分构式（partitive construction），也包括表部分的属格（genitive case）等。

　　四年后的 2014 年，该会议的两位召集人 Silvia & Tuomas 主编出版了会议的论文集《部分格与相关范畴》（Partitive Cases and Related Categories）。文集共收录了讨论部分格及相关范畴的 15 篇论文，涵盖了乌拉尔、巴斯克、斯拉夫、大西洋四大语系或语族的诸多语言。跨语言调查了部分格标记（partitive case markers）的多样性，既包括了芬兰语支语言和巴斯克语中的部分格，也包括斯拉夫语言中的部分属格，还包括了罗曼语中的部分冠词以及大西洋语言中一些被看作表部分的语素。

　　2017 年 11 月 13 日至 15 日在意大利威尼斯（Venice）召开了"部分限定词与部分格研讨会"（Workshop on Partitive Determiners and Partitive Case）。2019 年 9 月 2 日在意大利的帕维亚大学（University of Pavia）召开了"第二届欧洲语言中的部分性工程研讨会"（the second workshop of the PARTE Network），其中的 PARTE 是"PARTititvity in European languages"（欧洲语言中的部分性）的缩写。这是一个由来自欧洲几所大学的 9 个研究团队所构成的系统工程，团队成员包括理论语言学家、方言学家、历史语言学家、语言类型学家和应用语言学家。研讨会的目的是几个研究团队一起研究部分格（partitive cases），包括用作部分格的属格（genitives）和离格（ablatives）、部分限定词（partitive determiners）、部分代词（partitive pronouns）以及其他表达部分的现象（other partitive elements），涉及这些现象的历时发展、方言变异、语言接触和语言习得等各个方面。

从上面的几次会议可以看出，他们对"部分格"主要持广义的理解，即把表达"部分义"的语法形式都包括在内。据我们的调查，国际语言学界对"部分格"的含义还没有达成共识，部分格目前还不是一个统一的概念（unified notion）（Heine & Kuteva，2002：33）。有的学者认为部分格（partitive case）是"一种暗示实体部分受影响的格（a case that indicates an entity partly affected）"，或者是一种介绍参与者是"部分受影响（partly affected）""部分参与"的格。有的学者认为部分格的语义是"a part of larger whole"，它的意思原来是"from a larger whole"，如芬兰语中"Juon vettä"表示"I drink（some）water"，但是它的古语用法则表示"I drink（from a mass of）water"。

本章讨论的"部分格"主要是从表达"部分义"这一功能角度来说的，这跟上一章的"部分格"略有不同。此外，我们还将作一个新的尝试，即把语言共性跟语言的历时演变相结合，进而探索部分格历时演变的跨语言共性规律。

第一节　芬兰语"部分格"的量化功能

芬兰语宾格和部分格是完全（total）宾语和部分（partial）宾语的差别。一个比较直观的看法：宾语使用宾格，意味着宾语是完全（totally）受动作的影响；宾语使用部分格，意味着宾语不是完全受影响，只是部分（partially）受影响。

一　格标记与体貌的相关性

Karine（2000）按照是否有结果，把芬兰语的动词分为三类。第一类是没有结果的动词，如"爱、寻找、想要、怀疑、讨厌"等。这些动词总是作无界谓语，宾语只能使用部分格，不能使用宾格，无论宾语的语义强度如何。

（1）Est-n　　　　karhu-a.
　　　寻找-1单　熊-部分格
　　　I am looking for a bear. 我正在寻找一只熊。

（2）Rakast-i-n　　　　tei-ta.
　　　爱-过去时-1单　你-复数-部分格
　　　I loved you. 我爱你们。

第二类是结果动词，如"买、杀、拿、丢失、发现"。这些动词根据宾语的特征，可以指派宾格和部分格两种格：数量非限定宾语被指派部分格，如例

（3）中 a 句；数量限定宾语被指派宾格，如 b 句。

> （3）a. Matti ost-i maito-a.
>   玛提–主格　买–过去时–3 单　牛奶–部分格
>   Matti bought milk. 玛提买了牛奶。
>   b. Matti ost-i maido-n.
>   玛提–主格　买–过去时–3 单　牛奶–宾格
>   Matti bought the milk. 玛提买了那些牛奶。

第三类是没有对结果进行限定的动词，如"射击、敲"等。当句子被理解为无结果时，这些动词允许限定的宾语使用部分格，如例（4）。当句子被理解为有结果并且有界时，宾语被指派宾格，如例（5）。

> （4）Ammui-n karhu-j-a.
>   我 射击　熊–复数–部分格
>   I shot at the bears. 我射向那些熊。（无结果；无界的）
> （5）Ammui-n karhu-t.
>   我 射中　熊–复数–宾格
>   I shot the bears. 我射中了那些熊。（有结果；有界的）

跟上面例句相似，下面芬兰语中受事宾语是带宾格还是部分格，对其语义解读有很大的影响（Luraghi & Kittilä，2014：42）。以下带宾格的受事宾语，表示猎人射中鸟并致其死亡。带部分格的受事宾语有两种语义解读：一是猎人射中了鸟，但鸟只是受伤了，并没有导致其死亡，鸟受影响的程度比被射死要低得多；二是猎人试图射杀鸟，但是打偏了，鸟没有被射中。

> （6）Mestästäjä ampu-i linnu-n /lintu-a.
>   猎人–主格　射击–3 单–过去时 鸟–宾格 /鸟–部分格
>   The hunter shot a bird / at a bird.
>   猎人射中/射向一只鸟。

从上面的分析可以看出，芬兰语的动词可以带时（tense）的标记，如上面例（3）中的过去时标记，但是不能带表示动作体（aspect）的标记。芬兰语动词没有形态变化来区分完成和非完成，在这一点上与斯拉夫语言有明显的不同，斯拉夫语是通过动词的形态变化来体现的（Filip，1999：227），如例（7）捷克语 a、b 两句宾语相同，不同的是谓语动词：a 句中动词带了完整体前缀，是完成的；b 句是非完整体，是进行体。

（7）a. Ivan　s-nedl　　　　　　jablka.

　　　　Ivan　完整体-吃-过去时　苹果-复数-宾格

　　　　Ivan ate up all the apples. Ivan 把所有苹果吃完了。

　　　b. Ivan　nedl　　　　jablka.

　　　　Ivan　吃-过去时　苹果-复数-宾格

　　　　Ivan was eating the apples. Ivan 正在吃苹果。

　　芬兰语的完成和非完成可以通过宾语的不同格标记来实现（Thomas，2003）：宾语使用宾格时，则意味着谓语动词是完成体；宾语使用部分格时，则意味着谓语动词是非完成体。例（8）a 句中宾语使用宾格，谓语动词是完成体；b 句中宾语使用部分格，谓语动词是未完成的，是进行体。

（8）a. Sö-i-n　　　　　nuo　　　　omena-t.

　　　　吃-过去时-1单　那些-宾格　苹果-宾格-复数

　　　　I ate the apples. 我吃了那些苹果。

　　　b. Sö-i-n　　　　noita　　　　omen-i-a.

　　　　吃-过去时-1单　那些-部分格　苹果-复数-部分格

　　　　I was eating the apples. 我正在吃那些苹果。

　　由上面的分析，我们发现了一个非常有趣的现象。一般认为动词的语法范畴有体、时、态，名词的语法范畴有性、数、格。但是在上面的芬兰语中，由于动词没有完成和非完成的体范畴，即动词自身无法表达体，其采用的补救办法就是通过名词宾语的不同格标记来区分：宾格暗示完成体，部分格暗示非完成体。类似的情况在 Samoan 语中也有体现，如（Hopper & Thompson，1980：272）：

（9）a. Na　va'ai-a　　　　e　le　tama　le　l'a.

　　　　时态　看 at-及物性　作格那　男孩　那　鱼

　　　　The boy spotted the fish. 男孩发现了那条鱼。

　　　b. Na　va'ai　　le　tama　I　　　le　l'a.

　　　　时态　看 at　那　男孩-宾格　那　鱼

　　　　The boy was looking at the fish. 男孩正在观察那条鱼。

　　Samoan 语是一种作格（ergative）语言，当句子是作格结构时，暗示是完整体（perfective aspect），如例（9）a 句；而当句子是逆被动态（anti-passive）时，则暗示是未完整体（imperfective），如 b 句。

　　总之，以上所讨论的宾语格标记与谓语动词体之间的关系，也很好理解：

如果动作是完成的，自然涉及整个宾语；如果动作是进行的，宾语也就很难完全受影响，即动作只涉及部分宾语。也就是说，当谓语动词是完成体时，动作全部传递给了宾语 O，也就意味着宾语 O 是完全受影响；相反，当谓语动词是进行体时，动作只是部分传递给了宾语 O，也就意味着宾语 O 是部分受影响。

最后，参照沈家煊（1999）建立的新标记理论，结合上面的分析，我们可以在芬兰语形态层面宾语的格标记、句法层面谓语动词的体以及语义层面宾语的受影响程度，这三个平面之间建立如下的关联标记模式：

> 宾语格标记：宾格　　　　部分格
> 动词的体：　完成体　　　非完成体
> 受影响程度：完全受影响　部分受影响

由于以上关联标记模式涉及的范畴不止一个，不同的范畴之间有的形成自然的、无标记的组配，如｛宾格，完成体，完全受影响｝、｛部分格，非完成体，部分受影响｝就构成两个三项成分之间的无标记组配，如下所示。而其他的组配方式，如｛宾格，非完成体，部分受影响｝、｛部分格，完成体，完全受影响｝等是有标记的组配，就目前能搜集到的语料来看，都是不存在的。

> 无标记组配　无标记组配
> 宾格　　　　部分格
> 完成体　　　非完成体
> 完全受影响　部分受影响

二　部分格的体功能

从语义上来说，芬兰语部分格的功能主要有两个，Kiparsky（1998）把它们称为"体的功能"和"名词 NP 的关联功能"。

从体的功能来看，芬兰语部分格与非结果（irresultativity）或无界（un-boundedness）相联系；宾格则与结果（resultativity）或有界（boundedness）相联系。

> （1）a. Ammu-i-n　　　　　karhu-a.
> 　　　射击-过去时-1 单　熊-部分格
> 　　　I shot at a bear.
> 　　　我射向一只熊。（非结果/无界→暗含：未击中）
> 　　b. Ammu-i-n　　　　　karhu-n.
> 　　　射击-过去时-1 单　熊-宾格

I shot a bear.

我射中了一只熊。（结果/有界→暗含：击中）

正如上面所示，由于动词 ammu（射击）既允许动作作无结果、无界解读，也允许动作作有结果、有界解读，因此宾语可以使用部分格和宾格两种格标记。当宾语使用部分格时，句子可以解读为无结果的、无界的，如例（1）a 句所示，即"未射中熊"。当宾语使用宾格时，句子可以理解为有结果的、有界的，如 b 句所示，即"射中了熊"，如熊被打死了。

Kiparsky（1998）认为，谓语动词的有界性与宾语的格位指派之间，有着密切的关联。在芬兰语中，当动作所表达的事件是无界的，宾语可以使用部分格。因此，在例（2）a 句中宾语是宾格，那么谓语必须是有界的；b 句中，宾语是部分格，那么谓语是无界的。

（2）a. Matti　　　　luk-i　　　　　kirja-t.
　　　玛提-主格　读-过去时-3 单　书-复数-宾格
　　　Matti read the books（in an hour）. 玛提一个小时内读完了那些书。
　　b. Matti　　　　luk-i　　　　　kirjo-j-a.
　　　玛提-主格　读-过去时-3 单　书-复数-部分格
　　　Matti read the books（for an hour）. 玛提读书读了一个小时。

与上面相似，下面例（3）中的宾语使用宾格，因此谓语是有界的；例（4）中的宾语使用部分格，那谓语只能是无界的，其中的宾语，既可以是非限定的如 a 句，也可以是限定的如 b 句。

（3）Han　kirjoitt-i　　　　　kirjee-t.
　　　他　　写-过去时-3 单　信-宾格
　　　He wrote the letter. 他写了那封信。
（4）Han　kirjoitt-i　　　　　kirje-i-tä.
　　　他　　写-过去时-3 单　信-复数-部分格
　　　a. He was writing letter. 他正在写信。
　　　b. He was writing the letter. 他正在写（那封）信。

有界也被用来分析英语，但跟芬兰语不同的是，英语没有语法的手段来标记它。因此有些动词一般被认为是有界的，如 write，另外一些动词则一般被认为是无界的，如 dream。英语在涉及不可数名词时，则用冠词 a、the 来标示动作的有界性。

（5）a. He drank a/the coffee.

=He successfully drank coffee. （有界）

b. He drank coffee.

=He unsuccessfully drank coffee. （无界）

以上例（5）a 句中宾语 coffee 前面受冠词 a/the 修饰，句子所表达的事件是完成的。b 句中宾语 coffee 前没有冠词修饰，是光杆形式，句子所表达的事件是非完成的。也就是说，宾语的语义指称会影响谓语动词是否有界。例如：

（6）a. The boy ate the grapes in ten minutes. （宾语有定，有界）

男孩十分钟就把葡萄吃完了。

b. The boy ate grapes for ten minutes. （宾语无定，无界）

男孩吃葡萄吃了十分钟。

在芬兰语和爱沙尼亚语中，这种"完成—非完成"的对立则被编码为"宾格—部分格"的对立。例（7）芬兰语 a 句宾语使用宾格，句子所表达的事件是完成的、有界的；b 句宾语使用部分格，句子所表达的事件是未完成的、无界的。

（7）a. Hän joi kahvin. （宾格）

He drank coffee, succeeding drinking it all. （有界）

b. Hän joi kahvia. （部分格）

He drank coffee, unknown if succeeded. （无界）

在芬兰语和爱沙尼亚语中，每一个宾语都必须按照上面的方式来标示。因为这对于每一个动作来说，都具有极其重要的意义差别。例（8）a 中动作是无界的，即警察向罪犯开枪了，但有没有打中我们不知道。例（8）b 中动作是有界的，并且说明了开枪的结果，即打中罪犯并致其死亡。当然，例（8）a 中无界动作也可能导致死亡，但是罪犯的死亡跟警察的开枪之间没有直接的联系，如例（9）。

（8）a. Poliisi ampui rikollista. （部分格）

The policeman shot（at）the criminal. （无界）

b. Poliisi ampui rikollisen. （宾格）

The policeman shot the criminal dead. （有界）

（9）Poliisi ampui rikollista ja rikollinen kuoli.

The policeman shot at the criminal, after which the criminal died.

以上的分析很有意思，这是句法—语义界面（Syntax-Semantics Interface）研究中一个非常重要的内容，即动词的词汇语义影响其论元的句法形态。比如，上文例（1）芬兰语中，有结果的 ammu（相当于英语的 shot）宾语必须使用宾格；无结果的 ammu（相当于英语的 shot at）宾语则使用部分格。据 Hopper & Thompson（1980：272）的研究，在 Adyghe 语中使用作格的动词和使用主格的动词也存在差别：作格的动词暗含整个事物都被涉及；而主格的动词则意味着事物是部分的、间接受影响的。

动词的词汇语义影响其论元的句法形态，这在英语中广泛存在。search the woods 隐含着搜索整个森林，而 search in the woods 则没有这个隐含义；search sb 表示"对在场的人搜查"，search for sb 表示"对不在场的人进行搜查"。wander the world 表示"探索世界"，而 wander in the world 则表示"漫游世界"。bang the iron door 表示"炸掉铁门"，而 bang on the door 表示"猛击门窗"。动词后直接宾语的完全受影响，动后介词间接宾语的部分受影响，在以下例句对比中体现得更明显（Tenny，1992：20）。

> （10）a. George pounded the wall to pieces.
>
> 　　　 b. * George pounded on the wall to pieces.

英语的 walked in 和 walked 之间也有类似的情况。例（11）a 告诉我们老人在散步；而例（11）b 则显示老人横穿了许多街道，或大部分街道。也就是说当一个非受事角色被看成受事时，宾语通常会附加受影响（affected）或整体（holistic）的解读。

> （11）a. The old man walked in the streets of the village.
>
> 　　　 老人在村庄的街道上散步。
>
> 　　 b. The old man walked the streets of the village.
>
> 　　　 老人横穿了村庄的大部分街道。
>
> （12）a. The farmer plowed the field.
>
> 　　　 农民耕完了农田。
>
> 　　 b. The farmer plowed in the field.
>
> 　　　 农民在农田里耕地。

英语动词后面带不带介词 at，也会对受事宾语产生影响。下面例（13）a 句中的连衣裙是结果宾语，布料经过女裁缝的缝制，最后做出连衣裙。b 句动词后面带了介词 at，连衣裙是受事宾语，可能是破损的连衣裙被缝好了。

> （13）a. The seamstress sewed the dress.
>
> 　　　 女裁缝做好了一件连衣裙。
>
> 　　 b. The seamstress sewed at the dress.

女裁缝把连衣裙缝好了。

英语动词后带不带介词 up 和 across，也存在细微的语义差别。下面例（14）、例（15）句中带介词 up 或 across 的 a 句都有两种解读：一是该行为已经完成；二是该行为还处在进行之中。而不带介词的 b 句只有一种解读：该行为已经完成。

(14) a. He climbed up the mountain.

他爬上了山顶/他往山顶上爬。

b. He climbed the mountain.

他爬上了山顶。

(15) a. I bicycled across the village.

我骑车穿过这个村庄/我骑车在这个村庄穿行。

b. I bicycled the village.

我骑车穿过这个村庄。

以上英语中受事论元和动词之间表层编码形式上的距离，对应于动作和受事之间概念关系的距离，这是"距离象似动因"作用的结果，这在上古汉语中也有类似的体现。"杀"表达的是一个及物性极高的动作，但是上古汉语中又有"杀"与宾语之间带上介词"于"的例子，如《吕氏春秋·疑似篇》中的"丈人智惑于似其子者，而杀于真子"，其中"于"似无所解（它不是引出处所，也不是引出被动句施事的"于"），故以往学者多以为其具有衍出或仅有补足音节的作用。潘秋平（Phua，2005）的解释是，类似这类"杀于某某"的构造只能表达受事仅仅是间接受到动作影响。这正是《吕氏春秋·疑似篇》该句的原意，即施事并没有直接杀死自己的儿子，杀的只是他认为是冒充自己儿子的鬼，尽管被杀者实际上不是冒充的。

除了上面讨论的动词"杀"，还有上古汉语的给予动词"赐"和"献"："赐"只能出现在双宾语结构（V+O$_1$+O$_2$）中，如例（16）；"献"一般出现在介宾补语结构（V+O$_1$+于+O$_2$）中，如例（17）。

(16) a. 孔子御坐于鲁哀公，哀公赐之桃与黍。（《韩非子》）

b. 郑伯始朝于楚，楚子赐之金。（《左传》）

(17) a. 尝献马于季孙，不入于上乘。（《左传》）

b. 蔡昭侯为两佩与两裘，以如楚，献一佩一裘于昭王。（《左传》）

在以上例（16）"赐"的双宾语结构中，与事宾语紧随动词，中间没有其他语法成分；而在例（17）"献"的介宾补语结构中，与事宾语和动词之间隔着客体宾语和介词"于"。因此前者所体现的语言距离明显短于后者，这种语言距离反映的是动词和与事宾语之间的概念距离。双宾语结构中由于与事宾语紧随动词，表现了与事宾语在给予事件中所受到的影响，比介宾补语结构中与事宾语所受到的影响要大。

以上"赐"不能进入介宾补语结构，"献"不能进入双宾语结构，原因在于给予动词的意义和句式意义并不一致。就动作施事的效能而言，"赐"是上对下的封赏，"献"是下对上的供奉。上对下的封赏很难违抗，下对上的进献可以被拒绝。相比较而言，"赐"的施事具有较高的效能，即进行"赐"这个动作的施事对与事的支配力，比"献"的施事对与事的支配力要强。换言之，相对于"献"而言，"赐"所表现出的动作对与事产生较直接的影响（潘秋平，2015：239）。

不仅古代汉语，现代汉语句子中有无介词，也会影响句子意思的理解。比如，"他朝山上爬去"和"他爬上了山"，前一句用介词"朝"表明动作没有完成，后一句没有介词，用了补语"上"表明动作已经完成，即到达山顶。

总之，在汉英语中动词之后不是直接带上受事宾语，而是在受事宾语前面加上介词，使之变为与事宾语，那么宾语的受影响程度也会随之降低，由完全受影响变为部分受影响。这具有跨语言的普遍性，在荷兰语（Dutch）、瑞典语（Swedish）和德语中也都有所体现（Filip，1999：277）。以下三种语言分别带介词 aan、pä、an 的 a 句都表示事件还没完成，即外套还没织好；而不带介词的 b 句都表示事件已经完成，即外套已经织好了。

（18）荷兰语：

　　a. Katinka　breide　aan　een　trui.
　　　　Katinka knitted at a sweater. Katinka 在织一件外套。
　　b. Katinka　breide　een　trui.
　　　　Katinka knitted a sweater. Katinka 织了一件外套。

（19）瑞典语：

　　a. Katinka stockade　pä　en　tröja.
　　　　Katinka knitted at a sweater. Katinka 在织一件外套。
　　b. Katinka stockade　en　tröja.
　　　　Katinka knitted a sweater. Katinka 织了一件外套。

（20）德语：

　　a. Katinka　strickte　an　einem　Pullover.
　　　　Katinka knitted at a sweater. Katinka 在织一件外套。

b. Katinka   strickte   einen   Pullover.

Katinka knitted a sweater. Katinka 织了一件外套。

三 部分格的 NP 关联功能

除了前面讨论的"体的功能"之外，芬兰语部分格的第二个功能是"NP的关联功能"，这从动词固有的有界性可以看出（Kiparsky，1998）。当宾语在数量上是非限定（quantitatively indeterminate）时，使用部分格，如宾语是非限定的光杆复数名词（indefinite bare plurals）；反之，当宾语在数量上是限定时，则使用宾格。因此下面例（1）a 句中部分格复数 karhu-j-a，跟英语的光杆复数名词 bears 相当，b 句中宾格复数 karhu-t，在某种程度上与英语的限定复数名词 the bears 相当。

（1）a. Ammui-n   karhu-j-a.

　　　我 射击　　熊-复数-部分格

　　　I shot at bears. 我射向熊。

　　b. Ammui-n   karhu-t.

　　　我 射中　　熊-复数-宾格

　　　I shot the bears. 我射中了那些熊。

其实，这里已经牵涉语言中数范畴和量范畴之间的互动。表达部分量的部分格不能用在表示限定量（或精确量）的宾语名词之上，这是因为部分格表达的部分量是模糊量。比如，Wierzbicka（1983：249）就认为存在一种部分格，用于特殊的名词之中以显示其不可数。又如法语和意大利语中，复数非限定概念（模糊量）用部分格结构表达（Lyons，1999：100）。复数和不可数名词用部分冠词（partitive article），如法语的"du pain"（some bread），意大利语的"delle case"（some houses）。因而有学者认为，法语里的部分非限定结构，很可能与其他语言中用来表达复数和非限定结构的部分格有关。

芬兰语无结果、无界的动词，其宾语总是使用部分格，而没有其他的格（如宾格）来替换，无论宾语在数量上是限定的还是非限定的，如例（2）的"射击"是无结果、无界动词，句子可以有两种理解：一是把宾语看成非限定的"a bear"，即 a 句；另一种是把宾语看成限定的"the bear"，即 b 句。

（2）Ammu-i-n　　　　　karhu-a.

　　　射击-过去时-1 单　　熊-部分格

　　　a. I shot at a bear. 我射向一只熊。

　　　b. I shot at the bear. 我射向那只熊。

但是芬兰语中的格位指派，并不依赖于宾语的语义强弱和限定特征，而是与 Kiparsky 所说的"数量限定（quantitative determinacy）"有关。这一概念与 Verkuyl（1972：14-22）提出的"宾语的特定量（Specificed Quantity of X）［+SQX］"原则一致。SQX 是 Verkuyl 体貌系统中的术语，用来描写名词的量化属性，复数和单数名词的值是［+SQX］，光杆名词和不可数名词的值是［-SQX］。ADD to 是 additivity to 的缩写，用来描写动词的可分性，即是否把时间分为不同的阶段。状态动词的值是［-ADD TO］，动态动词的值是［+ADD TO］。［+ADD TO］跟［-SQX］结合，产生无界过程（unbounded process），如例（3）a 句；［+ADD TO］跟［+SQX］结合，产生有界过程，如例（3）b 句。

（3）a. He ate［+ADD TO］sandwiches［-SQX］.（无界的）
　　　b. He ate［+ADD TO］three sandwiches［+SQX］.（有界的）

部分格被用来指涉非特定量的宾语，并且与体有密切联系：如果宾语涉及的是非特定量［-SQX］，那么这个事件是无界的，如例（4）a、b、c 三句；如果宾语涉及特定量［+SQX］，那么这个事件是有界的，如例（4）d、e 两句。

（4）a. They ate cheese.（无界的）
　　　b. They ate from（some of）the cheese.（无界的）
　　　c. They ate sandwiches.（无界的）
　　　d. They ate three sandwiches.（有界的）
　　　e. They ate a sandwich.（有界的）

表 10-1 也显示，芬兰语中动词的体是由动词的特征和宾语的特征共同决定的。如果动词的词汇意义是有结果的，那么宾语的特征（如是不是代表一种"特定量"）决定了动词的体（Karine，2000）：

表 10-1　　　　　　　　　芬兰语中格与体之间的相关性

类型	动词	宾语	谓语体征	宾语格标记	例句
1	+结果	+特定量	+有界	宾格	Matti luki kirjat. Matti read the book. 玛提读了那本书。
2	+结果	-特定量	-有界	部分格	Matti luki kirjoja. Matti read book. 玛提读书。
3	-结果	+特定量	-有界	部分格	Etsin karhuja. I was looking for those bears. 我正在寻找那些熊。

续表

类型	动词	宾语	谓语体征	宾语格标记	例句
4	-结果	-特定量	-有界	部分格	Etsin karhuja. I was looking for bears. 我正在寻找熊。

从表 10-1 可以看出:(1)特定量 [+SQX] 宾语将使事件变为有界的,如类型 1,而非特定量 [-SQX] 宾语将使事件是无界的,如类型 2。这也很好理解,因为当名词宾语的量固定时,那么整个渐进客体事件所需的时间量是固定的,如"读一本书",因为动作行为会随着名词论元量的逐渐消耗或受影响,而达到其自然终止点。相反,当名词宾语的量不固定时,如"读书",那么动作就没有固定的时间量,因而也就没有自然的终止点。(2)如果动词的词汇义不是有结果的,那么事件总是无界的,无论宾语是特定量 [+SQX] 的,如类型 3,还是非特定量 [-SQX] 的,如类型 4。

不仅是以上的芬兰语,英语动词的体也是由动词的特征和宾语的特征共同决定的。英语动词 eat 其自身的 [+telic] 属性并不明确,只有与 [+count] 特征的直接宾语结合时,如 eat an apple,才能在短语层面确定 [+telic] 特征。如果直接宾语具有 [-count] 特征,如 eat apples,短语层面则具有 [-telic] 的特征。同理,英语动词 write 是不能确定 [+telic] 特征的,在动词短语层面,write two letters 由于带 [+count] 性质的客体论元,其 [+telic] 性质就确定了。由此可见,充当动词直接宾语的内部论元的 [±count] 属性,直接对情状的 [±telic] 性质产生影响。因为具有 [+count] 属性的名词可以直接"量出"事件,为事件确定一个自然的终点。

第二节 部分格的历时演变共性

一 部分格的语法化来源共性

有关部分格的语法化来源,主要有两种观点。第一种观点认为,先从夺格(ablative)语法化产生领属格(possessive),领属格进一步虚化就产生了部分格(partitive),即部分格的语法化链条是单渠道的。Heine & Kuteva(2002:241)指出,部分格可能是历史上来源于 A-possessive 领属标记(相当于英语的介词"of"),他们提出了以下的证据:(1)在立陶宛语(Lithuanian)中,部分格来源于印欧语系的属格;(2)法语中的部分冠词可以追溯到限定冠词与属格的结合。因为 A-possessive 领属格标记可以追溯到夺格标记,这样就可以形成如下的语法化模式：

夺格 > 属格 > 部分格

　　下面我们就从跨语言的角度，对此语法化模式作一些验证。有的语言部分格的虚化，完整地经历了上面的这三个阶段，如在立陶宛语中，部分格的使用是从印欧语固有的属格发展而来，这一属格又是从处所表达（"夺格"）发展而来（Harris & Campbell，1995：339）。有的语言只经历了三个阶段中的两个阶段，如在 Mordvin 语中，夺格能够被用来作为一个限定宾语格，进而从"to eat of/from bread"发展出了"eat some（of the）bread"，从中发展出部分格的语法功能（Harris & Campbell，1995：363）。

　　第二种观点认为，部分格的语法化来源不是单一渠道的，而是有两个语法化来源：一是由属格进一步语法化产生部分格，二是从处所 from 进一步虚化产生部分格。

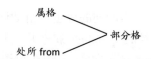

图 10-1　部分格的两个语法化来源

　　上面处所 from 在很多语言中是用夺格来表示，也就是说，很多语言的部分格是从夺格语法化而产生的。Heine & Kuteva（2002：32）举了一些语言，都遵循"夺格> 部分格"这一虚化过程，如：

　　（1）巴斯克语（Basque）：
　　　　a. maule-rik
　　　　　 maule-夺格
　　　　　 from Maule
　　　　b. Ez　　da-uka-t　　　　　　　　　diru-rik.
　　　　　 否定　一般现在时-有-1 单-作格 钱-部分格
　　　　　 I do not have any money.

　　还有一些语言的处所 from 是通过"离格（elative）"来表示，如芬兰语的部分格来自原始乌拉尔（Proto-Uralic）的离格，离格是以"-ta"为标示，有英语 from 的意思。离格后缀一开始被用来暗示一些量是从（from）另外一些量中获得的。

　　以上从历时角度讨论了部分格的语法化来源，下面来看部分格的共时语法化。有一种观点认为部分格来源于状语性处所格（adverbial local case），然后产生名词关联功能（NP-related function），最后产生体的功能（aspectual function）（这两种功能详见第一节的分析）。部分格的这一虚化过程也符合语法化由实到虚的路径：from（空间）→名词（事物）→体貌（时间）。

此外，部分格标记还有一种非常特殊的语法化来源，那就是从小称（diminutive）语法化而来。Heine & Kuteva（2002：67）对世界各地500多种语言调查后发现，在Lingala语中由于mwana中na的脱落，它虚化为部分格标记，即mwana孩子（child）>mwa（+名词）部分格标记（partitive marker），如mwa mai一些水（a bit of water），mwa mikolo几天（a few days）等。

从小称语法化出部分义，具有跨语言的普遍性，是人类语言演变的共性模式之一。Jurafsky（1996）对世界范围内60多种语言小称标记的不同功能进行了跨语言研究，并建立了如下这个普遍的语义关系网。该图以child和small为核心概念，将小称标记跨语言经常具有的诸多功能联系起来。其中一条演化路径就是：child→small→partitive。Jurafsky认为从small到partitive的转变，应该是从size到amount的模式转变。比如荷兰语中bier "beer"（啤酒）的小称形式是een biertje一杯啤酒（a glass of beer），广东话中tong^{21}糖（sugar）的小称形式是tong^{35}一块糖（a piece of candy）。

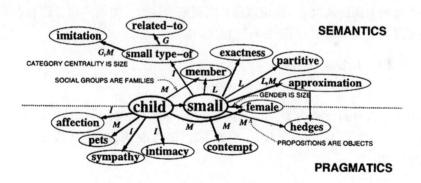

图10-2　小称标记的语义关系网

从小称语法化出部分义，这在汉语中也有所体现。汉语中的名词后缀"儿"不仅有指小的意味，如"虫儿、豆儿"，而且"儿"还可以表部分，如"鼻儿"。与"儿"相对，"子"则可以表示全体，如"剪子"（赵元任，1979：118）。

最后，在共时平面有一个非常有意思的现象。在俄语中没有一个专门的格来表达"部分"功能，其"部分"功能是由属格（genitive）功能和夺格（ablative）功能的不同格形态来共同承担的。比如，俄语表达部分意义的完整词汇是"nemnogo"（a little），这种意义是由属格形式来表达的。但是一些阳性单数名词，其形态与夺格相一致（Blake，1999：22）。表10-2列出了俄语

syr（cheese）和 xleb（bread）的一些格形式，其中部分格一行中的"syra"和"xleba"都跟上一行的属格相重叠，部分格的"syru"与下一行的夺格相重叠，即现实语言中并没有专门的部分格，其功能是由属格和夺格来共同承担。

表 10-2　　　　　　　　　　俄语 syr 和 xleb 的格形式

Case	cheese	bread
Nominative	syr	xleb
Accusative	syr	xleb
Genitive	syra	xleba
Partitive	syra，syru	xleba
Ablative	syru	xlebu

二　法、德、俄部分格的语法化共性

法语中的部分冠词（partitive article）是来源于"属格 de+限定冠词"，而属格 de 又来源于原来的处所表达，其过程如下（Harris & Campbell，1995：340）。

首先，一个表部分的非限定语义，如（some）beer，它不是通过一个限定词来表达的，而是通过 de+限定冠词和名词来表达的，如例（1），这与表部分的限定意义"（some）of the beer"相反。

(1) Je bois de l'eau.

I drink（some）of the water.

其次，这种对比消失了，de 与限定冠词融合了，如 de+阳性 le 变为 du，de+阴性 la 变为 de la，de+复数 les 变为 des。这样 de 可以被用于限定或非限定语境中，如：

(2) J'ai bu du vin.

a. I drank some of the wine.

b. I drank some wine.

上古和中古德语（Old and Middle High German）借助于属格来标记一些部分宾语（partitive object）。例（3）这种结构来自中古德语（Middle High German）时期（Harris & Campell，2007：320）。

(3) Ich　will　im　　　　mines　　brotes　　geb.

　　我　　想　　他-与格　我的-属格　面包-属格　给

I want to give him some of my bread.

我想把我的面包给他一些。

但是从中古德语开始，这一结构开始慢慢消失，到现代德语（Modern German）中只能见到一些仅存的残余。后来，由于屈折词尾的消失，在跟宾格宾语的对比中，属格宾语部分意义消失了。由于语音融合等原因，属格被重新分析为宾格，导致宾格的应用范围越来越大，最终德语中的部分格被放弃了。

在古俄语中，所谓的"部分义"是通过"-u"来表达的，其他的语义则是通过"-a"来实现。但是在现代俄语中，屈折形态"-a"的用法不断扩展，所谓的"部分义"也通过"-a"来体现（Wierzbicka，1988）。即属格 1 归并了属格 2，从而形成了一种形义扭曲关系：同一种句法形式表达两种语法意义，如图 10-3。属格 1 既具有领属义，也具有部分义，如图 10-4。

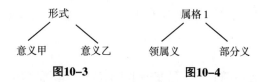

图10-3   图10-4

在现代俄语中，复数名词有两个属格（genitive cases）：属格 I（genitive I）和属格 II（genitive II）。有些学者认为俄语中所谓的第二属格"genitive II"，也就是部分格（partitive）。第二属格主要关注"实体参与表达的程度范围"，即第二属格具有"量化特征［+quantification］"：受事宾语是"部分被涉及（partially involved）"。而量化特征的主要功能在于区别属格和宾格。属格主要用来表达非限定宾语和否定句中的宾语，而宾格的使用则没有条件限制，是无标记的选择（Blake，1999：40）。

总之，从上面对法语、德语和俄语三种语言部分格语法化过程的考察，可以看到一种共同的演变趋势或者说演变共性。原来一个形式表达一个意义，一个意义由一个形式来表达，这符合语言象似性原则。但是后来在语言经济性原则的作用下，一个形式表达两个意义，如上面法语中的 de 与限定冠词融合，限定和非限定语境中都用 de；中古德语时期由于语音融合等原因，属格被重新分析为宾格，导致宾格的应用范围越来越大，即宾格身兼宾格和属格双重功能；俄语原来的属格 I 和表示部分义的属格 II 是各自分工明确的，后来属格 I 归并了属格 II。如果从语法化的角度来看，以上法、德、俄三种语言中部分格的语法化过程，符合语法化理论中的"择一原则"，即能表达同一功能的多种并存形式，经过筛选和淘汰，由多种或两种缩减为一种（沈家煊，1994），这种演变是人类语言的共性倾向。

第十一章

"部分格"与"及物性假说"理论

本章首先对 Hopper & Thompson（1980）的"及物性假说"理论作简要介绍，主要目的是为分析部分格的使用条件做好铺垫。结合已有研究，我们尝试归纳出芬兰语宾语使用部分格的流程图，并从及物性的角度对"部分格"的出现条件作出分析。

第一节 "及物性假说"理论介绍

一般情况下，及物性至少包括三个要素，一个有效力的（effective）动作以及两个参与者（施事 A、受事 P）。谓语动词 V 的所指是动作还是状态，动作是否完成；主语是不是施事 A，它对动作的控制力有多大；宾语是不是受事 P，它是完全受到动作的作用，还是部分受到动作的作用，甚至没有受到动作的作用，都分别从不同的方面影响了动作的效力，从而决定了句子及物性的高低。

为了摆脱传统上笼统的、意念性的"及物性"概念，进而通过明确的语法、语义特征来把握，Hopper & Thompson（1980）提出了表 11-1 的 10 个原型特征来检验句子的及物程度。

表 11-1　　　　　　　　　　　及物性特征分解

构成要素	高及物性特征	低及物性特征
a. 参与者 （participants）	两个或多个 （2 or more participant）	一个 （1 participant）
b. 动作性 （kinesis）	动作 （action）	非动作 （non-action）
c. 体貌 （aspect）	完成体 （telic）	非完成体 （atelic）
d. 瞬时性 （punctuality）	瞬时 （punctual）	非瞬时 （non-punctual）

续表

构成要素	高及物性特征	低及物性特征
e. 意愿性 (volitionality)	意愿 (volitinal)	非意愿 (non-volitinal)
f. 肯定性 (affirmation)	肯定 (affirmative)	否定 (negative)
g. 语式 (mode)	现实 (realis)	非现实 (irrealis)
h. 施动性 (agency)	高施动力 (A high in potency)	低施动力 (A low in potency)
i. 宾语受影响程度 (affectedness of O)	完全受影响 (O totally affected)	不受影响 (O not affected)
j. 宾语个体化程度 (individuation of O)	高度个体化 (O highly individuated)	非个体化 (O non-individuated)

这里需要强调的是，我们认为与宾语完全受影响的高及物性相对，低及物性不仅包括宾语不受影响，还包括用"部分格"来标记的宾语部分受影响。即按照受影响程度的从高到低，我们把宾语受影响程度从完全受影响和不受影响的两分系统，调整为完全受影响、部分受影响和不受影响这一三分系统，从而突出宾语部分受影响的地位。跟我们的观点相似，Lehmann（1991）提出了影响性的数量等级，包括宾语受影响是完全、部分和最小（即不受影响）。

一 及物性假说的 10 个原型特征

a. 参与者：一个传递（transer）至少要有两个参与者：一个是施事 A，一个是受事 P。

b. 动作性：活动（actions）可以从一个参与者传递到另一个参与者，但是状态（states）不行。如"I hugged Sally"（我拥抱了 Sally）中，对 Sally 来说发生了某事；但是在"I like Sally"（我喜欢 Sally）中则没有。

c. 体貌：一个从终止点（endpoint）来观察的活动，比如一个完成（telic）动作，比没有终止点的动作对受事的有效传递更明显。对比"I ate it up"（我吃光了）和"I am eating it"（我正在吃）：前者是一个完成动作，宾语全部受动作"吃"的影响，动作结束，宾语 it 所指代的食物也随之消失了；而后者则是一个正在进行的动作，动作还未完成，那么宾语也只能是部分受影响，即宾语是被部分量化。

d. 瞬时性：跟具有明显起始点和终止点的活动相比，持续的活动对受事的影响要小得多。对比 kick "敲"（瞬时的）和 carry "搬运"（非瞬时的）。

e. 意愿性：一个活动如果是有目的的，那么受事受影响就越明显。对比

"I wrote your name"（我写下了你的名字）和"I forgot your name"（我忘了你的名字）：前一句是自主的，即表示有意识的或有心的动作行为，是能由动作发出者主观决定、自由支配的行为动作；后一句是非自主的，即表示无意识、无心的动作行为，动作发出者不能自由支配的动作行为。

f. 肯定性：肯定句的及物性比否定句要高。这也很好理解，一般否定句否定的是动作的开始，在否定句中动作都没有开始，句子的及物性当然非常低。

g. 语式：一个还未发生的事件或在非现实世界里发生的事件，比现实事件的影响力要弱得多。Hopper & Thompson（1984）引述跨语言的证据显示：在话语功能上越是用于报道特定场景中真实地发生的动作，它的动词性就越强，即在形式上就具有越多的动词特性，如可以有时、体和情态的变化；反之，还未发生的动作，它的动词性就越弱，就具有越少的原型动词形式特征。

h. 施动性：高施动性的主语能影响一个动作的传递，而低施动性的主语则不能。对比"George startled me"（乔治惊讶到了我）和"The picture startled me"（那幅画惊讶到了我）。前者是个有感觉结果的行为，后者则只是内在状态问题。

i. 宾语受影响程度：宾语完全受影响（totally affected）比宾语只是部分受影响（partially affected）句子的及物性要高得多。对比"I drank up the milk"（我喝光了牛奶）和"I drank some of the milk"（我喝了一些牛奶），前句的及物性比后句要高。

宾语受影响的程度体现出主语（施事）行为的效果，宾语完全受影响表明主语的行为完全作用于宾语，如 He ate up the food。宾语部分受影响表明主语的行为部分作用于宾语，如 He ate some of the food。又如下面例（1）a 句把信件撕成碎片，是一种典型的动作行为，动作彻底影响动作对象。如果强调动作行为的结果，可以用包含副词的 He completely tore the letter；强调结果状态可以用 tear up the letter, tear the letter into pieces；强调动作对象可以用被动 The letter was torn to pieces。a 句的这些句法形态变化，b 句都没有，说明 a 句是高及物性的，b 句是低及物性的。

(1) a. He tore the letter.

　　 b. He read the letter.

j. 宾语个体化程度：宾语的个体化程度指受事与施事的区别，以及受事本身区别于同类成员的程度。宾语具有以下左边的特征，比具有右边的特征，其个体化程度更高。

个体化的　　　　　非个体化的
专有名词　　　　　普通名词

人类、动物名词	非动物名词
具体名词	抽象名词
单数名词	复数名词
可数名词	不可数名词
有指、定指成分	无指成分

宾语体现左边特征越多，其个体化程度就越高；反之，宾语体现右边特征越多，其个体化程度就越低。以下两例虽然动词都是"打"，但例（3）的及物性比例（2）高得多。例（3）宾语的个体化程度高，"老婆"是动物的、可数的、有指名词；而例（2）宾语"乒乓球"的个体化程度低，是非动物的、不可数的、无指名词。

（2）老王打了一阵乒乓球。

（3）老王打老婆。

个体化宾语跟非个体化宾语相比，更容易受到动作的影响，因此限定宾语比非限定宾语更易完全受影响，对比"Fritz drank the beer"（Fritz 喝了那些啤酒）和"Fritz drank some beer"（Fritz 喝了一些啤酒）。与此相似，受事宾语有无生命也对及物性产生影响，对比"我撞到了查理"和"我撞到了桌子"。

二 及物性特征的共变关系

及物性假说（Transitivity Hypothesis）认为，一个结构具备以上 a-j 的及物性原型特征越多，其及物性就越高；反之，具备的及物性原型特征越少，及物性就越低。以下例（2）的及物性比例（1）要高得多，因为例（2）具有以下的特征：活动、完成、瞬时、完全受影响；宾语是有指的、有生的、专有的。

（1）恒利喜欢啤酒。

（2）恒利撞到了山姆。

通过跨语言的调查，Hopper & Thompson（1980）发现这些构成及物性的特征，广泛而且成系统地存在共变（co-vary）关系。这种共变使我们相信，及物性是一种人类语言语法的核心关系：当一对及物性特征在小句的形态句法和语义方面同现时，这成对的特征总是出现在及物性特征高低的同一侧。这一观察导致了一个语法共性特征，这一共性就形成了"及物性假设"：

　　一种语言中 a、b 两个句子，如果 a 句在上述 a—j 任何一项特征方面显示是高及物性的，那么，a、b 两句中的其他语法、语义区别也将体现为 a 句的及物性高于 b 句。

及物性假说认为，如果动词是完成的（telic），如在及物性的体貌较高的那端，那么宾语也是处在及物性的较高等级处，如高个体化。这就形成了如下的图式：

（a）A　　　　V　　　　　　　O
　　　　　　　［完成］　　　［x：高及物性］
（b）A　　　　V　　　　　　　O
　　　　　　　［非完成］　　　［y：低及物性］

在一种语言中，如果特征［x］和［y］都与宾语的个体化有关（比如都是有指的），并且宾语必须有一个标记来标示这一特征，及物性假说则认为［x］暗示宾语必须是有指的［+referential］，［y］则暗示宾语必须是无指的［-referential］。及物性假说认为，并不是任何语言的宾语都必须标记特征［x］或［y］。但是，如果这一特征被标记，那么它必须分别反映相关的及物性高低特征。

第二节　宾语格标记与及物性

及物性还影响形态句法的标记，在芬兰语和爱沙尼亚语中宾语有多种标记方式，宾语的部分格标记典型地体现了低及物性；宾语的高及物性则与宾格有关联。这一格变化表达了及物性诸如小句的体貌和宾语的限定性之间的关联：宾格标记完整（perfective）或完成（telic）小句中的限定宾语；而部分格则标记非完整（imperfective）或非完成（atelic）小句中的非限定宾语。比如，下面芬兰语的及物小句的宾语，就有部分格和宾格两种格标记方式。

（1）a. Lu-i-n　　　　　　kirja-a.
　　　　读-过去时-1单　书-部分格
　　　　I was reading the book. 我正在读那本书。
　　b. Lu-i-n　　　　　　kirja-n.
　　　　读-过去时-1单　书-宾格
　　　　I read the book. 我读了那本书。

传统的观点认为，及物小句中宾语是用宾格还是部分格，取决于句子的完成性（telicity）：部分格与非完成小句、非限定的宾语相关联；而宾格与完成动词和限定的宾语相关联。当把及物性的诸多参数考虑进来之后，以上的两句可作如下分析：a、b 两句都是两个参与者，动词表达的都是活动，句子的体貌都是非瞬时的，主语都是意愿性的，句子都是肯定的和现实的。两句之间不同之处在于宾语的特征：a 句中的宾语不是完全受动作的影响，b 句中的宾语是完全受影响，因为书被从头到尾看完了；b 句宾语比 a 句宾语个体化程度更高。

总之，通过及物性参数的比较，可以看出 b 句的及物性比 a 句要高得多。这也证明了部分格和宾格在宾语位置的句法倾向性分布规律：部分格与非完成动词和非限定宾语共现；宾格与完成动词和高度个体化的限定宾语共现。

以上这一倾向性分布规律，如果从界面互动角度来看，牵涉句法、语义、语用三个平面之间的互动。部分格还是宾格涉及句法形态层面，动词的完成还是非完成涉及语义平面，宾语的限定还是非限定，涉及语用平面。参照沈家煊（1999）的新标记理论，我们可以在句法（包括形态）、语义、语用三个平面之间建立起如下的一个关联标记模式。

三个平面之间的关联标记模式

句法	部分格	宾格
语义	非完成动词	完成动词
语用	非限定	限定

由于以上关联标记模式涉的范畴不止一个，不同的范畴之间有的形成自然的、无标记的组配，如 ｛部分格，非完成动词，非限定｝、｛宾格，完成动词，限定｝就构成两个三项成分之间的无标记组配，如下所示。而其他的组配方式，如 ｛部分格，完成动词，限定｝、｛宾格，非完成动词，非限定｝等是有标记的组配，但都不合语法。

无标记组配	无标记组配
部分格	宾格
非完成动词	完成动词
非限定	限定

以上分析的合理性，我们找到了类似观点的支持。在俄语中有一个明显的关联：限定（definite）直接宾语跟完整体（perfective aspect）、宾格和完全解读（holistic interpretations）相联系；而非限定直接宾语（indefiniteness）跟未完整体（imperfective aspect）、属格和部分解读（partitive interpretations）相联系（Filip，1999：233）。可见这里也涉及界面互动：语用层面的限定/非限定、句法形态层面的宾格/属格、语义层面的完整体/未完整体以及完全解读/部分解读。

及物性高低与宾语格标记之间的关系，在以下这个芬兰语的例句中体现得更为明显（Moravcsik，1978：271）。动词"杀"对宾语狗所造成的影响，比动词"袭击"对狗造成的影响要高得多或者说严重得多，因此前者用宾格，后者用部分格。当然这两个动词应该都是高及物性的，但两者相比，及物性还是可以分出高低，这说明及物性高低的相对性。

(2) a. Mies　tappoi　koiran.
　　　　男人　杀　　狗-宾格
　　　　The man killed the dog. 那个男人杀了那条狗。
　　b. Mies　loi　　koiraa.
　　　　男人　袭击　狗-部分格
　　　　The man struck the dog. 那个男人袭击了那条狗。

　　在西非的加语（Gā）中，Kɛ 这个形式是句子中的一个宾格标记（Hopper & Trauggot，1993：90）。以下例句中"放下一本书"跟"产下一个蛋"相比，其中动词和宾语之间的语义关系是很不相同的：前者宾语在动作作用下发生了改变（如"被移动""被抓住"等），宾语是"受影响的"；而后者宾语在动作作用下产生出来，宾语是"结果的"。

(3) Ȅ　　kɛ　wòlò　ŋmè-sɪ̄.
　　她　宾格书　　放-下来
　　He put down a book. 他把书放下来。
(4) a. Ȅ　　ŋmè　wolo.
　　　　她　产　蛋
　　　　She laid an egg. 她产下一个蛋。
　　b. *Ȅ　kɛ　wolo　ŋè.
　　　　她　宾格　蛋　产

　　加语中的宾格标记只能用于宾语是"受影响的"的语境中，所以上面例（4）b 中宾格标记是不成立的。由于这一原因，如果动词是一个体验动词，使用宾格标记就显得不合适了，如下面的例（5）b。

(5) a. Tɛtɛ　nà　　Kokǎ.
　　　Tete　看见　Koko
　　　Tete saw Koko.
　　b. *Tɛtɛ　kɛ　Kokǎ　nà.
　　　Tete　宾格　Koko　看见

　　从上面的例句及分析可以看出，加语中的宾格使用条件就是句子必须是高及物的。结果宾语是在动作结束后产生的，因而不存在受动作的影响，句子是低及物性的，宾语不能使用宾格标记。体验动词"看见"对宾语不会产生任何的影响，因而是低及物的，所以宾语不能使用宾格标记，因此带宾格标记的

（5）b 不成立。也就是说，形态上宾格与非宾格的对立，在语义上则暗示了高及物与低及物的差别。

第三节 "部分格"的及物性角度分析

一 部分格使用条件及其流程图

Moravcsik（1978：272）指出，在拉脱维亚语、立陶宛语、波兰语、芬兰语、爱沙尼亚语中，宾语部分格的使用牵涉动词或名词的一个或几个语义特征。

（1）名词短语的限定性/非限定性（definiteness–indefiniteness）；

（2）宾语参与事件的程度大小（the extent to which the object is involved in the event）（宾语是部分参与还是全部参与）；

（3）事件（event）是完成的（completedness）还是未完成的（non-completedness）；

（4）句子是肯定的还是否定的（affirmative or negative）。

Kiparsky（1998）指出，芬兰语的宾语也用部分格和宾格两种格标记方式，有三条原则可以用来解释宾格和部分格的使用。

（1）与体的有界性（boundedness）有关：如果动词所代表的事件是非完结的（atelic），则必须使用部分格；宾格只能用在完结的（telic）句子中；

（2）如果名词短语表示的是非限定的量（indefinte quantity），则必须使用部分格；

（3）句子中有否定时，必须强制使用部分格。

Blake（1999：15）指出，在爱沙尼亚语和芬兰语中，有几种情况受事宾语使用"部分格"。

（1）受事宾语代表了整体中的一部分（part of a whole）或非定量（indefinte quantity）；

（2）动作还未结束；

（3）小句是否定项。

Anna（2006）指出，芬兰语的宾语有四种情况必须使用部分格。

（1）否定句；

（2）无限量的非限定用法；

（3）非完成（incomplete）的动作；

（4）情感类动词。

综合以上方家们对"部分格"使用条件的研究，以及 Thomas（2003）对芬兰语部分格的专门研究，我们可以把部分格的使用流程归纳如下。

首先看句子是肯定句还是否定句，如果是否定句，那么宾语必须使用部分格，如例（1）。如果是肯定句，那么先看谓语的体，如果谓语是进行体，宾语无论是限定的还是非限定的，都使用部分格，如例（2）。

其次，如果谓语是非进行体再看动词，非动作动词宾语使用部分格，如例（3）。动作动词再看动作是完成的还是未完成的，如果动作是未完成的，宾语无论是限定的还是非限定的，都使用部分格，如例（4）；如果是完成的，再看宾语的限定性特征，数量限定的宾语使用宾格，数量非限定的宾语使用部分格，如例（5）。

总结上面的分析，我们可以把芬兰语宾语部分格的使用流程用图11-1表示。

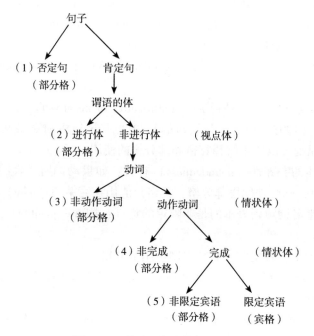

图11-1　芬兰语部分格使用流程

以下是跟流程图相对应的例句证明，例句全部选自 Thomas（2003）。

（1）En　onsta　auto-a.（否定句）
　　　否定　买　　汽车-部分格
　　　I will not buy a car. 我将不买汽车。

（2）a. Lu-i-n　　　　　kirja-a.（进行体；限定宾语）
　　　　读-过去时-1 单　书-部分格
　　　　I was reading the book. 我正在读那本书。

　　　b. Est-n　　　　karhu-a.（进行体；非限定宾语）

寻找–1单　熊–部分格

I am looking for a bear. 我正在寻找（一只）熊。

（3）Rakastan　　 tuo–ta　　　　　nais–ta.（非动作动词）

　　　爱–1单　　　那个–部分格　妇女–部分格

　　I loved the woman.

　　我爱那个妇女。

（4）a. Odot–i–mme　　　　　bussi–a.（非完成；非限定宾语）

　　　等待–过去时–1复　公交车–部分格

　　　We waited for a bus. 我们等公交车。

　　b. Hän　　 rakast–i　　　　　kissa–a–nsa　　　 kovasti.（非完成；限定宾语）

　　　他–主格 爱–过去时–3单 猫–部分格–3单 亲密

　　　He loved his cat dearly. 他非常喜欢他的猫。

（5）a. Matti　　　　luk–i　　　　　kirjo–j–a.（完成；非限定宾语）

　　　玛提–主格　读–过去时–3单　书–复数–部分格

　　　Matti read books. 玛提读了书。

　　b. Matti　　　　luk–i　　　　　kirja–t.（完成；限定宾语）

　　　玛提–主格　读–过去时–3单 书–复数–宾格

　　　Matti read those books. 玛提读了那些书。

从图 11–1 的流程以及相关的例句证明，我们可以看出部分格的使用与句子的体貌有密切关系。因为按照 Smith（1997）的体系统，图中（2）的"进行体"或"非进行体"都是视点体（Viewpoint Aspect），图中（3）的"非动作动词"或"动作动词"以及图中（4）的"非完成"或"完成"，都是情状体（Situational Aspect）。

二　部分格使用条件的及物性分析

把上面的分析跟表 11–1 "及物性特征分解"相结合，我们对使用"部分格"句子的"及物性"高低作尝试性分析。

（1）动词不能是完成的，动词可以是表持续的情感类动词，根据"及物性特征分解图"b "非动作"、c "非完成体"和 d "非瞬时的"三项，句子是低及物性的；

（2）受事宾语是部分受影响或不能是定量的，根据表 11–1 "及物性特征分解"的 i "宾语是部分受影响"，j "宾语的个体化程度低"（因为非定量性成分的定指性弱），所以句子是低及物性的；

（3）句子是否定的，根据"及物性分解表"f 项，可知句子也是低及物性的。

第十二章

结语：事实与理论

第一节　语言共性、个性与部分量编码

一　语言共性与个性

语言共性研究的目的是确定人类语言变异的限度，语言类型学研究则跟这种变异的研究直接相关。因为两者所关注的都是语言间的变异，唯一的区别在于，语言共性主要关注这种变异的限度，而语言类型则更关注变异的各种可能。语言类型学的研究领域主要是跨语言的变异，它构建世界上各种语言的样本，通过跨语言的概括来寻求语言的共性。因为只有通过探索语言的多样性才能发现变异的限度，也就是人类语言的共性。Croft（2003：5）认为，将某一种"异域的（exotic）"语言或数目有限的几种语言与英语进行比较，只能显示多样性，不能代表变异的范围，更不能代表变异的限制。对众多语言进行更系统的采样，既可以揭示变异的范围，还能揭示变异的限制。

从宏观上来说，语言的个性调查是共性研究的手段，都是为共性研究服务的，反过来共性研究能指导个性调查。所谓个性调查都是相对一定的共性而言的，没有对共性的深刻了解，所找到的个性可能并非真正的个性（陆丙甫，1990）。语言类型学家也经常从事对单一语言或一群具体语言的深入研究，但是他们在研究具体语言时，总是不忘类型学的已有研究成果。实际上是以跨语言研究为背景的具体语言研究，而且其目的也是为了更深入地了解，该语言哪些现象体现了语言共性，哪些体现的是真正个性（刘丹青，2003）。此外，从两本影响力较大的语言类型学经典教材 Comrie《语言共性与语言类型学》（1989）和 Croft《语言类型学与语言共性》（2003）的书名，也可以看出语言共性与个性的辩证关系。

语言类型学研究必须以某种意义的语言共性为前提。语言之间要是没有共性，就缺乏可比的基础，类型的划分也就无从谈起。上面所说的跨语言的变异，我们认为其实就是同一语义功能范畴在不同语言中有不同的结构编码方

式。适合某种语法范畴的编码方式可以不止一种，即几种编码方式可以同时存在。也就是说，表达同一语法范畴的手段可以有多种：可以是词汇手段，也可以是句法手段，还可以是形态标记手段。因此本书中说某种语言中部分量的编码方式，指的都是有显著特点的典型形式（包括形态、词汇、句法手段等），当然，不排除还有其他辅助手段的存在。

二 部分量的编码方式

我们认为，部分量这一量范畴就是一个普遍存在的概念，它的存在跟其在任何特定语言里的体现形式无关，即在不同的语言中，其编码方式也各不相同。

有的语言有明显的格标记，比如芬兰语、匈牙利语、爱沙尼亚语等语言中的部分格，俄语、波兰语、拉丁语和上古德语的属格，土耳其语的夺格，卡巴尔达语的处所格，韩语的与格等。中国境内的维吾尔语中部分量是用从格来表示，维吾尔语从格的用途之一，是"表示行为或状态发生或存在的范围、界限及整体的一部分"（赵相如、朱志宁，1985：48），如：

(1) joldaʃlimiz-din　　　biri
　　我们许多同志-从格　　一
　　我们之中的一位同志

在阿尔泰语系的撒拉语中（马伟，2015：37），名词的从格形式也可以表达部分数量的意思，如例（2），还可以是名词的从格与部分量化词相结合，一起来表示部分量，如例（3）。

(2) bala-lar-dan　　isgi　kis　qo-ni　　sixla.
　　孩子-复数-从格　二　　人　门-宾格　守
　　孩子们中的两个守门。

(3) bala-lar-dan　　biji
　　孩子-复数-从格　一些
　　孩子们中的一些

原始乌拉尔（Proto-Uralic）的离格是以-ta 为标示，有英语 from 的意思。离格后缀一开始被用来暗示一些量是从（from）另外一些量中获得的，这跟上面的维吾尔语和撒拉语从格的用途相似。巴斯克语中（Etxebrria，2012：124），夺格（Ablative）标记-tik "of" 附着在数词上，可以表达"从总量中提取一部分（the totality from which we take a part）"，如：

（4）Hamarr-e-tik　zazpi　poetek esna amets egiten dute.

　　　Seven out of ten poets daydream.

　　　十之有七的诗人喜欢遐想。

　　除了格标记，有的语言有专门表达部分的形态标记，比如帕米斯语中的部分后缀、沃皮利语中的部分量化前缀、沃洛夫语中的部分附缀等。

　　有的语言通过词汇手段来表达，比如汉语的部分量化词"有的、有些、一些"等，英语的 some、a few 等，普通话、汉语方言及民族语言中的"部分量词"，法语、意大利语中的"部分冠词"，博伯语中有专门的"部分小品词"，英语、德语中的"部分量化副词"。

　　大多数语言是通过句法手段来表达。德语、希伯来语、巴斯克语等 16 种语言的部分构式，格鲁吉亚语、土耳其语、法语等语言的多重部分构式，西班牙语的限制性从句，汤加语、爱斯基摩语等 5 种语言的逆被动态，英语、荷兰语、瑞典语等 30 种语言的处所转换构式，英语的意欲构式或处所介词脱离交替构式，英语的 there 存在构式等。国内民族语言中的量词、数词、名词的重叠形式，汉语中"把"字句、体貌标记和动结构式"V 完"、论元分裂式话题句、偏称宾语处置式、偏称宾语被动句和领主属宾语句等。

　　语言类型学是通过跨语言的视角来分析语言现象、概括语言规律的。同一语义范畴如部分量，是所有语言中都存在的语言共性，但是具体到不同的语言，其编码方式或类型又不完全相同，这是语言的个性。有的语言是用形态手段，比如专门表示部分的格标记和前后缀。有的语言是用词汇手段，比如部分冠词、部分小品词、部分量化副词。更多的语言是用句法手段，当然还有些语言有可能是两种或两种以上编码手段同时并存，比如英语。

三　编码方式与库藏类型学

　　库藏类型学超越从语义出发寻找形式表现的传统，注重句法形式和语义范畴间的双向视角。由于强调形式和意义之间的双向互动，所以库藏类型学可以有两种观察角度（刘丹青，2011）：一是从库藏形式出发观察语义、语用范畴在不同语言中的语法实现状况及显赫度；二是从语义、语用角度出发来观察库藏类型，即考察哪些语义语用内容能在大量语言中进入语法库藏，甚至成为显赫库藏，哪些语义语用内容没有机会或只在极少语言中得以"入库"，而需要靠库藏中其他语义语用内容的表达手段来兼顾。

　　从语义角度出发观察部分量的库藏清单，可以发现，部分量作为一个语义概念在任何语言中都存在，差别只在于其语法化程度的不同。有的语言部分量编码方式是高度语法化的，即已经语法化出专门的形态标记——格标记（如

"部分格、属格、处所格、与格、从格、离格、夺格"等）和专门表达部分的形态标记（如"部分后缀、部分量化前缀、部分附缀"等）。有的语言部分量虽然已经语法化了，但是其虚化程度还没有到形态这一层面，如"部分冠词、部分小品词、部分量化副词"。当然还有些语言部分量语法化程度相对较低，利用意义较实的词汇手段，比如"部分量词"，或者一些句法编码方式，如部分构式、处所转换构式、逆被动态、偏称宾语处置式、偏称宾语被动句、论元分裂式话题句、领主属宾句等。其次，从库藏形式出发观察部分量在不同语言中的编码方式，可以看出，各种语言编码部分量的库藏手段是不同的，有的语言使用形态手段，有的语言使用词汇手段，有的语言使用句法手段。

库藏类型学的核心概念之一就是显赫范畴，从跨语言共性的角度来看，显赫范畴可以分为常见显赫范畴和稀见显赫范畴（刘丹青，2013）。相比较而言，稀见的显赫范畴在语言类型分类时的地位更加重要，因为该范畴很少存在于其他人类语言中，也就更加能作为存在该范畴语种的类型特征而得到重视。从显赫度来说，部分格在芬兰语、匈牙利语、爱沙尼亚语中是显赫库藏：不仅形式"凸显"，而且功能"强势"。"凸显"体现在部分格的主要功能是表示宾语所指事物是部分受动作的影响，绝大多数国外语言中都没有部分格，因而是稀见的显赫范畴。"强势"体现在：一方面部分格通过功能扩张，具有非完成体的功能；另一方面，部分格还跟名词的限定性、句子的否定性有关。此外，部分后缀、部分附缀、部分量化前缀、部分量词、部分冠词、部分小品词、部分量化副词，这些部分量库藏手段的凸显度也很高，是其他语言所没有的编码方式，也是稀见的显赫范畴。

第二节　受部分量制约的语法现象及其关联模式

本节首先介绍国内外探讨某一范畴对语法现象影响的成功范例，受此研究思想的启发，然后尝试以部分量这一语义范畴为中心，把受部分量制约的众多语法现象，从形态、句法、语义、语用四个层面统一起来，同时对前文所讨论的界面互动研究，进行归纳总结。

一　受部分量制约的语法现象

在国外，Comrie（1989）讨论了受"生命度"支配的一些语法现象，如数、格、定指度、话题性和语义角色。Lyons（1999）分析了"有定性"与其他语法现象的相互作用，包括"有定性"对直接宾语标记、动词一致、生命度等级、名词性特征标记、零形式名词组及隐形名词组、量词等6种语义语法现象的影响。在国内，石毓智（1992）用"定量/非定量"这对概念，将汉语各个词类打通，对肯定否定的种种不对称作出统一的解释。沈家煊（1999）把"标记理论"运用于汉语研究，对汉语语法各种对称和不对称现象作出详细的描写和统一的解释。语法研究的最终目的是要对语法现象作出解释，而解释可以打破已有的界限，如词类的界限，词汇和语法的界限，句法、语义、语用三个层面的界限。这些都不是语言本身的界限，是研究者为了研究的方便而划定的；研究者可以划定这样的界限，也可以打破这样的界限。

当然，我们认为部分量对语法结构也有深刻的影响。部分量与许多语法现象都有重要的关联，很多语法现象都受到部分量的支配或制约。也就是说，部分量的相关度非常高，是一个很有意义的类型学参项。Comrie（1989：40）指出："如果我们有一组有意义的参项，它们的数值还表现出很高的相关程度，那么这些参数值之间的关系网络，可以用一个蕴含共性（绝对共性或倾向共性）的网络同样表示出来。很明显，逻辑上彼此独立但可以用这种方式联系起来的参项网络分布越广，进行类型研究的依据越有意义。"虽然受部分量制约的语法现象大多数并不能用蕴含共性的方式表示出来，但是由于这些语法现象之间都有重要的关联，可以用在类型学基础之上建立的关联标记理论，把它们联系起来。

部分量对语法现象的影响，虽然也有部分国外学者提到过，如 Kiparsky（1998）讨论了部分格对体的制约，但还没有学者从跨语言类型学的角度，对受部分量制约的语法现象作专门的研究，因而我们的研究就是一个大胆的尝试。

讨论语言中数量特征对汉语语法构造的影响，虽然石毓智（1992，2000）已经做了一些研究（详见第一章第二节的介绍），但研究中还存在一些明显的不足。我们顺着他的研究往下走，跨语言探讨数量特征主要是部分量对语法构造的影响。需要强调的是，我们的研究与石毓智的研究有明显的不同。石毓智是从宏观上讨论数量特征，如"定量/非定量、离散量/连续量"等，对汉语语法构造的影响。我们的研究主旨则更为集中，即专门讨论部分量对语法构造的影响。更具体地说，是从跨语言类型学角度，探讨部分量对世界范围内人类语言语法构造的影响。

石毓智研究的视野主要局限于现代汉语，虽然在《语法的认知语义基础》那本书中他尝试把从汉语中总结出来的规律推广到英语中去，讨论了定量化对英语动词、形容词名词化的影响，但作者研究的视角还是略显狭窄，也只讨论了英汉两种语言中数量特征对语法构造的影响，因而观点的说服力还略显薄弱。我们的研究已不只是局限于汉语和英语，还有芬兰语、爱沙尼亚语、匈牙利语、俄语、波兰语等国外 74 种语言，此外还包括国内近 102 个方言点方言和中国境内的 47 种民族语言。也就是说，我们是从跨语言类型学的角度讨论部分量对语法构造影响的这一人类语言的共性原理。

我们认为，部分量对一种语言的语法构造有着深刻的影响，因为部分量涉及整个语言描写中各个不同层面的交互作用，包括形态、句法、语义、语用等。下面就简要总结一下受部分量制约的主要语法现象，具体的分析见各相关章节。

在形态上，部分量主要与部分格有关。在乌拉尔语系的芬兰—乌戈尔语族的芬兰语、爱沙尼亚语、匈牙利语中，部分量都是通过部分格这一专门的格标记来实现其句法功能的。当受事宾语只是一部分受动作影响（即部分量化）时，宾语使用部分格。在印欧语系波罗的语族的立陶宛语和拉脱维亚语，以及斯拉夫语族的俄语、波兰语，部分量是通过部分属格这一形态来编码的。当宾语部分受动作影响时使用属格。在形态上部分量还跟处所格、与格、从格、离格、夺格等有联系，因为在一些语言中这几种格也都可以分别表达部分量。此外，有些语言有专门表达部分的形态标记，如部分后缀、部分量化前缀、部分附缀等。还有些语言通过部分冠词、部分小品词、部分量化副词等虚词来表达部分量。

在句法上，部分量主要表现在，汉语普通话及方言中的偏称宾语处置式、偏称宾语被动句和分裂移位等方面。在偏称宾语处置式和偏称宾语被动句中，表示部分的成分总是出现在动词之后，表示整体的成分总是出现在动词之前，相反的情况则句子不成立，即表达部分量的成分总是倾向于后置。汉语中句子发生分裂移位时，表示部分的成分没有分裂前移的，总是分裂后移。生成语法中由于移位而产生的"部分格"，也与部分量有关。领属成分移位到主语，留在原位置的隶属成分的数量短语获得了部分格。从语义上来说，这种部分格表达的还是一种数量关系，它是领属成分的构成成分的一部分，比如"王奶奶瞎了一只眼"。国外语言主要体现在部分构式、处所转换、逆被动态，等等。

在语义上，部分量跟"及物性假说"理论，以及谓语动词的体和"有界""无界"有关。当宾语是部分受影响即部分量化时，句子是低及物性的；当宾语是完全受影响即完全量化时，句子是高及物性的。在芬兰语中，当宾语部分受影响使用部分格，暗示谓语是无界的、非完成体；当宾语是完全受影响时使用宾格，暗示谓语是有界的、完成体。

在语用上，部分量由于量值较小倾向于是不定指的，全量成分量值较大倾向于是定指的。在宾语的语义指称上，部分格宾语倾向于是无定的，宾格宾语则倾向于是有定的。部分指的定指度处在定指和不定指之间，跟特指比较接近。如果再跟语序相结合，那么汉语中部分量成分倾向后置于谓语动词担任宾语，而全量成分倾向前置于谓语动词担任主语。此外，部分格宾语都只出现在SVO 语序语言之中，即部分格宾语跟 SVO 语序相和谐。

从上面的分析可以看出，在引入了部分量这一语义参项之后，许多表面上互不相关的语法现象找到了它们之间的内在联系，纷繁复杂的一系列语法现象可以得到统一的解释，那就是部分量对句法形态和语序的制约作用。部分量的这种制约作用是人类语言的共性现象，在许多语言中都会或多或少地有所体现。

Comrie（1989：25）指出，评价一种解释有没有进展，最重要的标准是，看表面上根本不同的现象（seemingly disparate phenomena）能否被证明有共同的解释（a common explanation）。也就是说，科学的解释是在表面上极不相同的现象之间，找到它们之间的内在联系，而纷繁复杂的语法现象大多受到一条简单的语义规则的制约。联系到本书，那就是诸多语法现象都受到语义平面上的部分量的制约。也可以说，各种表面上不同的语法现象，从部分量对句法形态以及语序的制约作用上，都可以得到统一的解释，即句法形态以及语序等表层形式，其实都是部分量这一语义范畴的不同编码方式而已。

二　三个平面之间的关联标记

上面一节我们把受部分量制约的语法现象，按照形态、句法、语义、语用等不同层面进行了归纳，但是在句法、语义、语用三个平面之间还没有建立联系，下面我们就利用沈家煊（1999）建立的"关联标记模式"，以部分格为纽带，探讨句法、语义、语用三个平面是如何互动的。

沈家煊（1999）在传统标记理论"二分模式"（即一个范畴只有两个成员的对立，一个是有标记项，一个是无标记项）的基础之上，汲取当代语言类型学发现的一些跨语言的标记模式，归纳出一种新的标记理论，用来描写和解释汉语语法中的种种不对称现象。新的标记理论是要把一个范畴跟另一个范畴联系起来，建立两个范畴或多个范畴之间的"关联模式"，即新的标记论注重若干个范畴之间的联系。我们认为新的标记理论的归纳及验证流程如下。

1	2	3	4
传统标记理论 →	跨语言标记模式 →	新的标记理论 →	跨语言验证
个性（英语等）	共性（跨语言）	个性（汉语）	共性（芬兰等5种语言）

当然其中有个问题是客观存在的，那就是沈先生汲取跨语言标记模式所建立的新的标记理论，其合理性只在汉语单一语言中获得验证，并没有进行跨语言的验证，虽然沈先生（1999：41）一再强调，新的标记模式是跨语言比较研究的结果，主要是类型学意义上的标记模式，体现了各种语言的普遍倾向。也就是说，沈先生所建立的新的标记理论适不适合其他语言，是不是一个普通

语言学理论，是不是一条人类语言的共性规律，我们还不能确定。我们的这一观点跟王洪君（2008：333）指出的美国语言学家的研究思路相一致。王洪君指出，美国学者的研究思路是基于一种或若干种具体语言材料的事实，设计出一种可以最简明地使这些材料显示出简单规律的模型框架，先假设这些规律和模式是适用于所有语言的普遍规律和模式，然后再有其他语言的专家们利用不同语言材料来补充、修正以至否定这些规律与模型。他们有强烈的建立模型的意识和探求语言普遍性的意识。

下面我们把语言类型学中参项的相关度高低（degree of correlation），即某一参项与其他语法现象之间的关系，与沈先生提出的新的关联标记模式相结合，以部分格为基础，从跨语言（包括芬兰语、匈牙利语、爱沙尼亚语、俄语和波兰语）类型学角度来探讨句法、语义、语用三者之间的关联模式，进而验证沈先生建立的新的标记模式是人类语言的普遍原理，同样适用于其他语言。也就是说我们所做的工作主要是上面流程4这一环节，也是上面王洪君所说的"有其他语言的专家们利用不同语言材料来补充、修正以至否定这些规律与模型"。当然我们主要是利用其他语言材料，对沈先生的新的标记理论作跨语言的验证，验证其理论假设具有跨语言的普遍性，是人类语言的共性原理。

Lyons（1999：200）指出，在芬兰语中直接宾语可以有"宾格"和"部分格"的对立，这又跟"有定（definite）"和"无定（indefinite）"的对立相联系。由这种格标记变化所表现出来的差异，通常被看作"完全受影响（total affectedness）"和"部分受影响（partial affectedness）"之间的差别。即宾语名词组的语义所指是"完全受动作影响（宾格）"还是"部分受动作影响（部分格）"。当然 Lyons 只是指出了这一现象，并没有举例说明。如果我们利用句法、语义、语用三个平面理论进行分析，那么上面的三组互相对立概念正好分属三个不同的平面。宾格/部分格属于句法平面的形态特征问题，有定/无定属于语用平面的语义指称问题，完全受影响/部分受影响则属于语义平面的受影响程度高低问题。

Moravcsik（1978：263）的调查研究显示，在一些语言中根据是完全受影响还是部分受影响，受事宾语采用不同的格标记。部分受影响的受事，或者使用一种特殊的部分格，或者使用属格；而完全受影响的受事通常使用宾格。这一现象见于东欧和东北欧的拉脱维亚语、立陶宛语、俄语、波兰语、芬兰语、爱沙尼亚语和匈牙利语。斯拉夫语言用属格来实现芬兰语部分格的功能，直接宾语标记为属格的意味着"部分（partial）"宾语，直接宾语标记为宾格的意味着"完全（total）"宾语。因此对于斯拉夫语言学家来说出现属格也就意味着部分属格，那么我们下面建立的关联标记模式中的部分格就包括了属格。

把上面的分析进行归纳推理，结合沈家煊（1999）的新标记理论，我们可以在句法（包括形态）、语义、语用三个平面之间，建立起如下的一个"关联标记模式"。

三个平面之间的关联标记模式

句法	部分格	宾格
语义	部分量	完全量
语用	无定	有定

由于以上关联标记模式涉及的范畴不止一个，不同的范畴之间有的形成自然的、无标记的组配，如｛部分格，部分量，无定｝、｛宾格，完全量，有定｝就构成两个三项成分之间的无标记组配，如下所示。而其他的组配方式，如｛部分格，部分量，有定｝、｛宾格，完全量，无定｝等是有标记的组配，但都不合语法。

无标记组配	无标记组配
部分格	宾格
部分量	完全量
无定	有定

下面就从语言类型学的角度，结合芬兰语、匈牙利语、爱沙尼亚语、俄语、波兰语5种语言的相关语料，对上面句法、语义、语用三个平面之间建立的"关联标记模式"，进行跨语言的验证。

（1）芬兰语（Harris & Campbell，1995：55）：

a. Soin　　　omena-a.
吃-我　苹果-部分格-单数
I ate some of the apple. 我吃了那个苹果的一部分。

b. Soin　　　omena-n.
吃-我　苹果-宾格-单数
I ate the（whole）apple. 我吃完了那个（整个）苹果。

（2）匈牙利语（Moravcsik，1978：261）：

a. Olvastott　a　　könyvöt.
读-3单　那　书-部分格
He read some of the book. 他读了那本书的一部分。

b. Olvasta　　a　　könyvet.

读-3 单　那　书-宾格

He read the book. 他读完了那本书。

（3）爱沙尼亚语（Katrin，2003）：

    a. Poiss　　　　luges　　　　　　raamatut.

       男孩-主格　　读-过去时-3 单 书-部分格

       The boy was reading a book. 男孩正在读一本书。

    b. Poiss　　　　luges　　　　　raamatu　labi.

       男孩-主格 读-过去时-3 单 书-宾格 通过

       The boy read the book. 男孩读完了那本书。

（4）俄语（Dezsö，1982：52）：

    a. Ja　　　　vypil　vody.

       1 单-主格　喝　水-属格

       I drank some water. 我喝了一些水。

    b. Ja　　　　vypil　vodu.

       1 单-主格　喝　水-宾格

       I drank the water. 我把水喝完了。

（5）波兰语（李金涛，1996：261）：

    a. Wypilem herbaty.

       I ate some tea. 我喝了一点茶。

    b. Wypilem herbate.

       I ate the tea. 我把茶喝完了。

从以上 5 种语言的例句可以看出：所有 a 句中的受事宾语在句法平面的形态上都是部分格或属格，在语义平面上都表示受事宾语是部分受动作影响，在语用平面的语义指称上都表示宾语是无定的；所有 b 句中的受事宾语在句法平面的形态上都是宾格，在语义平面上都表示受事宾语是完全受动作影响，在语用平面的语义指称上都表示宾语是有定的。

下面来看句法、语义、语用三个平面中，如何用其中的两个平面来定义另外一个平面，即讨论句法、语义、语用三个平面是如何互动的。Comrie（1989：107）认为，句法有许多部分只能结合语义学和语用学才能理解，更具体地说，只有结合语义角色和语用角色才能更全面了解各种语法关系。至少有关语法关系性质的许多方面，可以从语义角色和语用角色的相互作用来理解。例如，他把主语定义为：典型的主语是施事和话题的交迭（intersection），也就是说，从各种语言看最明确的主语是话题同时也是施事。或许是受到 Comrie 这一主语定义的多重因素（multi-factor）的启发，陆丙甫（1998）认为，典型的宾语是受事和常规焦点的结合。沈家煊（1999：241）认为，句法平面的主语和宾语的不对称本质上是语义和语用的不对称，从语义平面上讲是施事和受事的不对称，从语用平面上讲是话题和焦点的不对称。沈先生认为汉语跟其他语言一样，典型主语是施事和话题的交集，典型宾语是受事和焦点的交集。

可见以上对句法平面主语和宾语的定义，都是结合语义平面和语用平面来进行的，因而体现了句法、语义、语用三个平面之间的同时互动。那么按照上面的分析思路，我们也从语义和语用来讨论句法：典型的部分格宾语是部分量和无定的结合，而典型的宾格宾语则是完全量与有定的结合。

三　本书讨论的界面互动

以上所分析的部分量与句法形态、语义、语用等不同层面的交互作用，其实就是界面互动研究。下面先概括归纳出本书中两个平面之间的互动，然后再看三个平面之间的互动。

本书中许多内容涉及两个平面的互动研究，下面从句法与语义、语义与语用、句法与语用三个方面，分别作简要介绍。

句法、语义两个平面之间的互动。（1）格标记与宾语受影响程度的互动：芬兰语、匈牙利语、爱沙尼亚语中宾语是部分受动作影响时使用部分格；宾语完全受动作影响时使用宾格；在俄语和波兰语中，宾语是部分受动作影响时使用属格，宾语完全受动作影响则使用宾格。（2）格标记与及物性高低之间的互动：在芬兰语、匈牙利语、爱沙尼亚语、俄语和波兰语中，宾语使用宾格则意味着句子是高及物性的；宾语使用部分格或属格时句子则是低及物性的。（3）汉语的偏称宾语处置式、偏称宾语被动句和句子发生分裂移位时，表示部分量的成分总是在句尾，表示整体或完全的成分则总是在前面，否则句子不成立，这是部分量对汉语句法结构的影响。（4）"处所转换构式"中，用 with 引出的旁接宾语是非完全受影响的，即是部分受影响，而动词之后的直接宾语则是完全受影响的，这是句法构式对语义的影响。（5）量值大小对否定词移位、前后置倾向的影响，以及跟"都""有"共现的制约，这是句法、语义两个平面之间的互动。

语义、语用两个平面之间的互动。（1）在讨论量值大小对词语定指性强弱影响时，我们发现量值大的成分其定指性较强，而量值小的成分其定指性较弱。（2）在芬兰语、匈牙利语、爱沙尼亚语、俄语和波兰语中宾语部分受动作影响时其定指性较弱，倾向于是不定指的；而宾语是完全受动作影响时其定指性较强，倾向于是定指的。

句法、语用两个平面之间的互动。在芬兰语、匈牙利语、爱沙尼亚语、俄语和波兰语中，宾格宾语倾向于是有定的，部分格或属格宾语则倾向于是无定的。

本书中讨论的句法、语义、语用三个平面的互动主要有三处（具体论述见相应章节）。

一是第三章第四节，在汉语的句法（前、后置）、语义（量值大、小）、语用（定指、不定指）三个平面之间，建立起如下的"关联标记模式"。

句法	前置	后置
语义	量值大	量值小
语用	定指	不定指

二是第十一章第二节，在句法（部分格、宾格）、语义（非完成动词、完成动词）、语用（非限定、限定）三个平面之间，建立起如下的"关联标记模式"。

句法	部分格	宾格
语义	非完成动词	完成动词
语用	非限定	限定

三是本章上一小节，通过对芬兰语、爱沙尼亚语、匈牙利语、俄语、波兰语等 5 种语言的考察，在句法（部分格、宾格）、语义（部分量、完全量）、语用（无定、有定）三个平面之间，建立起如下的"关联标记模式"。

句法	部分格	宾格
语义	部分量	完全量
语用	无定	有定

第三节　语言共性研究的重要性

一　国内外的语言共性研究

对人类语言共性的研究有两种方法。一是乔姆斯基（Chomsky）建立的，在对少量语言作详尽的描述基础之上，用抽象的结构来表述语言共性，并且倾向于用天赋性来解释语言共性。二是由格林伯格（Greenberg）建立的，强调在大规模语言调查的基础之上，用比较具体的分析来表述语言共性。前者是生成语法学派的语言共性研究方法，后者是语言类型学派的语言共性研究方法。

从语言类型学的角度，对人类语言的共性进行探讨，在国外起步得较早，其中影响力较大的有：Greenberg（1963）开创当代语言类型学的论文"某些主要与语序有关的语法共性"；Greenberg（1966）主编的论文集《语言共性》（Universals of Language）；Greenberg 等（1978）主编四卷本的《人类语言的共性》（Universals of Human Language）；Hawkins（1988）主编七卷本的《解释语言共性》（Explaining Language Universals）。

在国内语言学界，也不断有学者意识到把汉语纳入世界语言的变异范围之内进行研究的重要性，即强调语言共性的研究。沈家煊（1999）将汉语置于世界语言变异的范围内来考察，具体来说，在考察汉语语法的不对称现象时总是参考类型学上已经建立的制约世界语言变异的"标记模式"。新的标记模式是跨语言比较研究的结果，主要是类型学意义上的标记模式，体现了各种语言的普遍倾向。我们不仅需要从汉语出发来观察世界的语言，更需要从世界的语言出发来观察汉语。刘丹青（2008：XII）强调指出，国内汉语语法学理论的主流较少像世界上的现代语言学各派理论那样有类型学的视野，而主要关注现代汉语普通话的研究，不太关心方言，尤其不关心汉藏语系的亲属语言和中国境内的其他民族语言，更很少跟世界上的大量语言作比较，少量的比较多限于简单的汉英比较。

二　本书探讨的语言共性

我们也尝试把汉语纳入世界语言的变异范围之内进行研究，本书探讨的语言共性一共 10 条，又可分为语言共性和方言共性。

语言共性有 7 条。（1）第 2 章基于 37 种语言或方言的量化对象差异，即"量化动作"还是"量化动作对象"。（2）第 3 章基于世界范围内 7 大语系 33 种语言或方言"有定性的部分量"的编码方式。（3）第 4 章基于世界不同地区 10 大语系的 30 种语言材料的"部分受影响"和"完全受影响"。（4）第 5 章基于欧、亚、非三大洲 8 大语系的 30 种语言材料的"处所转换构式"。（5）第 7 章 30 个方言点以及 10 种民族语言语料的"论元分裂式话题"。（6）第 8 章基于汉语 7 大方言区 50 个方言点和 18 种汉藏语系民族语言语料的"偏称宾语被动句"。（7）第 9 章基于芬兰语、匈牙利语、爱沙尼亚语、俄语和波兰语等 5 种波罗的海沿岸语言所建立的"O 部分格⊃VO"这一区域蕴含共性。

方言共性有 3 条。（1）第 2 章基于闽南、闽东以及新加坡闽南话、新加坡华语等共计 9 个方言点语料的动词重叠具有全称量化功能。（2）第 4 章在普通话、广东话、会城话、梨市土话、长沙话、安仁话、清水话、扬州话、盐城话和个旧话这 10 个方言点中，由于体标记的不同，导致宾语受影响程度的差别，即"完全受影响"还是"部分受影响"。（3）第 7 章基于 6 大方言区 16 方言点语料的"偏称宾语处置式"。

从以上这 10 条语言共性或方言共性可以看出，有些语法现象相对来说在人类语言中是普遍地进入库藏的，有些语法现象则只在少数语言或方言中进入库藏。从库藏类型学的角度来看，各种语言或方言在库藏方面存在差异。库藏类型学的基本研究对象和任务之一，就是列出特定语种的语言库藏特别是语法手段库藏的清单以及跨语言的比较。本书探讨的语法现象或者说语法手段的库藏清单比较多，其中涉及跨语言或方言比较的比较重要的就有以上 10 条，还有一些不太重要的，或跨语言调查样本数量较少的，这里没有一一列出，详见各相关章节。

三　汉语研究的语言类型学眼光

世界的语言是千变万化的，但"万变不离其宗"，语言的变异是有一定的范围、受一定限制的。我们认为语言变异所受到的限制主要是语义功能方面的，从本书部分量的编码方式可以看出，虽然各种语言的具体编码方式不尽相同：有的语言用词汇手段，有的语言用形态手段，有的语言用句法手段，还有的语言可能是这三种手段同时存在，但其所表现的语义功能却是相同的。也就是说个性纵然多种多样，但个性背后所蕴藏的共性是相同的，这或许就是，个性是共性的具体反映，共性寓于个性之中。

以前的汉语研究大多是跟英语等少数大语种语言作比较，得出一些所谓汉语的特点，进而不断夸大汉语的个性特征，导致把原来属于语言共性的东西却看作是汉语的个性。近年来由于研究者的视野逐渐扩大，尤其是当代语言类型学的强劲崛起，世界范围内众多小语种语言也不断地得到认识和了解，一些以前认为是汉语特点的现象在这些语言中也有类似的表现。本书中所讨论的许多语言现象在国外语言也都有类似的体现，比如表示受事宾语是部分受影响的，在汉语中是通过偏称宾语把字句、动结式"V 完"和体标记等方式来表达，并且在国外 29 种语言中也都有所体现，当然不乏一些非常罕见的小语种，如车臣语、迪加普语、西高加索语等。再比如处所转换构式，汉语的"把+处所+V 满+受事"句式就跟世界不同地区的其他 29 种语言 WITH 句式的表义功能相同。

也就是说，某些看上去是汉语的特点，其实是语言共性在汉语里的具体反映。如果对世界语言不了解，就会把汉语的这一共性给抹杀掉，从而使我们无法真正了解汉语的个性特点。这正如王洪君（1994）所指出的"忽视或自动放弃对语言共性的研究使我们无法与西方人站在同一起跑线上，也使我们无法真正了解汉语的个性"。

因而以后的汉语研究，只有把汉语置于世界语言变异的范围内来考察，把汉语纳入人类语言的大背景中来研究，才能既照顾到语言的共性又考察到汉语的特点，才能对汉语有更深刻的了解，进而才能不断提升汉语研究的理论价值，为普通语言学做出汉语应有的贡献。本书就在这方面作了一次尝试，把汉语置于世界众多语言之中来考察，进而发掘出汉语跟世界其他语言之间存在着一些功能共性。也就是说，要想对汉语有较为深刻的认识和研究，不能老用以前的"印欧语眼光"，而要采用一个广阔的"语言类型学眼光"。这正如沈家煊（2009）反复强调的，我们的汉语研究不仅要有传统的印欧语眼光，还要有美洲印第安语的眼光、非洲语言的眼光，甚至国内少数民族语言的眼光。因为我们只有对更多语言实际情况进行了解，才能更有把握地说出哪些是人类语言的普遍共性，哪些是汉语的个性特点。今天有很多汉语研究者同意将汉语置于世界语言的变异范围内来考察，这就是眼光和观念的更新。

本书就是把汉语置于世界语言变异的范围内来考察的，直接引用涉及部分量语料的世界语言就达 15 个语系 74 种，汉藏语系及其包含的诸多民族语言不算。表 12-1 未包括孤岛语的巴斯克语、加利福那语，以及语系不明的鲍尔语、玛雅利语这 4 种语言。表中语系、语言对应的外文，详见"语言索引"。

表 12-1　　　　　15 大语系 70 种国外语言语系汇总表

语系	语言数量	具体语言
印欧语系	23	法语、意大利语、西班牙语、英语、德语、古德语、挪威语、荷兰语、瑞典语、丹麦语、冰岛语、俄语、捷克语、波兰语、保加利亚语、塞尔维亚-克罗地亚语、拉丁语、拉脱维亚语、现代希腊语、印地语、波斯语、孟加拉语、西亚美尼亚语
南岛语系	10	汤加语、杜顺语、查莫洛语、博伯语、纳卡奈语、帕米语斯、萨摩亚语、马尔加什语、莫基利斯语、里阿语
阿尔泰语系	9	土耳其语、鄂温克语、撒拉语、哈萨克语、日语、韩语、维吾尔语、乌兹别克语、卡拉恰伊-巴尔卡尔语
高加索语系	6	格鲁吉亚语、卡巴尔达语、车臣语、阿迪格语、西高加索语、东北高加索语
乌拉尔语系	4	芬兰语、匈牙利语、爱沙尼亚语、古芬兰语
尼日尔-刚果语系	4	切其旺语、伊博语、加语、沃洛夫语
亚-非语系	4	希伯来语、阿拉伯语、阿姆哈拉语、柏柏尔语
澳洲语系	2	沃皮利语、迪加普语
霍卡语系	2	波莫语、卡罗克语
达罗毗荼语系	1	卡纳达语
楚克奇-堪查加语系	1	楚克奇语

续表

语系	语言数量	具体语言
马来-波利尼西亚语系	1	特鲁克斯语
阿拉瓦克语系	1	塔里亚娜语
爱斯基摩-阿留申语系	1	爱斯基摩语
犹他-阿兹特克语系	1	皮马语

　　在语言类型学研究方面，应该说中国是具有得天独厚的优势的，因为中国拥有丰富的语言资源，这主要体现在三个方面。一是汉语有北方方言、吴方言、闽方言、粤方言、湘方言、赣方言、客家方言七大方言区，而每个方言区内部的方言点方言之间也存在着很大的差异，这样算起来汉语有明显差异的方言点方言就应该有好几百种，甚至上千种之多，因而方言类型学研究前景极为广阔。二是中国境内拥有汉藏语系、阿尔泰语系、南岛语系、南亚语系和印欧语系等五大语系共计 120 多种民族语言。三是中国拥有几千年的文献记录历史，在古代汉语方面拥有极为丰富的语言资料。此外，语言类型学强调从跨语言事实的角度进行调查，从具体语言材料中总结出规律，这更加符合中国人强调用事实说话的实证精神和思维习惯。由此可见，语言类型学在中国具有极为广阔的发展空间和极大的发展潜力。

　　本书语言类型学研究的特点就是，以部分量的编码方式为考察对象，充分发挥中国丰富的语言资源优势，对现代汉语普通话、古代汉语、汉语方言、中国境内的民族语言、国外语言进行全面的调查。当然各章节所做研究由于受到课题本身的限制，做跨语言调查时在语料的均衡性方面受到一定的限制：有的语言现象是国内外语言中都有的，比如完全/部分受影响和处所转换构式；而有的语言现象则是汉语所特有的，比如闽方言动词重叠的全称量化功能、偏称宾语处置式等；还有的语言现象则是国外语言所特有的，比如标记宾语部分受影响的部分格。或者也可以说，这些现象在各种语言或方言中的库藏（inventory）能力是有差异的：有的现象已经入库，成为该语言或方言的显赫范畴；有的现象还没有入库，在该语言或方言中根本没有体现。

　　本书所做的语言类型学研究，跟 Comrie（1989）比较一致，主要是做句法—语义方面的共性。虽然各章节所讨论的语法现象多种多样，但是有一条能够驾驭各章节所讨论语法现象的简明、扼要的中心线索贯穿始终，那就是部分量的编码方式。也就是说我们的研究是从语义出发，探讨部分量的句法编码方式，而不是从意义到意义，因为没有句法体现形式的语义研究是毫无意义的。我们各章节都尽量做到意义与形式相结合，在讨论某一语法现象时都随文附上例句，在具体例句分析中阐述我们的观点。其实意义与形式相结合，从语言类型学的名称"语言共性与语言类型学"上也可以看出：语言共性主要是语义上的，语言类型则主要是形式上的，那么语言类型学的名称正好体现了意义与形式的相结合。此外，从本书多达 300 种语言或方言的近 1000 条例句也可以看出我们这一研究取向，当然这与当代语言类型学强调以事实材料说话的实证精神是完全一致的。

以语言类型学的眼光加强汉语的语言共性研究，已经成为时代赋予我们的新的历史使命。因为对语言共性的探索，早已成为国际语言学界一个不可逆转的潮流。在当代，任何一个流派，任何一个国家，如果想在国际语言学界处于某种领先地位，提出一个关于语言共性规律的理论看来已经是必备的前提（程工，1999：110）。此外，沈家煊（2007）在为世界图书出版公司《西方语言学视野》影印系列图书所写的"总序"中，更是语重心长地指出：单就关注的语言而言，我们的视野还不够开阔，对世界上各种各样其他民族的语言是个什么状况，有什么特点，关心不够，了解得更少，这肯定不利于我们探究人类语言的普遍性规律。

参考文献

白碧波：《撒都语研究》，民族出版社 2012 年版。

白宛如：《广州方言词典》，江苏教育出版社 1998 年版。

蔡华祥：《盐城方言动态助词及相关语法手段研究》，博士学位论文，苏州大学，2008 年。

蔡建华：《广州话副词"都"浅议》，载詹伯慧主编《第五届国际粤方言研讨会论文集》，暨南大学出版社 1997 年版。

蔡维天：《谈"有人""有的人"和"有些人"》，《汉语学报》2004 年第 2 期。

曹逢甫：《再论话题和主语结构》，载戴浩一、薛凤生主编《功能主义与汉语语法》，北京语言学院出版社 1994 年版。

曹凯：《壮语方言体标记研究》，博士学位论文，中央民族大学，2012 年。

曹茜蕾：《汉语方言的处置标记的类型》，《语言学论丛》第 36 辑，商务印书馆 2007 年版。

曹秀玲：《现代汉语量限研究》，延边大学出版社 2005 年版。

曹秀玲：《量限与汉语数量名结构的语法表现》，《语法研究和探索》（十三），商务印书馆 2006 年版。

曹志耘：《金华汤溪方言的动词谓语句》，载李如龙、张双庆主编《动词谓语句》，暨南大学出版社 1997 年版。

曹志耘：《汉语方言地图集·语法卷》，商务印书馆 2008 年版。

常俊之：《元江苦聪语参考语法》，博士学位论文，中央民族大学，2009 年。

陈昌来：《现代汉语语义平面问题研究》，学林出版社 2003 年版。

陈垂民：《闽南话的动词重叠》，载詹伯慧主编《第四届国际闽方言研讨会论文集》，汕头大学出版社 1996 年版。

陈建民：《海丰话里的"了""料""咯"》，载胡明扬主编《汉语方言体貌论文集》，江苏教育出版社 1996 年版。

陈丽冰：《福建宁德方言单音节动词重叠式》，《宁德师专学报》1998 年第 4 期。

陈满华：《安仁方言的结构助词和动态助词》，载胡明扬主编《汉语方言体貌论文集》，江苏教育出版社 1996 年版。

陈曼君：《惠安闽南方言动词谓语句研究》，中国社会科学出版社 2013 年版。

陈鹏飞：《林州方言"了"的语音变体及其语义分工》，《南开语言学刊》2005 年第 1 期。

陈平：《释汉语中与名词性成分相关的四组概念》，《中国语文》1987 年第 2 期。

陈平：《论现代汉语时间系统的三元结构》，《中国语文》1988 年第 6 期。

陈前瑞：《汉语体貌研究的类型学视野》，商务印书馆 2008 年版。

陈青山、施其生：《湖南汨罗方言的体貌助词"开"》，《方言》2015 年第 4 期。

陈荣岚、李熙泰编著：《厦门方言》（第 2 版），鹭江出版社 1999 年版。

陈晓云：《阳新方言被动句研究》，硕士学位论文，华中师范大学，2007 年。

陈怡蓉：《哈尼语垤玛话话题句研究》，硕士学位论文，云南师范大学，2017 年。

陈云龙：《粤西濒危方言马兰话研究》，暨南大学出版社 2012 年版。

陈泽平：《福州方言研究》，福建人民出版社 1998 年版。

程工：《语言共性论》，上海外语教育出版社 1999 年版。

储泽祥：《"满+N"与"全+N"》，《中国语文》1996 年第 6 期。

储泽祥：《赣语岳西话表被动的"让"字句》，载邢福义主编《汉语被动表述问题研究新拓展》，华中师范大学出版社 2006 年版。

储泽祥：《汉语施事宾语句与 SVO 型语言施事、受事的区分参项》，《民族语文》2010 年第 6 期。

褚俊海：《桂南平话与白话的介词研究》，硕士学位论文，广西大学，2007 年。

崔佳山：《近代汉语中的"VVA"和"V-VA"》，《语言研究》2003 年第 4 期。

戴浩一：《以认知为基础的汉语功能语法刍议》，叶蜚声译，《国外语言学》1990 年第 4 期。

戴浩一：《概念结构与非自主性语法：汉语语法概念系统初探》，《当代语言学》2002 年第 1 期。

戴庆厦：《景颇语参考语法》，中国社会科学出版社 2012 年版。

戴庆厦、田静：《仙仁土家语研究》，中央民族大学出版社 2005 年版。

戴庆厦、傅爱兰：《从语言系统看景颇语动词的重叠》，载汪国胜、谢晓明主编《汉语重叠问题》，华中师范大学出版社 2009 年版。

戴庆厦、朱艳华：《景颇语的重叠及其调量功能》，载徐丹主编《量与复数的研究——中国境内语言的跨时空考察》，商务印书馆 2010 年版。

戴耀晶《现代汉语时体系统研究》，浙江教育出版社 1997 年版。

邓思颖：《汉语方言语法的参数理论》，北京大学出版社 2003 年版。

邓思颖《粤语述语助词"嘅"的一些特点》，载詹伯慧主编《第八届国际粤方言研讨会论文集》，中国社会科学出版社 2004 年版。

丁邦新：《从历史层次论吴闽关系》，《方言》2006 年第 1 期。

董秀芳：《"都"的指向目标及相关问题》，《中国语文》2002 年第 6 期。

董秀芳：《无标记焦点和有标记焦点的确定原则》，《汉语学习》2003 年第 2 期。

董秀芳：《整体与部分关系在汉语词汇系统中的表现及在汉语句法中的凸显性》，《世界汉语教学》2009 年第 4 期。

董正存：《汉语量限表达研究》，博士学位论文，南开大学，2010 年。

段益民：《略论长沙方言中的"咖""哒""咖哒"和"咖……哒"》，《广东职业技术师范学院学报》2000 年第 2 期。

范晓：《吴语"V 脱"中的"脱"》，《吴语论丛》，上海教育出版社 1988 年版。

范晓、胡裕树：《有关语法研究三个平面的几个问题》，《中国语文》1992 年第 4 期。

范新干：《湖北通山方言的"把得"被动句》，载邢福义主编《汉语被动表述问题研究新拓展》，华中师范大学出版社 2006 年版。

菲尔墨：《"格"辩》，胡明扬译，商务印书馆 2002 年版。

冯桂华、曹保平：《赣语都昌方言研究》，西南交通大学出版社 2012 年版。

傅爱兰：《普米语动词的语法范畴》，中国文史出版社 1998 年版。

甘于恩：《粤方言变调完成体问题的探讨》，《暨南学报》2012 年第 7 期。

甘于恩、吴芳：《广东四邑方言的"减"字句》，《中国语文》2005 年第 2 期。

高小平：《留学生"把"字句习得过程考察分析及其对教学的启示》，硕士学位论文，北京大学，1999 年。

龚群虎：《扎巴语研究》，民族出版社 2007 年版。

顾阳、巫达：《从景颇语和彝语的量词短语看名词短语的指涉特征》，载李锦芳主编《汉藏语系量词研究》，中央民族大学出版社 2005 年版。

郭必之：《原始粤语完整体的构拟》，第 17 届国际粤方言研讨会论文，2012 年。

郭必之、李宝伦：《粤方言三个全称量化词的来源和语法化》，载吴福祥、汪国胜主编《语法化与语法研究》（七），商务印书馆 2012 年版。

郭继懋：《领主属宾句》，《中国语文》1990 年第 1 期。

郭校珍：《山西晋语语法专题研究》，华东师范大学出版社 2008 年版。

韩景泉：《领有名词提升移位与格理论》，《现代外语》2000 年第 3 期。

何洪峰：《试论汉语被动标记产生的语法动因》，《语言研究》2004 年第 4 期。

何洪峰、程明安：《黄冈方言的"把"字句》，《语言研究》1996 年第 2 期。

何宏华：《汉语量词辖域与逻辑式》，语文出版社 2007 年版。

何杰：《现代汉语量词研究》，民族出版社 2000 年版。

胡德明：《安徽芜湖清水话中对象完成体标记"得"》，《方言》2008 年第 4 期。

胡光斌：《遵义方言语法研究》，巴蜀书社 2010 年版。

胡建华：《现代汉语不及物动词的论元和宾语》，《中国语文》2008 年第 5 期。

胡利华：《蒙城方言研究》，合肥工业大学出版社 2011 年版。

胡素华：《彝语动词的体貌范畴》，《民族语文》2001 年第 4 期。

胡裕树、范晓：《试论语法研究的三个平面》，《新疆师范大学学报》1985 年第 2 期。

胡云晚：《湘西南洞口老湘语虚词研究》，江西人民出版社 2010 年版。

皇甫亿：《常熟话体范畴研究》，硕士学位论文，复旦大学，2011 年。

黄伯荣主编：《汉语方言语法类编》，青岛出版社 1996 年版。

黄布凡、周发成：《羌语研究》，四川人民出版社 2006 年版。

黄健秦：《汉语空间量表达研究》，博士学位论文，上海师范大学，2013 年。

黄阳：《南宁粤语多功能语素"晒"体貌标记功能的发展》，第 17 届国际粤方言研讨会暨海外汉语方言专题讨论会论文，2012 年。

黄阳：《也谈南宁粤语的助词"晒"》，第二届语言类型学国际学术研讨会暨中国社会科学院社会科学论坛论文，2015 年。

黄映琼：《梅县方言语法研究》，硕士学位论文，西南大学，2006 年。

黄瓒辉：《"都"和"总"事件量化功能的异同》，《中国语文》2013年第3期。

惠红军：《量范畴的类型学研究——以贵州境内的语言为对象》，科学出版社2015年版。

江荻：《义都语研究》，民族出版社2005年版。

蒋光友：《基诺语参考语法》，中国社会科学出版社2010年版。

蒋绍愚：《近代汉语研究概论》，北京大学出版社2005年版。

金立鑫：《语言类型学——当代语言学中的一门显学》，《外国语》2006年第5期。

康忠德：《居都仡佬语参考语法》，博士学位论文，中央民族大学，2009年。

科姆里：《语言共性与语言类型》，沈家煊译，华夏出版社1989年版。

兰宾汉：《西安方言语法调查研究》，中华书局2011年版。

黎锦熙：《新著国语文法》，商务印书馆1924年版。

李宝伦：《广东话量化词缀的语义解释》，载汪国胜主编《汉语方言语法研究》，华中师范大学出版社2007年版。

李春风：《邦多拉祜语参考语法》，博士学位论文，中央民族大学，2012年。

李大勤：《格曼语研究》，民族出版社2002年版。

李冬香、徐红梅：《韶关梨市土话研究》，暨南大学出版社2014年版。

李慧敏：《消失性结果准完成体标记——会城话准完成体标记"减"与相关标记的比较研究》，硕士学位论文，暨南大学，2014年。

李洁：《汉藏语系语言被动句研究》，民族出版社2008年版。

李金涛：《波兰语语法》，外语教学与研究出版社1996年版。

李锦芳主编：《汉藏语系量词研究》，中央民族大学出版社2005年版。

李景红：《拉祜语话题结构研究》，硕士学位论文，云南民族大学，2011年。

李玲：《论哈萨克语宾语的句法转移现象》，《语言与翻译》2009年第4期。

李善熙：《汉语主观量的表达研究》，博士学位论文，中国社会科学院语言研究所，2003年。

李思旭：《全称量化和部分量化的类型学研究》，《外国语》2010年第4期。

李思旭：《"有界""无界"与补语"完"的有界化作用》，《汉语学习》2011年第5期。

李思旭：《偏称宾语被动句的类型学考察》，《东方语言学》2011 年总第 10 期。

李思旭：《"完全受影响"和"部分受影响"编码方式的类型学研究》，《外国语》2012 年第 4 期。

李思旭：《完成体助词量化功能差异的跨方言考察》，《南方语言学》2013 年总第 5 期。

李思旭：《从语言类型学看三个平面的互动研究》，《汉语学习》2014 年第 2 期。

李思旭：《补语全称量化功能的类型学研究》，《粤语研究》（澳门）2014 年总第 15 期。

李思旭：《"论元分裂式话题句"的跨方言共性与差异》，《吴语研究》2014 年第 7 辑。

李思旭：《"部分格"的语言类型学研究》，《外国语》2015 年第 1 期。

李思旭：《汉语完成体的认知功能研究》，中国社会科学出版社 2015 年版。

李思旭：《偏称宾语处置式的类型学考察》，《东方语言学》2015 年总第 15 期。

李思旭：《三种特殊全称量化结构的类型学考察》，《国际汉语学报》2016 年第 2 期。

李思旭：《偏称宾语处置式的句法地位》，载汪国胜、苏俊波主编《官话方言的多维研究》，华中师范大学出版社 2017 年版。

李思旭：《动词重叠全称量化功能的类型学考察》，载刘丹青、陆丙甫主编《语言类型学集刊》第 1 辑，世界图书出版公司 2018 年版。

李思旭：《处所转换构式的语言类型学研究》，《外国语》2019 年第 1 期。

李思旭：《从"整体—部分"分裂移位看"部分格"的实质》，《中国语文法研究》（日本）2019 年总第 8 期。

李如龙：《泉州方言的动词谓语句》，载李如龙、张双庆主编《动词谓语句》，暨南大学出版社 1997 年版。

李如龙：《汉语方言的比较研究》，商务印书馆 2001 年版。

李霞：《比工仡佬语参考语法》，博士毕业论文，中央民族大学，2009 年。

李霞、李锦芳：《居都仡佬语量词与汉语量词对比分析》，载李锦芳主编《汉藏语系量词研究》，中央民族大学出版社 2005 年版。

李向农、周国光、孔令达：《2—5 岁儿童运用"把"字句情况的初步考察》，《语文研究》1990 年第 4 期。

李小华：《闽西永定客家方言虚词研究》，华南理工大学出版社 2014

年版。

李毅：《纳西语话题句研究》，硕士学位论文，云南师范大学，2015 年。

李宇明：《汉语量范畴研究》，华中师范大学出版社 2000 年版。

李裕德：《整体—数量宾语把字句》，《汉语学习》1991 年第 2 期。

李云兵：《苗瑶语量词的类型学特征》，载李锦芳主编《汉藏语系量词研究》，中央民族大学出版社 2005 年版。

李泽然：《哈尼语动词的体和貌》，《语言研究》2004 年第 2 期。

李占娘：《出现式与消失式动词的存在句》，《语文研究》1987 年第 3 期。

力提甫·托乎提：《现代维吾尔语参考语法》，中国社会科学出版社 2012 年版。

梁敢：《武鸣罗波壮语 ʔdiːi¹ 被动句的形成及其句法特征》，《中央民族大学学报》2013 年第 1 期。

梁忠东：《玉林话"把"字句表达式的特点分析》，载汪国胜主编《汉语方言语法研究》，华中师范大学出版社 2007 年版。

林华东：《泉州方言研究》，厦门大学出版社 2008 年版。

林华勇、李雅伦：《贵港粤语"开"的多功能性及其来源》，第七届汉语语法化问题国际研讨会论文，2013 年。

林立芳：《梅县方言动词的体》，载张双庆主编《动词的体》，香港中文大学吴多泰中国语文研究中心，1996 年。

林立芳：《梅县方言的动词谓语句》，载李如龙、张双庆主编《动词谓语句》，暨南大学出版社 1997 年版。

林连通：《福建永春方言的述补式》，《中国语文》1995 年第 6 期。

林素娥：《湘语与吴语语序类型比较研究》，博士学位论文，复旦大学，2006 年。

林素娥：《新加坡华语的句法特征及成因》，载陈晓锦、张双庆主编《首届海外汉语方言研讨会论文集》，暨南大学出版社 2009 年版。

刘春卉：《河南确山方言两个处置标记"掌"与"叫"的语法化机制考察》，《汉语史研究集刊》（十一），巴蜀书社 2008 年版。

刘丹青：《苏州方言的动词谓语句》，载李如龙、张双庆主编《动词谓语句》，暨南大学出版社 1997 年版。

刘丹青：《论元分裂式话题结构初探》，载《语言研究再认识——庆祝张斌先生从教 50 周年暨 80 华诞》，上海教育出版社 2001 年版。

刘丹青：《语序类型学与介词理论》，商务印书馆 2003 年版。

刘丹青：《方所题元的若干类型学参项》，载徐杰主编《汉语研究的类型学视野》，北京语言大学出版社 2005 年版。

刘丹青：《语言类型学与汉语研究》，载刘丹青主编《语言学前沿与汉语研究》，上海教育出版社 2005 年版。

刘丹青：《语法调查研究手册》，上海教育出版社 2008 年版。

刘丹青：《语言库藏类型学构想》，《当代语言学》2011 年第 4 期。

刘丹青：《汉语若干显赫范畴：语言库藏类型学视角》，《世界汉语教学》2012 年第 3 期。

刘丹青：《显赫范畴的典型范例普米语的趋向范畴》，《民族语文》2013 年第 3 期。

刘丹青、段业辉：《论"有的"及其语用功能》，《信阳师范学院学报》1989 年第 2 期。

刘辉明：《赣语乐安（湖溪）话的完成体》，《广西广播电视大学学报》2007 年第 4 期。

刘力坚：《语言接触中的连山壮语量词》，载李锦芳主编《汉藏语系量词研究》，中央民族大学出版社 2005 年版。

刘纶鑫主编：《客赣方言比较研究》，中国社会科学出版社 1999 年版。

刘纶鑫：《江西客家方言概况》，江西人民出版社 2001 年版。

刘纶鑫：《芦溪方言研究》，中国社会科学出版社 2008 年版。

刘探宙：《一元非作格动词带宾语现象》，《中国语文》2009 年第 2 期。

刘勋宁：《关于动词"了"的弱化形式/-lou/》，《中国语言学报》1983 年第 1 期。

刘勋宁：《现代汉语词尾"了"的语法意义》，《中国语文》1988 年第 5 期。

刘月华、潘文娱：《实用现代汉语语法》，商务印书馆 2006 年版。

卢小群：《湘语语法研究》，中央民族大学出版社 2007 年版。

鲁曼、陈姻：《时制，时态和情态条件触发的作格—分裂现象探讨》，《湖南大学学报》2009 年第 5 期。

陆丙甫：《加强共性研究更是当务之急》，《汉字文化》1990 年第 1 期。

陆丙甫：《核心推导语法》，上海教育出版社 1993 年版。

陆丙甫：《从语义、语用看语法形式的实质》，《中国语文》1998 年第 5 期。

陆丙甫：《从宾语标记的分布看语言类型学的功能分析》，《当代语言学》2001 年第 4 期。

陆丙甫：《作为一条语言共性的"距离—标记对应律"》，《中国语文》2004 年第 1 期。

陆丙甫：《语序优势的认知解释：论可别度对语序的普遍影响》，《当代语言学》2005 年第 1、2 期。

陆丙甫：《论"整体—部分、多量—少量"优势顺序的普遍性》，《外国语》2012 年第 4 期。

陆俭明：《语言学前沿与汉语研究》"序言"，上海教育出版社 2005 年版。

陆俭明、沈阳：《汉语和汉语研究十五讲》，北京大学出版社 2005 年版。

路伟：《云南个旧方言谓词的体范畴》，《中国语文》2006 年第 1 期。

罗安源：《松桃苗语描写语法学》，中央民族大学出版社 2005 年版。

罗荣华：《古代汉语主观量表达研究》，中国社会科学出版社 2012 年版。

吕叔湘：《中国文法要略》，商务印书馆 1942 年版。

吕叔湘：《把字用法的研究》，《汉语语法论文集》（增订本），商务印书馆 1948 年版。

吕叔湘：《被字句、把字句动词带宾语》，《中国语文》1965 年第 4 期。

吕叔湘主编：《现代汉语八百词》（增订本），商务印书馆 1999 年版。

马重奇：《漳州方言重叠式动词研究》，《语言研究》1995 年第 1 期。

马重奇：《闽台方言的源流和嬗变》，福建人民出版社 2002 年版。

马伟：《撒拉语形态研究》，中国社会科学出版社 2015 年版。

马希文：《关于动词"了"的弱化形式/-lou/》，《中国语言学报》1983 年第 1 期。

马真：《"把"字句补议》，载陆俭明、马真《现代汉语虚词散论》，语文出版社 1999 年版。

麦涛：《汉语"全"的双重句法地位与浮游量化》，《现代外语》2015 年第 5 期。

孟玉珍：《湖南黔阳方言被动句式研究》，硕士学位论文，湖南师范大学，2006 年。

欧阳伟豪：《也谈"晒"的量化表现特征》，《方言》1988 年第 2 期。

潘海华：《焦点、三分结构与汉语"都"的语义解释》，《语法研究与探索》（十三），商务印书馆 2006 年版。

潘海华、韩景泉：《汉语保留宾语结构的句法生成机制》，《中国语文》2008 年第 6 期。

潘秋平：《上古汉语与格句式研究》，商务印书馆 2015 年版。

潘悟云：《温州方言的动词谓语句》，载李如龙、张双庆主编《动词谓语句》，暨南大学出版社 1997 年版。

彭小川：《广州话助词研究》，暨南大学出版社 2010 年版。

彭小川、赵敏：《广州话"晒"与普通话相关成分的比较研究》，载邵敬敏、陆镜光主编《汉语语法研究的新拓展》（二），浙江教育出版社 2005

年版。

　　钱乃荣：《现代汉语的反复体》，《语言教学与研究》2000 年第 4 期。

　　钱文彩：《汉德语言实用对比研究》，外语教学与研究出版社 2006 年版。

　　桥本万太郎：《语言地理类型学》，余志鸿译，世界图书出版公司 2008 年版。

　　郐远春：《成都客家话研究》，中国社会科学出版社 2012 年版。

　　覃东生：《宾阳话语法研究》，硕士学位论文，广西大学，2007 年。

　　覃凤余、黄阳、马文妍：《柳江壮语数范畴的两个语法形式》，《南方语言学》2010 年第 2 辑。

　　覃凤余、田春来：《也谈"着"使役义的来源》，载任宏志、王学慧主编《双语学研究》，民族出版社 2013 年版。

　　邱锡凤：《上杭客家话研究》，硕士学位论文，福建师范大学，2007 年。

　　任燕平：《吉安方言动词的完成体和已然体》，《井冈山师范学院学报》2005 年第 1 期。

　　任鹰：《现代汉语非受事宾语句研究》，社会科学文献出版社 2005 年版。

　　阮桂君：《宁波方言语法研究》，华中师范大学出版社 2010 年版。

　　萨皮尔：《语言论》，陆卓元译，商务印书馆 1980 年版。

　　尚新：《英汉体范畴对比研究——语法体的内部对立与中立化》，上海人民出版社 2007 年版。

　　沈家煊：《"语法化"研究综观》，《外语教学与研究》1994 年第 4 期。

　　沈家煊：《不对称和标记论》，江西教育出版社 1999 年版。

　　沈家煊：《如何处置"处置式"——论把字句的主观性》，《中国语文》2002 年第 5 期。

　　沈家煊：《语法研究的目标——预测还是解释》，《中国语文》2004 年第 4 期。

　　沈家煊：《"王冕死了父亲"的生成方式——兼说汉语"糅合"造句》，《中国语文》2006 年第 5 期。

　　沈家煊：《语言类型学眼光》，《语言文字应用》2009 年第 3 期。

　　沈家煊：《词类问题——语言的共性和汉语的特点》，上海师范大学学术报告，2009 年。

　　沈家煊：《走出"都"的量化迷途：向右不向左》，《中国语文》2015 年第 1 期。

　　沈阳：《汉语句法结构中名词短语部分成分移位现象初探》，《语言教学与研究》1996 年第 1 期。

　　沈园：《句法—语义界面研究》，上海教育出版社 2007 年版。

施其生：《汉语方言中词组的"形态"》，《语言研究》2011年第1期。

时建：《梁河阿昌语参考语法》，中国社会科学出版社2009年版。

石汝杰：《高淳方言的动词谓语句》，载李如龙、张双庆主编《动词谓语句》，暨南大学出版社1997年版。

石毓智：《肯定和否定的对称与不对称》，台湾学生书局1992年版。

石毓智：《语法的认知语义基础》，江西教育出版社2000年版。

石毓智：《语言学假设中的证据问题——论"王冕死了父亲"之类句子产生的历史条件》，《语言科学》2007年第4期。

石毓智、刘春卉：《汉语方言处置式的代词回指现象及其历史来源》，《语文研究》2008年第3期。

施其生：《汕头方言的"了"及其语源关系》，《语文研究》1995年第3期。

施其生：《汕头方言的动词谓语句》，载李如龙、张双庆主编《动词谓语句》，暨南大学出版社1997年版。

孙宏开、胡增益、黄行：《中国的语言》，商务印书馆2007年版。

孙立新：《户县方言的把字句》，《语言科学》2003年第6期。

孙立新：《户县方言的"给"字句》，《南开语言学刊》2007年第1期。

孙立新：《关中方言语法研究》，中国社会科学出版社2013年版。

唐钰明：《唐至清的"被"字句》，《中国语文》1988年第6期。

万波：《安义方言的动词谓语句》，载李如龙、张双庆主编《动词谓语句》，暨南大学出版社1997年版。

王春玲：《西充方言语法研究》，中华书局2011年版。

王丹荣：《襄樊方言被动句和处置句探析》，《孝感学院学报》2006年第5期。

王东：《河南罗山方言研究》，中国社会科学出版社2010年版。

王洪君：《汉语的特点与语言的普遍性》，载《缀玉二集》，北京大学出版社1994年版。

王洪君：《汉语非线性音系学》（增订版），北京大学出版社2008年版。

王洪钟：《海门方言动词的体》，《阅江学刊》2009年第2期。

王还：《"把"字句和"被"字句》，新知识出版社1958年版。

王惠：《从及物性系统看现代汉语句式》，《语言学论丛》第19辑，商务印书馆1992年版。

王健：《苏皖区域方言语法比较研究》，商务印书馆2014年版。

王立弟：《论元结构新论》，外语教学与研究出版社2003年版。

王丽：《福建仙游方言的"了""嘞""咯"》，载卢小群、李蓝主编《汉语方言时体新探索》，中央民族大学出版社 2014 年版。

　　韦景云、何霜、罗永现：《燕齐壮语参考语法》，中国社会科学出版社 2011 年版。

　　韦茂繁：《下坳壮语参考语法》，博士学位论文，上海师范大学，2012 年。

　　文炼：《句子的理解策略》，《中国语文》1992 年第 4 期。

　　吴福祥：《敦煌变文语法研究》，岳麓书社 1996 年版。

　　吴福祥：《〈朱子语类集略〉语法研究》，河南大学出版社 2004 年版。

　　吴福祥：《关于语言接触引发的演变》，《民族语文》201 年第 2 期。

　　吴平、莫愁：《"都"语义与语用解释》，《世界汉语教学》2016 年第 1 期。

　　吴云霞：《万荣方言语法研究》，博士学位论文，厦门大学，2002 年。

　　伍云姬主编：《湖南方言的介词》（修订本），湖南师范大学出版社 2009 年版。

　　项梦冰：《连城方言的动词谓语句》，载李如龙、张双庆主编，《动词谓语句》，暨南大学出版社 1997 年版。

　　向柠：《湖南武冈方言被动句式研究》，硕士学位论文，湖南师范大学，2005 年。

　　肖萍、郑晓芳：《鄞州方言研究》，浙江师范大学出版社 2014 年版。

　　信德麟：《斯拉夫语通论》，外语教学与研究出版社 1991 年版。

　　熊赐新：《黎平方言的"嘎"和"了"》，第七届官话方言国际学术研讨会论文，2013 年。

　　熊学亮、王志军：《被动句认知解读一二》，《外语教学与研究》2003 年第 3 期。

　　熊仲儒：《现代汉语中的致使句式》，安徽大学出版社 2004 年版。

　　徐丹主编：《量与复数的研究——中国境内语言的跨时空考察》，商务印书馆 2010 年版。

　　徐杰：《两种保留宾语句式及相关句法理论问题》，《当代语言学》1999 年第 1 期。

　　徐杰：《普遍语法原则与汉语语法现象》，北京大学出版社 2001 年版。

　　徐烈炯：《汉语是不是话题概念结构化语言?》，《中国语文》2002 年第 5 期。

　　徐烈炯：《上海话"侪"与普通话"都"的异同》，《方言》2007 年第 2 期。

　　徐烈炯：《"都"是全称量词吗?》，《中国语文》2014 年第 6 期。

　　徐烈炯、刘丹青：《话题的结构与功能》，上海教育出版社 1998 年版。

许鲜明、白碧波：《山苏彝语研究》，中国社会科学出版社 2013 年版。

颜峰、徐丽：《山东郯城方言的叫字句及相关句式》，《语言科学》2005 年第 4 期。

颜耀良：《粤语动态助词"咗"、语气词"嘞"与普通话"了$_1$"、"了$_2$"之异同》，载汤翠兰主编《第十五届国际粤方言研讨会论文集》，2012 年。

杨成凯：《Fillmore 的格语法理论》，《国外语言学》1986 年第 1、2、3 期。

杨稼辉、伍雅清：《谓语动词事件变量的允准研究》，《语言科学》2018 年第 4 期。

杨素英、黄月圆、曹秀玲：《现代汉语数量表达问题研究》，《语言文字应用》2004 年第 2 期。

叶斯柏森：《语法哲学》，何勇、夏宁生等译，语文出版社 1988 年版。

殷相印：《微山方言语法研究》，博士学位论文，南京师范大学，2006 年。

银莎格：《银村仫佬语参考语法》，中国社会科学出版社 2014 年版。

余金枝：《湘西苗语被动句研究》，《中央民族大学学报》2009 年第 1 期。

俞理明、吕建军：《"王冕死了父亲"句的历史考察》，《中国语文》2011 年第 1 期。

袁毓林：《话题化及相关的语法过程》，《中国语文》1996 年第 4 期。

袁毓林：《走向多层面互动的汉语研究》，《语言科学》2003 年第 6 期。

袁毓林：《容器隐喻、套件隐喻及相关的语法现象》，《中国语文》2004 年第 3 期。

袁毓林：《"都"的加合性语义功能及其分配性效应》，《当代语言学》2005 年第 4 期。

张宝树：《法语动词的时、体、式》，商务印书馆 2007 年版。

张伯江：《论"把"字句的句式语义》，《语言研究》2000 年第 1 期。

张伯江：《被字句与把字句的对称与不对称》，《中国语文》2001 年第 6 期。

张伯江：《汉语句式的跨语言观——"把"字句与逆被动态关系商榷》，《语言科学》2014 年第 6 期。

张赪：《汉语介词词组词序的历史演变》，北京语言文化大学出版社 2002 年版。

张济卿：《有关"把"字句的若干验证与探索》，《语文研究》2000 年第 1 期。

张蕾：《全称量化副词"净"的语义及使用限制》，《世界汉语教学》2015 年第 3 期。

张蕾、李宝伦、潘海华：《普通话"所有"的语义探索》，《世界汉语教学》2009 年第 4 期。

张蕾、潘海华、李宝伦：《普通话"全"的语义探索》，《语法研究与探索》（十五），商务印书馆 2010 年版。

张黎：《汉语意合语法研究》，白帝社 2012 年版。

张黎：《汉语意合语法学导论》，北京语言大学出版社 2017 年版。

张美兰：《〈祖唐集〉语法研究》，商务印书馆 2003 年版。

张敏：《认知语言学与汉语名词短语》，中国社会科学出版社 1998 年版。

张其昀：《扬州方言"消极"性完成体标记"得"》，《中国语文》2005 年第 5 期。

张双庆：《香港粤语动词的体》，载张双庆主编《动词的体》，香港中文大学吴多泰中国语文研究中心 1996 年版。

张双庆：《香港粤语的动词谓语句》，载李如龙、张双庆主编《动词谓语句》，暨南大学出版社 1997 年版。

张桃：《宁化客家话方言语法研究》，博士学位论文，厦门大学，2004 年。

张旺熹主编：《汉语句法结构隐性量研究》，北京语言大学出版社 2005 年版。

张谊生：《范围副词"都"的选择限制》，《中国语文》2003 年第 5 期。

赵国军：《现代汉语变量表达研究》，博士学位论文，华东师范大学，2008 年。

赵淑华、刘社会、胡翔：《单句句型统计与分析》，《语言教学与研究》1997 年第 2 期。

赵相如、朱志宁：《维吾尔语简志》，民族出版社 1985 年版。

赵燕珍、李云兵：《论白语的话题结构与基本语序类型》，《民族语文》2005 年第 6 期。

赵元任：《汉语口语语法》，商务印书馆 1979 年版。

郑张尚芳：《温州话里相当于"着""了"的动态结构助词及其他》，载胡明扬主编《汉语方言体貌论文集》，江苏教育出版社 1996 年版。

周长楫：《闽南话与普通话》，语文出版社 1991 年版。

周长楫：《厦门方言研究》，福建人民出版社 1998 年版。

周国光、孔令达、李向农：《儿童语言中的被动句》，《语言文字应用》1992 年第 1 期。

周国炎：《布依语被动句研究》，《中央民族大学学报》2003 年第 5 期。

周海清、周长楫：《新加坡闽南话与华语》，《联合早报》（新加坡）1998 年。

周洪学:《湖南安仁方言语法研究》, 博士学位论文, 华中师范大学, 2012 年。

周磊:《乌鲁木齐话"给"字句研究》,《方言》2002 年第 1 期。

朱德熙:《语法讲义》, 商务印书馆 1982 年版。

朱艳华:《载瓦语参考语法》, 博士学位论文, 中央民族大学, 2011 年。

祝晓宏:《新加坡华语语法变异研究》, 世界图书出版公司 2016 年版。

Abbi, Anvita. 1980. *Semantic Grammar of Hindi: A Study in Reduplication.* New Delhi: Bahri.

Abbi, Anvita. 1992. *Reduplication in South Asian Languages.* New Delhi: Allied Publishers.

Ackerman, Farrell. 1990. Locative inversion vs locative alternation. *Proceedings of the 9th West Coast Conference on Formal Linguistics*, 1–14.

Anderson, J. M. 1971. *The Grammar of Case: Towards a Localistic Theory.* Cambridge: Cambridge University Press.

Anna, Asbury. 2006. Towards a typology of morphological case. http://scholar.google.cn / schol ar. (Accessed: 2009−12−11).

Bach, Elke. Jelinek, E., Angelika Kratzer & Barbara B. H. Partee (eds.). 1995. *Quantification in Natural Languages.* Dordrecht: Kluwer Academic.

Bach, Emmon. 1986. The algebra of events. *Linguistics and Philosophy* 9: 5−16.

Baker, M. 1988. *Incorporation: A Theory of Grammatical Function Changing.* Cambridge: Cambridge University Press.

Barber, Charles. 1993. *The English Language: A Historial Introduction.* Cambridge: Cambridge University Press.

Barchas − Lichtenstein, Jena. 2012. Garifuna quantification. In Keenan, Edward L. & Paperno, Denis (eds.). 2012. pp. 165−225.

Barwise, Jon & Robin Cooper. 1981. Generalized quantifiers and natural language. *Linguistics and Philosophy* 4: 159−219.

Bauer, Laurie. 1983. *English Word − Formation.* Cambridge: Cambridge University Press.

Baunaz, Lena. 2011. *The Grammar of French Quantification.* Dordrecht: Springer.

Beavers, John. 2005. Towards a semantic analysis of argument/oblique alternations in HPSG. In Proceedings of the 2005 HPSG Conference, Stefan Mueller (ed.). Stanford: CSLI Publications.

Beavers, John. 2008. The structure of lexical meaning: Why semantics really matters. *Language* 86: 821−864.

Beavers, John. 2011. On affectedness. *Natural Language & Linguistic Theory* 29: 335–370.

Belletti, A.1988.The case of unaccusatives.*Linguistic Inquiry* 19:1–34.

Bhat, D.N.S.1977.Multiple case roles.*Lingua* 42:365–377.

Bhat, D.N. S. 1993.*Grammatical Relations: The Evidence Against Their Necessity and University*.Beijing: World Publishing Corporation.

Blake, Barry J.1999.*Case*.Cambridge: Cambridge University Press.

Borer, Hagit. 2005.*The Normal Course of Events*.Oxford: Oxford University Press.

Brinton, Laurel J. 1988. *The Develop of English Aspectual Systems: Asectualizers and Post-verbal Particles*.Cambridge: Cambridge University Press.

Bybee, J. Perkins. R & Pagliuca. W. 1994. *The Evolution of Grammar: Tense, Aspect, and Modality in the Languages of the World*.Chicago: University of Chicago Press.

Campbell, Lyle. 1999. *Historical Linguitstics: An Introduction*. Edinburgh: Edinburgh University Press.

Chao, Yuan - Ren (赵元任). 1968. *A Grammar of Spoken Chinese*. Berkeley: University of California.

Chappell, Hilary.2001.The experiential perfect as an evidential marker in Sinitic languages, In Chappell, Hilary (ed.). *Sinitic Grammar: Synchronic and Diachronic Perspectives*.Oxford: Oxford University Press.

Chappell, Hilary, Li Ming & Alain Peyraube.2007.Chinese linguistics and typology: the state of the art.*Linguistic Typology* 11:187–211.

Christianson, Kiel.1997.A text analysis of the English double genitive.*International, Review of Applied Linguistics* 35:99–113.

Clack, Ross.1973.Transitivity andcase in eastern oceanic languages.*Oceanic Linguistics*12:559–605.

Comorovsky, I.1985.On quantifier strength and partitive noun prases, *Quantification in Natural Languages*:145–177.

Comrie, Bernard.1976.*Aspect*.Cambridge: Cambridge University Press.

Comrie, Bernard. 1978. Definite direct objects and referent identification. *Pragmatics Microfiche* 3. 1. D3.

Comrie, Bernard. 1981. *Language Universals and Linguistic Typology*. Chicago: University of Chicago Press.

Comrie, Bernard.1988.*The world's major languages*.London: Croom Helm.

Comrie, Bernard. 1989.*Language Universals and Linguistic Typology* (2nd edition).Chicago:University of Chicago Press.

Crisma, Paola. 2012. Quantifiers in Italian. In Keenan, Edward L. & Paperno, Denis(eds.).467-534.

Croft, W. 2001. *Radical Construction Grammar: Syntactic Theory in Typological Perspective.*Oxford:Oxford University Press.

Croft, W.2003.*Typology and Universals* (2nd edition).Cambridge:Cambridge University Press.

Croft, W. 2012. *Verbs: Aspect and Causal Structure.* Oxford: Oxford University Press.

Csirmaz, Aniko.& Szabolcsi, Anna.2012.Quantification in Hungarian.In Keenan, Edward L.& Paperno,Denis(eds.).2012,399-465.

Dahl, Osten & Mria Koptjewskaja-Tamm.2001.*The Circun-Baltic-Language: Typology and Contact.*Amsterdam:John Benjamin.

Damonte, Federico.2005.Classifier incorporation and the locative alternation. http:// scholar google.cn/scholar.(Accessed:2009-12-11).

Danielsen, Swintha.2007.*Baure: An Arawak language of Bolivia.* Leiden: CNWS Publications.

Danon, Gabi.2002.The Hebrew objectmarker and semantics Type.http://scholar google.cn/scholar.(Accessed:2009-12-11).

Demonte, Violeta & Louise, McNally.2012.*Telicity, Change, and State: A Cross-Categorial View of Event Structure.*Oxford:Oxford University Press.

Dezsö.L. 1982. *Studies in Syntactic Typology and Contrastive Grammar.* Berlin: The Hague Mouton.

Dik, Simon C.1980.*Studies in Functional Grammar.*London:Academic Press.

Dik, Simon C. 1994. Verbal semantics in Functional Grammar. In Carl Bache (ed.).*Tense, Aspect and Action.*Walter de Gruyter & Co.

Dik, Simon C. 1997. The Theory of Functional Grammar. Berlin: Mouton de Gruyter.

Dimitrova-Vulchanova, M. 1999. *Verb Semantics, Diathesis and Aspect.* Munich: Lincom Europa.

Dixon, D.1991.*A New Approach to English Grammar on Semantic Principle.*Oxford:Clarendon Press.

Dixon, D.2012.*Basic Linguistic Theory.*Vol 3.Oxford:Oxford University Press.

Dixon, D.& Alexandra Y, Aikhenvald. 2000. *Changing Valency: Case Studies in Transitivity.*Cambridge:Cambridge University Press.

Dowty, D. 1991. Thematic proto-roles and argument selection. *Language* 67: 547-619.

Dryer, Matthew S. 1992. The Greenbergian word order correlations. *Language* 68: 43-80.

Enfield. N. 2005. Area linguistics and Mainland Southeast Asia. *Annual Review of Anthropology* 34: 181-206.

Etxebrria, U. 2012. Quantification in Basque. In Keenan, Edward L. & Paperno, Denis(eds.).83-164.

Filip, Hana. 1999. *Aspect, Eventuality Types and Nominal Reference*. New York: Garland Publishing.

Filip, Hana. 2000. The quantization puzzle. In Tenny, Carol & James, Pustejovsky (eds.). *Events as Grammatical Objects: The Converging Perspectives of Lexical Semantics, Logical Semantics and Syntax*. CSLI Publications.

Fillmore, C. J. 1968. The Case for Case. In E. Bach & R. T. Harms(eds.). *Universals in Linguistic Theory*. New York: Holt, Rinehart & Winston.1-88.

Fillmore, C. J. 1977a. The case for case reopened. In P. Cole & J. Sadock (eds.). *Syntax and Semantics*, Vol 8:59-81. New York: Academic Press.

Fillmore, C. J. 1977b. Topics in lexical semantics. In R. W. Cole (ed.), *Current issues in linguistic theory*. Bloomington: Indiana University Press.

Fried, Mirjam & Östman, Jan-Ola. 2004. *Construction Grammar in a Cross-Language Perspective*. Benjamins: John Publishing Company.

Giannakidou, Anastasia & Monika, Rathert. 2009. *Quantification, Definiteness, and Nominalization*. Oxford: Oxford University Press.

Gillian, C. R. 1997. *Aspect and Predication: The Semantics of Argument Structure*. Oxford: Clarendon Press.

Givón, T. 1984. *Syntax: A Functional-Typological Introduction*. Amsterdam: John Benjamins Publishing Company.

Gleotman, Lila & Barbara, Landau. 2012. Every child an isolate: Natures experiments in language learning. In Piattelli-Palmarini, Massimo & Berwick, Robert C (eds.). *Rich Languages from Poor Inputs*. Oxford: Oxford University Press.91-104.

Goldberg, A. E. 1995. *Construction: A Constructional Approaches to Arguments Structure*. Chicago: University of Chicago Press.

Goldberg, A. E. 2006. *Costructions at Work: The Nature of Generalization in Language*. Oxford: Oxford university press.

Greenberg,Joseph H.1963.Some universals of grammar with particular reference to the order of meaningful elements.Universal of Language.ed.J.H.Greenberg (second edition),73-113.Cambridge：MIT Press。中译文"某些主要跟语序有关的语法普遍现象"(陆丙甫、陆致极译)《国外语言学》1984(2)：45-60。

Greenberg,Joseph H.1966.*Universals of Language*,second edition.Cambridge,Mass：MIT Press.

Greenberg,Joseph H(ed.).1978.*Universales of human language*,vol.4：*Syntax*. California：Stanford University Press.

Greville G.Corbett & Bernard Comrie.1993.*The Slavonic Language*.London：Routledge.

Gronemeyer,Claire.1995.Swedish applied verbs derived by the prefix *be*,Lund University,Dept.of Linguistics 1 Working Papers 44：21-40.

Guerssel,M.1986.*On Berber Verbs of Change：A Study of Transitivity Alternations*. Lexicon Project Working Paper 9,MIT Center for Cognitive Science,Cambridge,MA.

Gutierrez-Rexach,Javier.2014.*Interfaces and Domains of Quantification*.Ohio State UnivPr(Trd).

Haiman,John.1983.Iconic and economic motivation,*Language* 59：781-819.

Haiman,John.1985.*Natural Syntax：Iconicity and Erosion*.Cambridge：Cambridge University Press.

Harris,A & L.Campbell.1995.*Historical Syntax in Cross-linguistic Perspective*. Cambridge：Cambridge University Press.

Hashimoto,M.J.1988.The structure and typology of the Chinese passive construction.In M.Shibatani (ed.).*Passive and Voice*.Amsterdam：John Benjamins.

Haspelmath,Matin.1997.*Indefinite Pronouns*.Oxford：Oxford university press.

Haspelmath,Matin.et al.2001.*Language Typology and Language Universals*.Berlin：Walter de Gruyter.

Hawkins,J.A.1978.*Definiteness and Indefiniteness：A Study in Reference and Grammaticality Prediction*.London：Croom Helm.

Hawkins,J.A.1983.*Word order universals*.New York,New York：Academic Press.

Hawkins,J.A(ed.).1988.*Explaining Language Universals*.Vol.1：*Universals*.New York：Basil Blackwell.

Heine,Bernd & Kuteva,Tania.2002.*World Lexicon of Grammaticalization*.Cambridge：Cambridge University Press.

Hoeksema,Jacob (ed.).1996.*Partitives：Studies on the Syntax and Semantics of Partitive and Related Constructions*.Berlin：Mouton de Gruyter.

Hopper, p. J. & S. A. Thompson. 1980. Transitivity in grammar and discourse. *Language* 56:251-299.

Hopper, p.J.& S.A.Thompson.1984.The discourse basis for lexical categories in universal grammar.*Language* 60:703-752.

Hopper, P.J.& E.C.Trauggot.1993.*Grammaticalization*.Cambridge:Cambridge University Press.

Huang, Lillian Meei-jin & Philip W.Davis.1989.An aspectual system in Mandarin Chinese.*Journal of Chinese Linguistics* 17:128-66.

Iljic, Robert.1990.The verbal suffix-guo in Mandarin Chinese and the notion of recurrence.*Lingua* 81:301-326.

Iwata, Seizi.2008.*Locative Alternation:A Lexical-constructional Approach*.Amsterdam: John Benjamins.

Jackendoff, Ray.1990.*Semantic Structures*.Cambridge:MIT Press.

Jackendoff, Ray. 1996. The proper treatment of measuring out, telicity, and perhaps even quantification in English.*Natural Language and Linguistic Inquiry* 14: 305-354.

Jespersen, Otto.1924.*The Philosophy of Grammar*.London:George Allen & Unwin.

Jurafsky, D.1996.Universal tendencies in the semantics of the diminutive.*Language* 72:533-578.

Kaiser, Elsi.2002.Case alternation and NP is in questions in Finnish.Proceeding of WCCFL 21:194-207.

Karine, Megerdoomian.2000.Aspect and partitive objects in Finnish.WCCFL 19:316-328.Somerille, MA:Cascadilla Press.

Karlsson, Fred.1999.*Finnish:an Essential Grammar*.London:Routledge.

Katrin, Hiietam. 2003. Case marking in Estonian grammatical relations. http:// www.leeds.ac.uk /linguistics/WPL/WP2005/Hiietam.pdf.(Accessed:2009-12-11, 15:23).

Kearns, Kate.2011.*Semantics(2nd edition)*.New York:Palgrave Macmillan.

Keenan, Edward L.& Paperno, Denis(eds.).2012.*Handbook of Quantifiers in Natural Language*.Dordrecht:Springer.

Kenneth, Katzner.1975.*The Languages of the World*.New York。肯尼思.卡兹纳,1980,《世界的语言》,黄长著、林书武译,北京出版社。

Khan, Zeeshan.1994.Bangla verb classes.In Douglas(ed.) .A.J.*Verb classes and alternations in Bangla, German, English, and Korean*.36-49.

Kim, Meesook. Landau, Barbara & Phillips, Colin. 1998. Cross – linguistic differences in children's syntax for locative verbs.Proceedings of the 23rd annual Boston University Conference on Language Development.

Kim, Yokyung.1997.*A situation Semantic Account of Existence*.Ph.D.Dissertation, standford University.

Kiparsky, Paul. 1998. partitive case and aspect. In Miriam Butt and Wilhelm Geuder (eds.).*The Project of Arguments:Lexical and Compositions Factors*.265–307.

Kiparsky, Paul.2001.Structual case in Finnish.*Lingua* 111:315–376.

Kook–Hee, Gil.Stephen, Harlow & George, Tsoulas.2013.*Strategies of Quantification*.Oxford:Oxford University Press.

Koptjevskaja–Tamm, Maria. 2006.Partitive.In Keith Briwn (ed.) , *Encyclopaedia of Languages and Linguistics* 2:18–21.Amsterdam:Elsevier.

Kornfilec, Jaklin. 1996.Naked partitive phrases in Turkish. In Hoeksema, Jacob (ed.).*Partitives: Studies on the Syntax and Semantics of Partitive and Related Constructions*.Berlin:Mouton de Gruyter.

Kornfilec, Jaklin.1997.*Turkish*.London and New York:Routledge.

Krifka, M.1989.Nominal reference,temporal constitution and quantification in event semantics.In R.Bartsch,J.van Benthem and P.van Emde Boas(eds.).*Semantics and Contextual Expressions*.Dordrecht:Foris.75–115.

Krifka, M.1992.Themantic relations as links between nominal reference and temporal constitution.In Lexical matters.Ivan A.Sag & Anna Szabolcsi (eds.).29 – 53. Stanford, California:CSLI Publications.

Kroeger, Paul.1990.The morphology of affectedness in Kimaragang Dusun.*Austronesian Linguistics* 3:33–50.

Kulikov, Leonid (ed.). 2006. Case, Valency and Transitivity. Amsterdam: John Benjamins.

Ladusaw, W. 1982. Semantic constraints on the English partitive Construction, Proceedings of WCCFL1,The Stanford Linguistics Association,Stanford University.

Langacker, Ronald W.1991.*Foundations of Cognitive Grammar:Descriptive Application*.Stanford, CA:Stanford University Press.

Lee.C, Gordon, M & Büring, D (eds.).2008.*Topic and Focus:Cross–Linguistic Pespectives on Meaning and Intonation*.Springer Press.

Lee, Peppina Po Lun(李宝伦).2012.*Cantonese Particles and Affixal Quantification*.London:Springer.

Levin.B.& M.Rappaport Hovav.1995.*Unaccusativity:At the Syntax–Lexical Se-*

mantics Interface, MIT Press, Cambridge, MA.

Levin. B. & M. Rappaport Hovav. 2005. *Argument Realization*. Cambridge: Cambridge University Press.

Lewis. David. 1975. Adverbs of quantification. In Edward Keenan (ed.). *Formal Semantics of Natural Language*, Cambridge: Cambridge University Press, 3−15.

Li, Charles & Sandra Thompson. 1975. The semantic function of word order: a case study in Mandarin. Charles Li (ed.). *Word Order and Word Order Change*. 165−195. Austin: University of Texas Press.

Light, Timothy (黎天睦). 1979. Word order and word change in Mandarin Chinese. *Journal of Chinese Linguistics* 7: 149−182.

Liu, Feng-shi (刘凤樨). 1997. An aspectual analysis of *Ba*. *Journal of East Asian Linguistics* 6: 51−99.

Lyons, Christopher. 1999. *Definiteness*. Cambridge: Cambridge University Press.

Lu, Bingfu (陆丙甫). 1998. *Left − right Asymmetries of Word Order Variation: A Fuctional Explanation*. Los Angeles: University of Southern California dissertation.

Luraghi, Silvia & Kittila, Seppo. 2014. Typology anddiachrony of partitive case markers. In Silvia Luraghi & Tuomas Huumo (eds.). *Partitive Case and Related Categories*. Berlin: Mouton de Gruyter.

Mahmoud, Abdul Jawad T. 1999. The syntax and semantics of some locative alternations in Arabic and English. In Kine Saud (ed.), 37−59.

Mallinson, G. and B. J. Blake. 1981. *Language Typology: Cross−linguistic Studies in Syntax*. North−Holland: Amsterdam.

Maria Napoli. 2010. The case for the partitive case: the contribution of Ancient Greek. *Transactions of the Philological Society*, Vol 108: 15−40.

Marie, D.S, Anne & Roumyana, S. 2005. Ouqntification and Aspect. In Verkuyl, Henk J. Henriette De Swart & Angeliek Van Hout (eds.). 2005. *Perspectives on Aspect*. Dordrecht: Kluwer.

Martin. Haspelmath, Matthew S. Dryer, David Giland Bernard Comrie (eds.). 2005. *The World Atlas of Language Structure*. Oxford: Oxford University Press.

Massam, Diane. 2012. *Count and Mass Across Languages*. Oxford: Oxford University Press.

Mateu, Jaume. 2002. *Argument Structure: Relational Construal at the Syntax − Semantica Interface*. Doctoral Dissertation. Universitat Autonoma de Barcelona. Bellater.

Matthewson, Lisa (ed.). 2008. *Quantification: A cross−linguistic Perspective*. Bingley: Emerald.

Miestamo, Matti. 2014. Partitives and negation: A cross-linguistic surver. In Silvia Luraghi & Tuomas Huumo (eds.). *Partitive Case and Related Categories*. Berlin: Mouton de Gruyter.

Milsark, G. L. 1977. Towards an explanation of certain peculiarities of the existential construction in English. *Linguistic Analysis* 3:1–29.

Mithun, Marianne. 2007. Grammar, Contact and Time. *Journal of Language Contact*, *Thema* 1:146–167.

Moltmann, Friederike. 1997. *Parts and Wholes in Semantics*. Oxford: Oxford University Press.

Moravcsik, E. 1974. Object-verb agreement. Working Papers in Language Universals.

Moravcsik, E. 1978. On the case marking of object. In Greenberg(ed.), *Universals of human language*, *vol*. 4: *Syntax*. 249–90. Stanford: Stanford University Press.

Nass, Ashiid. 2007. *Prototypical Trasitivity*. John Bejamins Publishing Company.

Nelson, Dtane Carlita. 1998. *Grammatical Case Assignment in Finnish*. New York: Garland Pu.

Nwachukwu P. A. 1987. The argument structure of Igbo verbs. Lexicon Project Working Paper 9, MIT Center for Cognitive Science, Cambridge, MA.

Oinas, Felix J. 1966. *Basic Course in Estonian*. Bloomington: Indiana University.

Partee, Barbara H. 1995. Quantificational Stuctures and Compositionality. In Bach, E. Jelinek, E., Angelika Kratzer & BarbaraB. H. Partee (eds.). *Quantification in Natural Languages*. Kluwer: Dordrecht, 541–601.

Paul, Ileana. 2000. *Malagasy Clause Structure*. Ph. D. Dissertation of McGill University.

Peterson, philip L. 1997. *Fact Propositian Event*. Dordrecht: Kluwer Academic Publishers.

Phua, Chiew Pheng(潘秋平). 2005. *Dative Constructions and Their Extensions in Archaic Chinese: A Study of Form and Meaning*. Ph. D. Dissertation. The Hong Kong University of Science and Technology.

Pinker, Steven. 1989. *Learnability and Cognition: The Acquisition of Argument Structure*. Cambridge: MIT Press.

Sauerland, Uli & Kazuko Yatsushiro. 2004. Genitive quantifiers in Japanese as reverse partitives. http://www.zas.gwz-berlin.de/mitarb/homepage/sauerland/qplusno.pdf.(Accessed: 2009–12–11).

Shopen, Timothy. 1985. *Language Typology and Syntactic Description*. vol 2. Cambridge：Cambridge University Press.

Siewierska，Anna.1988.*Word Order Rules*.New York：Croom Helm Ltd.

Silvia，Luraghi & Tuomas，Huumo(eds.).2014.*Partitive Cases and Related Categories*.Berlin：Mouton De Gruyter.

Smith，C.1997.*The Parameter of Aspect*.Boston：Kluwer Academic Publishers.

Song，Jae Jung.2001.*Linguistic Typology：Morphology and Syntax*.Harlow England：Longman.

Spencer，Andrew & Arnold M.Zwicky.2001.*The Handbook of Morphology*.Oxford：Blackwell Publishing Ltd.

Steele，Susan.1978.Word order variation：A Typological study.In Greenberg(ed.).*Universales of human language*，*vol.*4：*Syntax*.585–623.Stanford：Stanford University Press.

Sugita，Hiroshi.1973.Semitransitive verb and object incorporation in Micronesianlanguage.*Oceanic* 13：393–406.

Sun，Chaofen(孙朝奋).1996.*Word-order Change and Grammaticalization in the History of Chinese*.Stanford：Stanford University Press.

Susan，Rothstein.2004.*Structuring Events：A Study in the Semantics of Aspect*.Oxford：Blackwell.

Sybesma，Rint.1992.*Causatives and Accomplishments：The Case of Chinese BA*.Doctoral Dissertation，Leiden University.

Szabolcsic，Anna.1986.Indefinites incomplex predicates.*Theoretical Linguistic Research* 2：47–83.

Szabolcsic，Anna.2010.*Quantification*.Cambridge：Cambridge University Press.

Tai，James H.–Y(戴浩一).1984.Verbs and times in Chinese：Vendler's four categories.In David Testen et al(eds.).*Lexical*.Chicago Linguistic Society，288–296.

Tamba，K.，Torrence，H.& Zimmermann.M.2012.Wolof quantifiers.In Keenan，Edward L.& Paperno，Denis(eds.).891–939.

Tamm，Anne.2014.Thepartitive concept versus linguistic partitive：from abstract concepts to evidentiality in the Uralic languages.In Silvia Luraghi & Tuomas Huumo (eds.).*Partitive Case and Related Categories*.Berlin：Mouton de Gruyter.

Tatevosov，Sergei & Ivanov，Mikhail.2009.Event structure of non–culminating accomplishments.In Lotte Hogeweg，Helen de Hoop & Andrej Malchukov(eds.).*Crosslinguistic Semantics of Tense*，*Aspect*，*and Modality*.John Benjamins Pub.

Tenny，Carol L.1987.*Grammaticalizing Aspect and Affectedness*.Doctoral dissertation.Cambridge：MIT Press.

Tenny, Carol L. 1992. The aspectual interface hypothesis. In *Lexical matters*. Ivan A. Sag & Anna Szabolcsi(eds.). 1−27. Stanford, California: CSLI Publications.

Tenny, Carol L. 1994. *Aspectual Roles and the Syntax−semantics Interface*. Kluwer: Dordrecht.

Thomas, Rose. 2003. *The Partitive in Finnish and its Relation to the Weak Quanti-fiers*. Ph. D. Dissertation of University of Westminster.

Thomason, Sarah Grey. 2001. *Language Contact: An Introduction*. Washington: Georgetown University Press.

Thompson, Sandra A. 1973. Transitivity and some problems with the *ba*−construc-tion in Mandarin Chinese. *Journal of Chinese Linguistics* 1:208−221.

Tsunoda, T. , Sumie U & Yoshiaki I. 1995. Adpositions in word−order typology. *Linguistics* 33:741−761.

Verkuyl, Henk J. 1972. *On the Compositional Nature of the Aspects*. Dordrecht: Reidel.

Whaley, Lindsay J. 1997. *Introduction to Typology: The Unity and Diversty of Lan-guage*. Thousand Oaks, London, and New Delhi: Sage Publications.

Wierzbicka, Anna. 1983. The semantics of case marking. *Studies in Language* 7: 247−275.

Wierzbicka, Anna. 1988. The Semantics of Grammar. John Benjamins Publishing Company.

Wu, Jianxin(吴建新) . 1999. *Syntax and Semantics of Quantification in Chinese*. Ph. D. Dissertation of University of Maryland at College Park.

Xu, Liejiong(徐烈炯) . 1995. Definiteness effects on Chinese word order. *Cahiers de Linguistique−Asie Orientale* 24:29−48.

Yang, Insun. 1998. Object marker in Korean. *The Twenty − Fourth LACUS Forum*: 238−250.

Yeh, Meng(叶萌) . 1994. *The Experiential Guo in Mandarin: A Quantificational Approach*. PhD dissertation, University of Texas.

Yue−Hashimoto(余霭芹) . 1993. *Comparative Chinese Dialectal Grammar*. Paris: CRLAO.

语言索引

以下索引只列出了直接引用跟部分量有关的语言或方言，出现频率太高的英语以及其他情况的语言或方言并未列出。

主题索引

以下索引未包括出现频率太高的"部分量""量化""论元"等。

后　记

一

2005 年 9 月，我考入上海师范大学对外汉语学院，攻读汉语语法学方向的硕士研究生，原以为大学阶段就对各种语言学理论有所了解，研究生阶段的学习应该轻松很多，但是后来发现并不是想象的那样。上师大的语法研究有自己的优良传统——不仅要有理论意识，更强调对语法事实的描写和解释。幸运的是，在齐沪扬教授、陈昌来教授、吴为善教授和张谊生教授等的诸多语法课程的耳濡目染下，在各门课程作业的强压下，在"润物细无声"中接受了科班训练，我的语法研究也逐渐走上正轨。

硕士三年级上学期，无意间接触到"东方语言学网"，看到陆丙甫教授在上面发了很多讨论语法的帖子。当时我正愁于语法研究之路怎么才能走下去，于是就在网上积极发帖参与陆老师的讨论，想让陆老师对我的学术潜能和创新能力有更多的了解。其中，蕴含共性"O 部分格⊃VO"，就是跟陆老师在网上讨论时我提出来的。陆老师发帖给予了积极鼓励，让我把"部分格（partitive case）"好好研究一下。在得到陆老师的鼓励后，我铆足了干劲准备研究"部分格"这一国际性课题时，却发现难度太大。因为汉语（包括方言）、民族语言中根本就没有"部分格"，要研究就必须全部依赖国外的文献资料。这跟我原先的预期相差很大。

2008 年 9 月，我考入上海师范大学语言研究所，跟随陆丙甫教授攻读语言类型学研究方向的博士研究生。经过近一年的资料搜集和反复思考，我把研究课题从过于狭窄的"部分格"调整为涵盖面略微广一些的"部分量"。其实，修改后的课题"部分量"仍然比较具体，抽象程度（degrees of abstractness）较低，想通过跨语言调查概括出语言共性，难度较大（Comrie 1989）。当时所能搜集到的国内外材料，都非常零散、有限。2009 年 3 月，在犹豫很长时间不敢动手之后，我开始把这些零散材料分门别类，尝试搭建论文框架。类型学研究跟其他研究最大不同在于，后者可以先搭框架再写作，而类型学研究必须先有材料，然后你才能搭框架。因为没有跨语言材料作为支撑，类型学论文写作根本就无从谈起。在搭建论文框架，进一步整合材料的过程中，发现跟我原先的预期又一次相差很大，整个人很长一段时间都承受着巨大的压力。博士三年，为了写毕业论文，历经多少痛苦与折磨，恐怕很少有人能体会。当然，"山重水复疑无路，柳暗花明又一村"的那种喜悦之感，我想也很少有人比我体会得更深刻。

二

历时近四年写作和反复修改完善的博士论文终于完成了，现在可以写后记了，身心也轻松了许多。

首先由衷感谢导师陆丙甫教授，感谢他能招我读他的博士，从而使我的语法研究之路能够继续走下去，更要感谢他三年来对我学术上的指导和生活上的关心。论文从选题到最终完成都是在他的细心指导下完成的，部分章节内容更是跟他反复讨论之后才完成的。

感谢香港城市大学中文、翻译及语言学系的潘海华教授，是他的帮助我才能有幸去香港城市大学访学。由他和李宝伦教授一起主持的每周一次的语言学沙龙，极大地开阔了我的学术视野，而跟城大的博士生以及内地其他高校去访学的博士生们的交流，丰富了我的知识结构。城大图书馆的外文资料非常丰富，这无疑给我博士论文外文资料查找方面提供了极大的便利，确保了博士论文的如期完成。在城大短短四个月的访学期间，能有幸去香港科技大学、香港中文大学、香港理工大学等多所香港高校参加学术会议或聆听学术讲座，使我对香港语言学界乃至国际语言学有了新的认识。

感谢英国威斯敏斯特大学的 Rose Thomas 博士。在我硕士三年级上学期确定这一研究课题的初期（2007 年 10 月），因为芬兰语部分格资料难找而一筹莫展之时，她于 2008 年 4 月 30 日把她研究芬兰语部分格的博士论文发给我，这给了我巨大的鼓励和要把这一艰难课题继续研究下去的坚定信念。感谢她及时回复我的电子邮件，无数次耐心热情地解答我提出的诸多疑难问题。感谢立陶宛的 Silvia Luraghi（Università di Pavia）和 Tuomas Huumo（University of Tartu）两位语言学家，他们是首届国际部分格研讨会（Workshop on Partitives）（2010 年 9 月 4 日）的召集人。感谢他们数次耐心解答我的问题，更要感谢他们把这次部分格研讨会的会议论文摘要发给我，使我能及时了解我的部分格研究的意义所在。

感谢张谊生教授，他给我们开了两个学期的语法专题讨论课。张老师在课堂上不仅传授我们丰富的语法知识，而且给我们开启了一扇了解语言学界的大门。感谢硕士阶段学习所在单位上海师范大学对外汉语学院的齐沪扬教授、陈昌来教授、吴为善教授等，正是在他们的严格要求下，在浓郁的语法研究学术氛围中，才能有幸在硕士阶段打下坚实的语法基础，从而为博士论文的顺利完成提供保障。

在全国语言学重镇之一的上海师范大学6年语法氛围的熏陶，以及平时的沙龙再加上学术报告的耳濡目染下，语法已经渗入日常生活之中，看语法论文或书籍、写论文已经成为日常习惯。我至今仍然坚信：把人生最宝贵的6年青春献给了上师大、献给了语法研究，是值得的，上师大的6年语法生活必将使自己终身受益。

2011年4月6日夜

三

以上是我博士论文《部分量对句法形态和语序制约的类型学研究》的"后记"，只是个别地方作了修改，因为这样才能更真实反映我当时的心态。清楚地记得，博士论文答辩主席邀请的是复旦大学戴耀晶教授，他对我博士论文给予积极肯定的同时，也提出了一些宝贵修改建议。在上海求学6年，跟戴先生见面的机会一共就三次，他给我的温文尔雅、与世无争的印象，至今记忆犹新。博士论文答辩结束的当天，我就想以后博士论文出版了，一定要送一本给戴先生。令人遗憾和痛惜的是，戴先生于2014年9月22日因病逝世。

2011年6月博士毕业后，我进入安徽大学中文系工作。2012年6月在博士论文基础上申报的国家社科基金青年项目"部分量编码方式的类型学研究"成功获批，这给课题的进一步研究提供了经费支持。从2012年至2016年这4年间，我对博士论文作了大量补充和完善，大到论文框架的变动、章节的调整、新理论的引入，小到跨语言（跨方言）语料的增加、论证不足地方的修改打磨、语句表述上的调整。印象最深的是，为了增加跨语言（跨方言）的语料，那几年又回到了读博期间的生活状态，长年都忙于搜集与本书诸多大小课题相关的语料：一是在网上搜索最新发表的国内外相关文献；二是购买最新出版的书籍，尤其是民族语言和方言方面的图书。有时看了很多文献，一条有用的语料都没找到，情绪立马跌落谷底；有时找到了某条一直在苦苦寻觅的稀缺语料，如获至宝，顿时手舞足蹈，甚至偶尔还会喜极而泣。

这是因为做语言类型学研究，最耗费时间和精力的就是找语料。找汉语方言语料和民族语言语料难度还小一些，最难的是找国外语言的相关语料。此外，搞语言类型学研究，还常常要深陷窘境：选题太普通、太常见，虽然语料好找，但是论文写出来意义不大；选题太特殊，虽然意义很大，但是论文很难完成，因为很难找到你需要的那种特殊语料。这跟我们做的汉语语法研究，简直就是天壤之别。

经过4年多的努力，2016年6月向国家社科规划办公室提交了课题结项材料。2016 年 9 月收到了规划办转来的 5 份外审专家的评审意见。在给予肯定的同时，也指出了书稿的诸多不足。尤其是其中一份近 4 页纸的评审意见，对结项书稿《部分量：体貌、量化与论元互动的类型学研究》进行了多维度的剖析，肯定优点，指出缺点。看了以后，着实让人感动。仔细对照评审意见，我又花了好几个月时间，对书稿进行了反复的修改完善。

此后的 2017 年至 2021 年，研究的侧重点从之前的做"加法"转为做"减法"，即把精力放在怎样才能突出文章的主线、突出文章的创新。自我感觉"减法"工作成效最大的，还是 2021 年春节前后这几个月，用了两个多月时间，把书稿从头到尾又修改打磨了好几遍；为了突出主线，增强可读性，删减了不少内容。后来由于篇幅字数和出版经费的限制，我又花费了大量时间和精力对拙著进行了数次精简压缩。为了方便查阅，又补做了"语言索引"和"主题索引"。不知为什么，这次修改完以后，十多年来一直悬着的心终于踏实了许多。

本课题不少章节已在《外国语》（4 篇）《汉语学习》《东方语言学》《南方语言学》《语言类型学集刊》《吴语研究》《粤语研究》（澳门），《中国语文法研究》（日本）等国内外重要语言学期刊上发表，对外审专家的宝贵审稿意见以及编辑的努力付出，再次表示感谢！更要感谢这些期刊以及《世界汉语教学》《语言文字学》（人大复印资料）十多年来对我学术成长的支持和鼓励！需要强调的是，本书并不是已发表论文的结集出版。比如本课题发表的第一篇文章是 1.8 万字的《全称量化和部分量化的类型学研究》（《外国语》2010 年第 4 期），现在该部分的内容已经扩充为本书的第二章和第三章，两章共计 4.8 万字，篇幅已接近 10 年前发表时的 3 倍。其他已发表的十几篇论文，也存在同样的情况，即本书相关章节比以前在期刊上发表时，无论是分析论证的充分性和科学性上，还是跨语言语料数量的丰富性上，都变动较多。

从 2007 年偶遇"部分格"到现在的 2021 年，15 年过去了。在感叹时光流逝如此之快的同时，我也从青年步入了不惑之年。现在书稿要出版了，长达 15 年的语言类型学征途，也将暂时画上句号，内心感慨万千。一方面依然佩服自己 15 年前初生牛犊不怕虎的勇气，敢于做这么有挑战性的课题；另一方面深刻体会到做真正的跨语言类型学研究之不易。最后希望学界的新生代同仁能迎难而上，为中国语言类型学与国际语言类型学之间的双向互动，贡献力量！为构筑中国的语言类型学大厦，添砖加瓦！

李思旭

2021 年 3 月 21 日